集人文社科之思 刊专业学术之声

集 刊 名：法律与伦理
主　　编：侯欣一
执行主编：夏纪森

LAW AND ETHICS Vol.9

第9辑

集刊序列号：PIJ-2017-207
中国集刊网：www.jikan.com.cn
集刊投约稿平台：www.iedol.cn

LAW AND ETHICS Vol.9

法律与伦理

第 九 辑

侯欣一 / 主　　编

夏纪森 / 执行主编

社会科学文献出版社
SOCIAL SCIENCES ACADEMIC PRESS (CHINA)

目录

目　录

法治与德治专题

原罪、拯救与神下平等

——基督教中的人学思想解读

薄振峰*

摘　要： 基督教以异化的形式表达了对人的尊严和权利的尊重。在基督教中，人是创造物的目标和目的，正是为了人，才有了整个历史。上帝造人并给人以灵魂，这就赋予人以存在的意义以及作为人的基本权利。人因为原罪而堕落，他们期待着上帝的救赎。基督教的创世—原罪—拯救这一连续大剧所确立与蕴含的独立、自由、平等、权力制约思想渗入世俗的社会结构，成为现代人权理念的根基。

关键词： 原罪　个人拯救　自由意志　神下平等　两个王国

自有史之初，人类就开始思考他们在宏伟宇宙秩序中的位置。希腊哲学从人的理性能力的独特性或人与自然的关系去理解人，其目标是要将心灵从"无知"的束缚中解放出来。在古罗马废墟上兴起的基督教则否定了人与自然和谐的人文精神，认为人类是上帝创造的一部分，人必须在这一创造的秩序中理解和接受自己的地位。人由于"原罪"而被诅咒，被罚出了天堂。但上帝并未放弃人类，上帝是爱人的，他先是通过犹太人的传教，后来又通过耶稣基督的降生来拯救人类。在创世—原罪—拯救的历史过程中，自然与人的关系被转向了神与人的关系，文德尔班说："存在与流变是古代哲学在开始时提出的问题，到古代哲学结束时，它的概念就是上帝和人类。"[1] 在基督教中，人类和人类的命运成了宇宙的中心。自然诅咒了人，上帝又拯救了人，基督教将整个人类历史视为唯一一次生死与复活的连续段落。世界便是舞台，而人类则被赋予唯一一次参加这一救赎戏剧的机会。其结局是将人类解放出永恒循环，给个体的生命带来独特的意义。正是基督教的创世—原罪—拯救这一连续大剧所确立的一系列原则

---

* 薄振峰，法学博士，中国人民公安大学法学院副教授。

[1] 〔德〕文德尔班：《哲学史教程》（上），罗达仁译，商务印书馆，1987，第357页。

成为后世人权的理论基础，后世一系列权利法案体现了"超验正义的精华。因为这些权利被视为'自然的'，因为它们被认为表现了人性，而这种人性观又源于基督教伦理"。①

一　原罪、灵魂与心灵觉醒

《圣经》记载，至善的上帝创造了世界并按照他的形象创造了人。与其他的创造物不同，人类拥有上帝的形象，② 主宰万物，③ 具有上帝的尊贵荣耀，④ 尤其重要的是，人类拥有灵魂。⑤ 怕其孤单，上帝又造了夏娃与其为伴。可见人类是上帝珍爱的造物，上帝不仅给予人生命，而且给予他自由、尊严等终极价值。赫舍尔说："《圣经》不仅是一本有关上帝的书，更是一本有关人的书，……我没有创造我的存在，我们的存在是被创造……被创造就意味着生来就有价值，意味着被赋予意义，意味着获得价值。"⑥

人和上帝的和谐关系因为亚当与夏娃违反上帝禁令偷吃智慧树上的果子而破裂了。上帝在将亚当安置在伊甸园中时便说："分别善恶树上的果子，你不可吃，因为你吃的日子必定死。"⑦ 亚当和夏娃却违反其禁令，偷吃了禁果，于是上帝将其逐出伊甸园，罚他们终身劳作，并且"你本是尘土，仍要归于尘土"。⑧ 最可怕的是，由于人类的"原罪"，人神关系破裂，因此《圣经》中说："你们的罪孽使你们与神隔绝，你们的罪使他掩

---

① 〔美〕弗里德里希：《超验正义——宪政的宗教之维》，周勇、王丽芝译，三联书店，1997，第 91 页。

② 神说："我们要照着我们的形像，按照我们的样式造人。"（《创世记》，1：26）

③ "使他们管理海里的鱼、空中的鸟、地上的牲畜和全地，并地上所爬的一切昆虫。"（《创世记》，1：26）神为人赐福道："要生养众多，遍满地面，治理这地；也要管理海里的鱼、空中的鸟、和地上各样行动的活物。"（《创世记》，1：28）"你派他管理你手所造的，使万物，就是一切的牛羊、田野的兽、空中的鸟、海里的鱼，凡经行海道的，都服在他的脚下。"（《诗篇》，8：6~8）

④ "你叫他（人）比天使微小一点，并赐他尊贵荣耀为冠冕。"（《诗篇》，8：5）

⑤ "耶和华神用地上的尘土造人，将生气吹在他的鼻孔里，他就成了有灵的活人，名叫亚当。"（《创世记》，2：7）

⑥ Abraham J. Heschel, *Who Is Man*, Stanford University Press, 1965, 刘小枫主编《20 世纪西方宗教哲学文选》（上），上海三联书店，1999，第 150 页。

⑦ 《创世记》，2：17。

⑧ 《创世记》，3：19。

面不听你们的。"① 人神关系破裂的后果便是人类灵魂的堕落。

"原罪"的本质是人类背叛上帝在创造时赋予他们的本位并试图摆脱加于其身的各种限制，建造巴别塔事件被视为偷吃禁果之后的又一次堕落也是基于同样的原因。②

人类堕落的后果就是身体不再服从灵魂，或者说，灵魂之内的冲突转化为身体与灵魂的冲突，使身体无法服务于理性的灵魂，反而成为邪恶的武器。为了挽救堕落的灵魂，修复神人关系，需要上帝的拯救，整部《圣经》就是围绕拯救而展开的。由于基督教将人的救赎与人的"原罪"联系在一起，所以拯救的希望也就具有了人格内在化的精神意味：需要拯救的不只是个人带有邪恶欲望的肉体生命，而且是个人不完善的灵魂。人类得救的根本意义并非只是寻求实质性生活的幸福与改善，更重要的是实现灵魂的革新。基督耶稣虽然以其十字架上的伟大献身赎了人类祖先犯下的原罪，为人类求得了生的机会，但人类生活中仍然因为情欲、邪恶、仇恨、嫉妒③而充满各种罪恶，人需要上帝和基督耶稣的教导以迷途知返，但首先和最根本的是需要人自觉向善，从灵魂深处找到拯救之路。耶稣教导人们说："天国近了，你们要悔改。"④ 人们需要坚守诫命："你要尽心、尽性、尽意、爱主你的神。"⑤ 最终目标是实现灵魂拯救："我涂抹了你的过犯，像密云消散；我涂抹了你的罪恶，如薄云灭没，你当归向我，因为我救赎了你。"⑥

基督教救赎的真谛在于灵魂得救，以超越此岸获得拯救为心灵之最终归宿。黑格尔认为，基督教来自人的"苦恼意识"，是人类苦难的印记和自我证成。马克思在《〈黑格尔法哲学批判〉导言》中写道："宗教里的苦难既是现实的苦难的表现，又是对这种现实的苦难的抗议。宗教是被压迫生灵的叹息，是无情世界的心境，正像它是无精神活力的制度的精神一样。"⑦ 俄国思想家别尔嘉耶夫也说："基督教是救赎宗教，以恶和苦难的

---

① 《以赛亚书》，59：2。
② 事见《创世记》，11：1～9。宁录带着他的人民建造对抗上帝的塔，想要经由知识来消除人类与神的距离。上帝对他的惩罚是变乱了人类的语言，让知识的分享变得更加困难。
③ 《加拉太书》，5：19～21。
④ 《马太福音》，11：29。
⑤ 《马太福音》，22：37～40。
⑥ 《以赛亚书》，44：22。
⑦ 《马克思恩格斯选集》第1卷，人民出版社，1955，第2页。

存在为前提。"① 面对这苦难的世界，他要唤醒每一个孤苦伶仃的个体心灵，信奉、追随基督耶稣，舍弃此岸，趋向"与基督同死同生"的"新人"②，在新的上帝之城建设新的生活。

"灵魂"是在古希腊出现的概念，苏格拉底的著名命题"认识你自己"所要认识的就是内心的理念和自己的灵魂，灵魂是自由、自决、自己决定自己的，苏格拉底最先把人类个体提升到了个体灵魂这一精神高度，体现了一种最初的自我意识。晚期斯多葛学派尤其是奥勒留和爱比克泰德认为人是从神中流溢出的颗粒，凡是人都有灵魂，认为"人的最好部分是不会被奴役的，只有肉体才会服从且属于主人，而精神则是完全自主的"。③ 这就把西方的个体意识发展为一个纯粹灵魂自主的精神形态，斯多葛学派的理论也就成为基督教教义的重要基础。在基督教中，上帝创造了人，并赋予每个人以尊贵荣耀和灵魂，这给了人独特的存在意义和作为个人的基本权利。但因为人的原罪导致了灵魂堕落，人与上帝疏离。上帝对人的救赎无论采取道德方式还是宗教方式，都必须落实在人格心灵的内部改造，最根本的是个人的灵魂得救，从这里可以看出，基督教在本质上是一种采用了异化形式的个人主义，这种个人主义已经超越了世俗层次而提升到了纯粹的精神层面：个人灵魂得救，与圣灵合一，渺小的个体与至高无上的个体合而为一。费尔巴哈说："上帝是人自己的本质。"④ 人的这种本质是以异化的形式表现出来的，也就是说，基督教把人的本质，即人的精神本质异化、集中到上帝身上，从上帝这一独立的自由意志的个体形象中我们可以看到人的精神形象：一个独立个体和独立人格。这是基督教以异化的、曲折的形式表达了个人主义的基本理念，被视为人类精神的第一次觉醒。

犹太教中的上帝起初是犹太民族的保护神，并不具有普遍神的意义。只有犹太民族才是他的选民："以色列人哪，……在地上万族中，我只认识你们"，⑤ "神从地上的子民中拣选你，特作自己的子民。耶和华去爱你们，拣选你们，……就用大能的手领你们出来……。"⑥ 在犹太教中，上

---

① 〔俄〕别尔嘉耶夫：《恶与赎》，收入刘小枫主编《20世纪西方宗教哲学文选》（上），上海三联书店，1999，第329页。

② 《格林多后书》，5：16。

③ 〔苏〕涅尔谢相茨：《古希腊政治学说》，蔡拓译，商务印书馆，1991，第221页。

④ 〔德〕费尔巴哈：《基督教的本质》，荣震华译，商务印书馆，1984，第8页。

⑤ 《阿摩司书》，3：1~2。

⑥ 《申命记》，7：1~7。

帝对人类的拯救是以集体为单位而不是以个人为单位进行的。① 基督教则把犹太教的民族得救教义发展为个人得救，需要拯救的不再是民族整体的生存，而是个体的灵魂。得救是个人的事，要求每个人的灵魂直接面对上帝，在内心实现完全的皈依。由此，个体本身被赋予神性，得到了升华，个体是一种灵性的存在，被赋予了形而上学基础，这成为西方个人主义最坚硬的内核。②

基督教相信个人得救，它把人的精神生活从整体主义的世俗社会中剥离出来并赋予其独立性与个体性，但却又落入宗教整体主义的羁绊之中。作为上帝拯救人类中介的教会非但没有兑现神的承诺，反而建立了严密的教阶制度，将每一个基督教徒控制在神权政治之中。教会代表上帝，教徒必须购买其颁发的入场券才得以进入天国，这导致了教会的腐化。路德和加尔文发动的宗教改革主张"因信称义"，个人不需教会，只需把上帝置于内心，虔诚信仰便可得救。新教改革解除了教会对个人的压抑，"新教徒移动了宗教中权威的位置，起初是把权威从教会和《圣经》转移到单独的《圣经》方面，然后又把它转移到各个人的心灵里"。③ 孤零零的个人仅凭《圣经》便可与上帝建立直接联系，教会被带进每个教徒的心里，这给予个人关于个人权利和责任的强烈意识，由此演变为灵魂的自决权和个人的神圣性。伯恩斯在《剑桥中世纪政治思想史：350 年至 1450 年》中借 12 世纪思想家莫瑞斯（Morris）的话说："关于个体价值的西方观点要大大归功于基督教立即明显起来。某种关于个体认同与价值的理想隐含地存在于对神的信仰中，神呼唤每一个人的名字，像牧人搜寻他遗失的羔羊一样搜寻他。"④

上帝爱人，哪怕其堕落也要予以拯救，基督教自始即将人置于宇宙的中心，它对个人主义的强调也被视为"各大文化中的异数"⑤。人类的原罪需要救赎，这种救赎是灵魂向上帝的靠近，灵魂的得救是以个人为单位进行的，每个人的灵魂直接面对上帝。这种个人主义强调个人具有至高无

---

① 虽然《旧约》中也规定："儿子必不担当父亲的罪孽，父亲也不担当儿子的罪孽。义人的善果必归自己，恶人的罪报也必归自己。"（《以西结书》，18：19）但这里是从世俗的罪与罚的承担角度来说的，而不是从上帝对人类的拯救角度说的。上帝对人类的救赎还是以犹太民族集体为单位的。

② 参见曹明《神之下降：西方法权思想的近代嬗变》，陕西人民出版社，2012，第 3 页。

③ 〔英〕罗素：《宗教与科学》，徐奕春、林国夫译，商务印书馆，2010，第 6 页。

④ 〔英〕J. H. 伯恩斯主编《剑桥中世纪政治思想史：350 年至 1450 年》（下），郭正东等译，三联书店，2009，第 795 页。

⑤ 〔美〕罗德尼·斯达克：《理性的胜利——基督教与西方文明》，管欣译，复旦大学出版社，2011，第 18 页。

上的内在尊严和价值，这就为后世人权理念的形成提供了重要的理论资源。

二 自由意志与人的自主性

人类因为原罪而堕落，并因此走上了漫长的救赎之旅，"原罪"与"救赎"构成了基督教最基本的范畴。"原罪"是现实世界一切罪恶的根源，基督的向死而生无非就是对这一"原罪"的救赎："死即是因一人而来，死人复活也是因一人而来。在亚当里众人都死了，照样，在基督里众人也都要复活。"[1] 在基督教看来，判定罪的依据是恶，恶又是什么？它是如何产生的呢？基督教"原罪"意识得到加强，一个被哲学家称为"恶的问题"的悖论随之而来：一个全知、全能、全善的上帝怎么会创造一个充满了罪恶与苦难的世界呢？这一悖论因为由希腊化时期的伊壁鸠鲁最先提出，所以被称为"伊壁鸠鲁悖论"[2]。为回应善恶问题上的"伊壁鸠鲁悖论"，在和摩尼教的论战中，奥古斯丁引入并深入探讨了自由意志的概念，自由意志由此成为基督教思想最重要的范畴之一。

对恶的问题的思考在奥古斯丁的思想发展中占据着重要位置，他早年认为基督教无法解决恶的起源和性质问题，因而信奉摩尼教的善恶二元本体论。这种二元论把恶视为与善同样具有本体性的存在，以善与恶的永恒斗争说明恶的普遍性。后来奥古斯丁逐渐意识到，摩尼教的善恶二元本体论不仅为上帝开脱了责任，也为人类开脱了责任。皈依基督教后，奥古斯丁认识到，上帝创造的万物就其本性来说都是善的，他们都是神将其本质赐予受造物的产物。奥古斯丁说："天主所创造的，'一切都很美好'。"[3] 而恶只是"善的缺乏"，并不具有本体性。恶是如何产生的呢？奥古斯丁认为，上帝在造人时，为了使人能正当生活，赋予人以自由意志。但人类却滥用这种自由意志，违背上帝的诫命，导致恶的产生与人类的堕落。正是自由意志导致了恶，它是罪的唯一原因，但它本身却不以别物为原因。因为"意志是意志的原因"[4]，是一个无因的原因，一个不受推动的推动

---

[1] 《哥罗多前书》，15：20～22。

[2] 〔德〕莱布尼茨：《神正论》，段德智译，商务印书馆，2018，第674页。

[3] 〔古罗马〕奥古斯丁：《忏悔录》，周士良译，商务印书馆，1963，第128页。

[4] 〔古罗马〕奥古斯丁：《论自由意志：奥古斯丁对话录二篇》，成官泯译，上海人民出版社，2010，第170页。

者，也就是说，意志是罪的唯一原因。

奥古斯丁认为，恶起源于人的自由意志，在于自由意志的错误选择。他认为，意志是使得人类自由的心灵层面，是心灵趋于保存或占有某物的自发活动。自由意志是人类面临善，作出善恶选择时所具有的一种特殊能力。自由意志的最根本特点是自由，当它进行决断时，任何事物甚至上帝都不能干涉，否则不成其为自由意志了。因为如果意志不在人的权能之下，它就不会是一个意志，人只有对自己有权拥有的东西才是自由的，自由意志是灵魂统辖肉体的心灵状态，它是灵魂的禀赋。恶的产生是自由意志滥用的结果，"人的本质乃是他的自由，而罪即因自由而生"。① 人的本质是自由的自我决断，但他却背离了上帝真正的呼召，没有利用上帝赋予的自由来爱上帝，反倒利用他来施展自己的野心，他的罪正是他对其自由意志的误用，由此被内在的罪所俘而带来自由的毁灭。自由意志的误用产生了恶，那么上帝为什么还要赋予人类这种自由？奥古斯丁回答道："当然，他也能利用自由意志去犯罪，但我们不应该因此相信上帝给人自由意志是为了让人能犯罪。人不可能无自由意志而正当地生活，这是上帝之所以赐予它的充分理由。"② 无生命的物体除了自己之外没法成为别的东西，它们只能按照自然和境遇的规定而生活。有了自由意志，人类才能超越自然事物的本性或自然性而"正当地生活"，由此成为真正的人。人类，一旦被创造，无论造就还是毁灭自己，乃是通过自己的决定来铸造自己的命运。《新约》要求人们："停止作恶，学习为善。"③ 只有人可以遵守这项指令："我在你面前设置了生与死……因此选择生。"④ 黑格尔也指出，正是自由意志才使人成其为人：

> 罪恶生于自觉，这是一个深刻的真理：因为禽兽是无所谓善或者恶的；单纯的自然人也是无所谓善或者恶的。……所以这种"堕落"乃是永恒的"人类神话"——事实上，人类就靠这种过渡而成为人类。⑤

---

① 〔美〕R. 尼布尔：《人的本性与命运》（上），成穷、王作虹译，贵州人民出版社，2006，第15页。
② 〔古罗马〕奥古斯丁：《论自由意志：奥古斯丁对话录二篇》，成官泯译，上海人民出版社，2010，第100页。
③ 《以赛亚书》，1：16～17。
④ 《申命记》，30：19。
⑤ 〔德〕黑格尔：《历史哲学》，王造时译，上海书店出版社，2001，第318页。

正是人类具有形而上维度的自由意志，他才能超越自然事物的必然性而成为真正的人。自由意志的赋予与滥用确立了人的主体性，开始了人的尊严、权利和责任的自觉确认与承担，是西方思想史上对人自身的重要发现，开始了西方哲学对"人"本身的自觉。

自由意志的精髓就在于摆脱世俗桎梏、向往精神自由，以神的名义赋予人以追求个性完美的自由权利。这成为后世社会追求思想自由，反抗社会成规的有力武器。人文主义的旗手但丁在《神曲》中说："上帝在当初创造万物的时候，他那最大、最与自己的美德相似，而且最为他自己珍爱的恩赐，乃是意志的自由，他过去和现在都把意志的自由赋给一切有灵的造物，也唯独他们才有自由的意志。"① 在这里他把摆脱了肉体束缚的独立自由的灵魂当成解放的个性予以追求。康德则从人的纯粹理性的角度论证人的自由意志，提出人是目的，人为自己立法的著名命题。黑格尔认为自由意志是绝对精神的自我实现，是人类历史发展演进的根本动力，自由意志、自我意识构成人之为人的根本。这些都为近代西方人权哲学提供了必不可少的思想资源。

三　神下平等

"人人生而平等"，这在当代早已成为共识，但它却非古已有之命题。究其根源，这一理念正是来源于基督教的"神下平等"。基督教把斯多葛哲学中人的理性能力和道德素质的平等转换为人在上帝面前原罪的平等和人作为蒙受上帝拯救的灵魂的平等，这种平等理论带有了更为普通的意义："从特殊的文化到普通的道德仅有一步之遥，而基督教迈出的正是那一步。"② 其主要表现为：生命创造的平等、原罪的平等和拯救的平等。

（一）生命创造的平等

按照《圣经》的说法，人类是上帝造的。在《创世记》中，人都是依上帝的形象创造的，人格来源于上帝，每个人身上都体现着上帝的神性，一切人都是平等的，"谁不懂得，比照同一事物制造的事物，彼此之

---

① 〔意〕但丁：《神曲·天堂篇》，朱维基译，上海译文出版社，1984，第29页。
② 〔美〕塞缪尔·莫恩：《最后的乌托邦——历史中的人权》，汪少卿、陶力行译，商务印书馆，2016，第16页。

间也是相似的呢?"① 在基督教中,"不拘是犹太人,是希腊人,是为奴的,是为主的,都从一位圣灵受洗,成了一个身体,饮于一位圣灵"。② 所有的人"在基督里成为一身,互相联络作肢体"。③ 正是因为人肖上帝,所有人具有同样的价值和尊严,斯多葛哲学中人的自然平等就被提升为生命创造意义上的平等。基督教教义一再重申上帝平等待人,"他们和你们,同有一位主在天上,他并不偏待人"。④ 3 世纪的基督教神学家拉克坦提乌斯在其《神学要义》中就说:"如果是同一个上帝给予我们灵魂与精神的生命,我们除了是兄弟——灵魂上的兄弟比肉体上的兄弟关系更为紧密——之外还是什么呢?"⑤

(二) 罪的平等

人类始祖因受诱惑而堕落,这就是"原罪"。保罗告诉罗马人:"世人都犯了罪,亏欠了神的荣耀。"⑥ 原罪导致人与上帝的疏离,这种原罪也遗传给亚当的后代,"我生而有罪,自母亲怀我时就是一个罪人"。⑦ "这就如罪是从一人入了世界,死又是从罪来的;于是死就临别众人,因为众人都犯了罪"。⑧ 所有的人都有罪,"没有义人,连一个也没有"。⑨ 在《约翰福音》中记载了这样一则故事,文士和法利赛人为试探耶稣,将一个行淫时被拿的妇人带到耶稣面前,询问耶稣是否按照摩西律法处置。耶稣知道他们是在试探自己,目的是得到控告自己的把柄,于是对他们说:"你们中间谁是没有罪的,谁就可以先拿石头打她。"他们听见这话,就从老到少一个一个地都出去了。耶稣说:"我也不定你的罪,去吧!从此不要再犯罪了。"这则故事说明一个道理:所有人都是罪人,都是生来有罪的,谁也不能自以为义人。⑩

---

① Robin Lane Fox, *Pagans and Christians in the Mediterranean World from the Second Century AD to the Constantine*, Harmondsworth, 1968, p. 301.
② 《哥林多前书》,12:13。
③ 《罗马书》,12:5。
④ 《以弗所书》,6:7。
⑤ 〔美〕罗德尼·斯达克:《理性的胜利——基督教与西方文明》,管欣译,复旦大学出版社,2011,第60页。
⑥ 《罗马书》,3:21。
⑦ 《诗篇》,51:5。
⑧ 《罗马书》,5:12。
⑨ 《罗马书》,3:10。
⑩ 《约翰福音》,8:3~11。

基督教的原罪理论剥掉了每个人的世俗身份，每个人都是亚当和夏娃的后代，都是罪人，他们之间都是平等的，他们的灵魂也以平等的身份接受上帝的审判。

（三）拯救的平等

虽然人类罪孽深重，但上帝从未放弃人类而是予以救赎。因为"神不偏待人"①，他要使人平等地得到救赎。悲悯的上帝"不愿有一人沉沦，乃愿人人都悔改"，②遂使其独子被钉死在十字架上，为人类担当罪罚。而耶稣更是用行动宣扬了平等的革命性概念。他无视身份的界限，走近那些受污辱的人，包括撒马利亚人、税吏、放荡的妇女、乞丐及其他被遗弃的人，宣布了精神上一视同仁的神圣法令："你们受洗归入基督的，都是披戴基督了。并不分犹太人、希腊人、自主的、为奴的，或男或女，因为你们在基督耶稣里都成为一。"③ 所有的基督徒都是"在各处求告我主耶稣基督之名的人"，④ 他们因为信仰基督而形成一个亲如一家的整体，相互平等，"都从一位圣灵受洗，成了一个身体，饮于一位圣灵"。⑤ 所有基督徒通过受洗入教，蜕去旧的躯壳，成了不断趋向"造他的主的形像"的"新人"⑥。上帝要让每一个人得救，每一个基督徒都要呼召地上的人悔改以归向上帝："地极的人都当仰望我，就必得救。"⑦ 对于上帝而言，每一个人都是他的子女，人人平等，他们无高低贵贱之分，都要得救。

法国思想家勒鲁说："耶稣是西方的菩萨，是社会等级的摧毁人。"⑧《马太福音》中说："谁是我的母亲？谁是我的弟兄？……凡遵行我天父旨意的人，就是我的弟兄、姐妹和母亲了。"⑨ 耶稣说："爱父母过于爱我的，不配做我的门徒，爱儿子过于爱我的，不配做我的门徒。"⑩ 基督教打破了人和人之间等级、性别、财产、民族的区分，而且要超越血缘关系，将个人从家庭纽带中解脱出来，寻求超越现实间一切维系包括道德伦

---

① 《约翰福音》，3：16。
② 《彼得后书》，3：19。
③ 《加拉太书》，3：28~29。
④ 《哥林多前书》，1：2。
⑤ 《哥林多前书》，12：13。
⑥ 《歌罗西书》，3：10。
⑦ 《以赛亚书》，45：22。
⑧ 〔法〕皮埃尔·勒鲁：《论平等》，王允道译，商务印书馆，1988，第130页。
⑨ 《马太福音》，12：48~50。
⑩ 《马太福音》，10：37。

常维系的平等。

在历史早期，上帝面前人人平等主要指的是人人都要平等地负有服从上帝和教会的义务，并且因为其根植于人的内心而具有出世的品质，在现实中的表现主要是在教会生活中教徒之间相互扶持、团契和敬拜上的平等对待。随着时间的推移，这一概念被运用到经济、社会与政治领域，从属灵概念变为属世概念，在宗教改革和启蒙运动中，"上帝面前人人平等"原则成为反对信仰专制和贵族特权，倡导"自由、平等、博爱"的民主价值观和天赋人权理念的重要理论武器。千百年后，美国《独立宣言》中"人人生而平等，他们都从造物主那里被赋予了某些不可转让的权利，其中包括生命权、自由权和追求幸福的权利"、《世界人权宣言》中"每一个人均生而自由平等，并拥有尊严和权利"都可视为基督教"上帝面前人人平等"理念的隔时空回响。

四　上帝之城与个体心灵

罗素认为西方中世纪哲学是以不同形式的二元对立为特征的，这些二元对立有"僧侣与世俗人的二元对立，拉丁与条顿的二元对立，天国与地上王国的二元对立，灵魂与肉体的二元对立等"。[①] 在这些对立中，灵魂与肉体的二元对立最早见于苏格拉底及柏拉图的思想中。在晚期斯多葛哲学家塞涅卡、爱比克泰德身上也可以发现灵魂与肉体之间的对立，他们认为，理性和身体是人的两个组成要素，身体是躯壳，是心灵的枷锁和监狱。这些理论经由新柏拉图主义进入基督教，成为基督教理论的重要组成部分。

人类始祖在魔鬼的诱惑下，违反上帝的诫命而犯下原罪，身体不再服从灵魂反而成为邪恶的武器。因此，宇宙就形成了二重世界结构：天国是神的世界，人间则是人的社会；天国是美好的伊甸园，人间却是充斥着是非善恶生老病死的社会。二重世界结构的分立最终导致了两座城的诞生。《创世记》记载，亚当的儿子该隐因为嫉妒上帝对自己的弟弟亚伯的恩典而将其杀死，建了第一座"地上之城"，以他儿子的名字命名为"以诺"，亚伯则建立了第一座"上帝之城"。从此，两城的对立就永远伴随着该隐

---

① 〔英〕罗素：《西方哲学史》，何兆武、李约瑟译，商务印书馆，1963，第387页。

和亚伯的子孙。《诗篇》中说："上帝之城啊，有荣耀的事乃指着你说的。"① 奥古斯丁以《圣经》相关篇章为基础，并吸收了新柏拉图主义"两个国度"区分的理论，创作了他的名著《上帝之城》，他把世界历史理解为上帝之城和地上之城之间斗争的历史，并以此为基础创立了其影响深远的历史神学。

奥古斯丁认为，两座城起源于人性中的神性和罪性。人的灵魂中有上帝的形象，有灵性，有沉睡了的理智灵魂，这就是上帝之城的起源；而人背离了上帝的形象，偏离了灵性的灵魂，堕入了罪中的身体，这是地上之城的起源。在这个意义上，两座城在初人夫妇中就已经存在。正是在这个意义上，奥古斯丁强调人的内在分裂："哪怕一个人身上，我们都能体会使徒说的道理：'属灵的不在先，灵魂性的在先。以后才有属灵的。'"② 在人类中，两座城的对立在根本上是每个人心灵中的自我对立。但在初人之后，心灵秩序中的对立又逐渐演化为世界历史中两个阵营的对立，其表现就是此后由该隐和亚伯所建的两座城的对立。所谓上帝之城，并不是另外一个政治性的城，而是存在于每个人的心灵深处，只能在末日审判的时候才能实现；现实中存在的城都是尘世之城，上帝之城的公民如同客旅，和尘世之城的公民混杂，只有在末日才真正分开。没有哪个人的尘世生命是永恒的，也没有哪个城邦会长盛不衰。就像无论有没有罗马的陷落，人总是会死的一样，无论有没有基督教，罗马这样的尘世之城也总会毁灭。奥古斯丁认为，上帝之城的历史就是逐渐摆脱魔鬼的控制，心灵走向拯救的历史。它不是王国盛衰的历史，而是心灵秩序的历史。③

上帝之城与地上之城的分离是基督教哲学的基本命题，它在两个向度上为西方人学和人权哲学提供了理论资源：国家是手段，要限制国家权力；国家存在的目的在于保护公民的精神自由和良心自由，公民有不服从的自由。

第一，国家是手段。上帝之城与地上之城的区分来源于人的二重性。人由上帝所造，他便分享了上帝的神性。但由于违反诫命而复归于尘土，面对自然的力量，他可以"象一只飞蛾"④ 被压死，他们短暂的生命中混

---

① 《诗篇》，87：3。

② 〔古罗马〕奥古斯丁：《上帝之城》，王晓朝译，人民出版社，2018，第556页。

③ 参见吴飞《心灵秩序与世界历史——奥古斯丁对西方古典文明的终结》，三联书店，2013，第23页。

④ 《约伯记》，4：19。

合着痛苦，在岁月结束时"似一声叹息"①。人不仅脆弱，还是罪人："我生而有罪，自母亲怀我时就是一个罪人。"② 人的本性二重性导致了双城的产生。奥古斯丁认为，由两种爱组建了两座城，"一种是属地之爱，从自爱一直延伸到轻视上帝；一种是属天之爱，从爱上帝一直延伸到轻视自我。因此，一座城在它自身中得荣耀，另一座城在主里面得荣耀"③。

面对罗马统治者的审讯，耶稣平静地说："我的国不属这世界。"④ 这代表了基督教不同于希腊和罗马早期的政治信念。基督教将灵魂与肉体分开，人的肉体服从国王，灵魂服从上帝，实现灵魂救赎是人生的首要目标。现实世界只是人之肉身的暂时寓所，天国才是人类的最终归宿。基督教不再视国家为追求最高善的社会组织并对其奉献全部忠诚，人们已从信上帝起开始了对国家的疏远。国家是原罪的结果和神的补救方法，教会是上帝永恒法的看护者，是上帝指派拯救人类的工具，教会高于国家。宗教和世俗的二元结构防止了至上权力尤其是国家权力成为终极权力，于是，"通向专制政府的路被堵死了"⑤。即使如此，也要对国家的道德权威时时进行拷问，奥古斯丁说："取消了公义的王国除了是一个强盗团伙还能是什么?"⑥ 阿奎那也说："在一个社会有权为自身推选统治者的情况下，如果那个社会废黜它所选出的国王，或因他滥用权力行使暴政而限制他的权力，那就不能算是违反正义。……他的臣民就不再受他们对他所作的誓约的拘束。"⑦ 到 11～13 世纪的"教皇革命"时，欧洲社会的政教二元权力体系正式形成。二元权力体系把国家和社会分开，国家的功能是消极的，它只具有工具价值，这为以约束权力和保护人权为目标的法治主义的形成奠定了基础。正是在这个意义上，伯尔曼认为，"教会权威与世俗相互分离是一个具有头等重要意义的宪法原则"⑧。这一原则成为塑造西方文明最为重要的力量。

第二，国家存在的目的在于保护公民的精神自由和良心自由。当法利

---

① 《诗篇》，90：9。
② 《诗篇》，51：5。
③ 〔古罗马〕奥古斯丁：《上帝之城》，王晓朝译，人民出版社，2018，第 553 页。
④ 《约翰福音》，18：36。
⑤ 〔意〕圭多·德·拉吉罗：《欧洲自由主义史》，杨军译，吉林人民出版社，2001，第 377～379 页。
⑥ 〔古罗马〕奥古斯丁：《上帝之城》，王晓朝译，人民出版社，2018，第 126 页。
⑦ 《阿奎那政治著作选》，马清槐译，商务印书馆，1963，第 60 页。
⑧ 〔美〕哈罗德·J. 伯尔曼：《法律与革命——西方法律传统的形成》，贺卫方等译，中国大百科全书出版社，1993，第 258 页。

赛人试图诱使耶稣去反对罗马政权的时候，耶稣讲了一段影响深远的话："恺撒的物当归恺撒，上帝的物当归上帝。"① 由于基督教灵与肉分离，精神生活与物质生活分离的二元人生观构成了社会的二元观：社会组织分为国家和教会，国家有权力处理世俗事务，教会组织有权力处理属灵事务，教会和国家以不同的权威形式同时存在，每一方只有权处理人类生活的一个部分。这样，古代社会单一结构的社会观，便被另一种崭新的双层社会组织理想取代。② 在精神事务方面，教会对包括皇帝在内的所有基督徒都有管辖权，皇帝在教会的管辖之下而不是在教会之上。这样，基督教就排除了国家对信仰及良心自由的控制。正如后世的洛克所说："掌管灵魂的事属于每个人自己，也只能留归他自己。"③ 信仰自由的实现，排除了国家在个人精神事务方面的管辖权，它是近代个人所享有的一系列自由的先导。16 世纪的宗教改革使国家正式承认宗教信仰自由、良心和思想自由，后来这些权利又进入各国宪法，成为公民基本的权利与自由。

　　由于人的精神和肉体的双重本性，作为基督徒，他们既是天国的成员，又是世俗社会的成员。这种双重角色使他们必须尽宗教和世俗的双重义务。保罗在《罗马书》中写下了《新约》中最有影响的政治宣言："在上有权柄的，人人当顺服他。因为没有权柄不是出于上帝的。凡掌权的，都是上帝所命的，所以抗拒掌权的，就是抗拒上帝的命，抗拒的必自取刑罚。"④ 保罗的上述观点成了公认的基督教教义，对合法当局的尊重也就成了任何基督教徒不会否定的义务。但如果宗教义务与世俗义务发生了冲突，他所"必须服从的乃是上帝，而不是人"。⑤ 基督教徒相信，与教义相冲突的法律在良心上是没有约束力的，基督教徒有权利不服从与教义相冲突的法律，而且，他们还把这种不服从视为基督教徒的绝对义务。16世纪宗教改革以后，一些欧洲国家的加尔文派信徒把公民不服从理论发扬光大，主张个人良心自由，君主权力应受到限制，个人可凭良知拒绝服从不正义的法律。19 世纪美国思想家梭罗使"公民不服从"思想脱离宗教，并使不服从成为公民反抗恶法和维护良法之治的道德权利和义务，对当时及其后的美国社会政治产生了巨大的影响。此后受梭罗影响的印度民族独

---

① 《马太福音》，22：21，另见《马可福音》，12：17，《路加福音》，20：25。
② 〔美〕弗里德里希·沃特金斯：《西方政治传统——现代自由主义发展研究》，黄辉、杨健译，吉林人民出版社，2001，第19页。
③ 〔英〕洛克：《论宗教宽容》，吴云贵译，商务印书馆，1982，第18页。
④ 《罗马书》，13：1～2。
⑤ 《使徒行传》，5：29。

立运动、美国黑人民权运动和曼德拉领导的南非反种族主义斗争，把梭罗的个人反抗转变为群众性、民族性的非暴力民族解放运动或和平民权运动，大大推动了历史发展进程。当代的阿伦特、罗尔斯、德沃金等人则在理论上对"公民不服从"进行了精审翔实的论证，界定了"公民不服从"的定义、作用及要素等，推动了人权理论的发展，也为人权实践的发展准备了重要的理论资源。

结　语

基督教产生于希腊精神衰落之时，他们把希望和期待转向了来世，他们忍受今世的苦难，目的是在来世找到真正的幸福。他们相信上帝造人，但人因为原罪而堕落，上帝怜悯人类、拯救人类，个人生命与人类的历史便进入生死复活的戏剧化连续段落中，其结局是将人类解放出永恒循环，给个体的生命带来独特的意义。人类的堕落及上帝对人类的拯救便成为基督教的主题。根据基督教，人是创造的目标和目的，正是为了人，才有了整个历史。上帝造人并给人以灵魂，这就赋予了人存在的意义以及作为人的基本权利。人因为原罪而堕落，原罪是因为人滥用了自由意志，人类正是具有形而上维度的自由意志，才能超越自然事物的必然性而成为真正的人。人和人之间在创造、罪恶、赎罪上都是平等的，他们期待着同样的救赎。这种救赎是灵魂向上帝的靠近，灵魂的得救是以个人为单位进行的，每个人的灵魂直接面对上帝。"个人拯救的教义给了基督徒一种关于个人的特殊意识。"① 肉体与灵魂的分离导致了社会的二元结构，国家只是手段，是"不可避免的恶"和"对人性的最大耻辱"，② 其目的在于保护公民的精神自由不受侵犯。虽然此时基督教中的个人主义仍然是一种"出世的个人主义"③，上帝之下的平等也主要是义务上的平等，但基督教中蕴含的独立、自由、平等、权力制约的思想作为"基督教的病毒或仙丹"④进入西方人的血液，经过 16 世纪的宗教改革，渗入世俗的社会结构，成为现代人权理念的根基。

① 钱满素：《爱默生和中国：对个人主义的反思》，东方出版社，2018，第241页。
② 〔美〕汉密尔顿等：《联邦党人文集》，程逢如等译，商务印书馆，1982，第264页。
③ 〔法〕路易·迪蒙：《论个体主义：人类学视野中的现代意识形态》，桂裕芳译，译林出版社，2014，第29页。
④ 〔英〕汤因比：《历史研究》，曹未风等译，上海人民出版社，1997，第98页。

　　费尔巴哈认为，宗教的本质是人的异化，他说："你的心是怎样的，你的上帝便是怎样的。"① "通过上帝，人将自己所固有的本质与自己联系起来——上帝就是本质、类跟个体之间，属人的本性跟属人的意识之间的被人格化了的纽带。"② 在基督教中，"人在表面上虽然被压抑到不能再低，事实上是被捧到不能再高。因为人只有在上帝身上并通过上帝把自己当作目的"。③ 黑格尔认为基督教来自人的苦恼意识，他们意识到自身是二元化的、分裂的，仅仅是矛盾着的东西，"人类只有剥夺了他自己的有限性，并且委身于纯洁的自我意识的时候"，④ 才能在基督里实现上帝和人类的统一。人和上帝的统一就是"精神"的回归，"在基督教中便体现着神性与人性的统一，在基督里面逻各斯变成了肉身。……通过这种否定性的过程而回复到自己，回复到自己的统一性"。⑤ "因为人类自己就是'精神'，他在那个对象里发现了他自己，因此，就在他的'绝对'的对象里发现了'本质'和他自己的存在。"⑥ 此时，"基督已经现身了，——人类是上帝，上帝就是人类"。⑦ 马克思也认为，神是人类根据自己的形象和想象创造的，"共同的宗教祭祀和祭司为祀奉一定的神所拥有的特权。这种神被假想为氏族的男始祖，并用独特的名称做这种地位的标志"。⑧ 上帝在本质上是人本质的扩张、外化和高度抽象化的产物：人是有限经验的上帝，"上帝是无限遥远的人"⑨。基督教把人的本质异化、集中到上帝身上，其结果却是上帝和人之间的距离拉大了：人被抽象化、道德化、至善化成了上帝，被抽空了，变得微不足道。普遍人格化了的上帝否定了人本身的特性：亚当的罪无法赦免，无法消除，只有借着上帝与人之间的中保，也就是降世为人的基督耶稣，人类的原罪才能得以救赎。⑩ 上帝越

---

① 〔德〕费尔巴哈：《宗教的本质》，王太庆译，商务印书馆，2010，第 72 页。
② 〔德〕费尔巴哈：《基督教的本质》，荣震华译，商务印书馆，1984，第 273 页。
③ 北京大学哲学系外国哲学史教研室编译《西方哲学原著选读》（下），商务印书馆，1982，第 477 页。
④ 〔德〕黑格尔：《历史哲学》，王造时译，上海书店出版社，2001，第 324 页。
⑤ 〔德〕黑格尔：《哲学史讲演录》第3卷，贺麟、王太庆等译，上海人民出版社，1960，第 261 页。
⑥ 〔德〕黑格尔：《历史哲学》，王造时译，上海书店出版社，2001，第 315 页。
⑦ 〔德〕黑格尔：《历史哲学》，王造时译，上海书店出版社，2001，第 321 页。
⑧ 《马克思恩格斯文集》第 4 卷，人民出版社，2009，第 114～115 页。
⑨ 〔德〕胡塞尔：《欧洲科学的危机与超越论的现象学》，王炳文译，上海三联书店，2007，第 170 页。
⑩ "神和人中间，只有一位中保，乃是降世为人的基督耶稣，他舍自己作万人的赎价。"（《提摩太前书》，2：5～6）

是像人，人就越是会因为其自然的属性而遭到贬抑。一个"具有人性"的耶稣基督，以他自己的"牺牲"唤起的是一种对于人性的普遍压抑："上帝的道成肉身，克服肉欲，精神的自我内省等等，它带来了禁欲的、沉思的僧侣生活，而这才是基督教观念的最纯正的花朵。"① 并且，中世纪"精神的王国采取了教会的王国的形式"②，作为基督徒来说，他的赎罪必须通过教会这一中介，他对上帝的信仰须受教会权威制约和规范。作为两个王国的公民，他同时受教会和世俗政权的管辖与束缚，从而进入双重枷锁之中。在神权和王权争夺管辖权的斗争中，"个人作为一个完整的独立、自由和平等的法权人格及心灵诉求，再一次被泯灭和遮蔽了"。③ 西方需要新的心灵启蒙与社会革命，到中世纪后期，以但丁的《神曲》为号角，轰轰烈烈的人文主义运动开始了。

---

① 〔德〕亨利希·海涅：《论德国》，薛华等译，商务印书馆，1980，第208页。
② 〔德〕黑格尔：《历史哲学》，王造时译，上海书店出版社，2001，第329页。
③ 高全喜：《心灵、宗教与宪法》，《华东政法大学学报》2012年第2期。

试释《大学》的"推不出"难题*

李旭东**

摘　要：对于《大学》中"修齐治平"之旨的论述，当代读者普遍感觉其论证存在逻辑缺陷，古人则无此感觉。现代人须补上古人论述与阅读时的情境，以恢复理解《大学》的阅读语境。这些内容包括：论述对象——君子，社会组织形式——家族社会，社会生产条件——农业社会有限的生产力。

关键词：《大学》　"推不出"难题　阅读语境

《大学》乃"四书"之一，它与《中庸》一样，均是由朱熹从《礼记》中独立提出，与《论语》《孟子》一起被列为"四书"。因明清科举考试的影响，《大学》得到了广泛的传播。朱子对《大学》与《中庸》的改造与解释，使其在中国传统思想中地位非常突出，治中国思想者宜重视之。本文拟对《大学》的一个问题作一初步讨论。

一　《大学》的"推不出"难题

按照朱子《大学章句序》的说法："《大学》之书，古之大学所以教人之法。"① 然而，朱子并不仅仅视其为一篇教育学著作，更视其为一个表述基本治理原则的大文章。

《大学》中影响最大的是两个思想。

其一，三纲领。"大学之道，在明明德，在亲民，在止于至善。"接着是《大学》的作者论述实现这三纲领的步骤："知止而后有定，定而后能静，静而后能安，安而后能虑，虑而后能得。物有本末，事有终始，知所

---

* 本文系华南理工大学 2021 年度双一流大学建设项目"一般法理学研究"（X2FX－D6214390）阶段性成果。

** 李旭东，法学博士，华南理工大学法学院副教授。

① （宋）朱熹集注《四书集注》，陈成国标点，岳麓书社，2004，第 3 页。

先后，则近道矣。"这部分内容讨论已经较多，在此不涉及。

其二，八条目。《大学》的原文如下：

"古之欲明明德于天下者，先治其国，欲治其国者，先齐其家。欲齐其家者，先修其身。欲修其身者，先正其心。欲正其心者，先诚其意。欲诚其意者，先致其知。致知在格物。

"物格而后知至，知至而后意诚，意诚而后心正，心正而后身修，身修而后家齐，家齐而后国治，国治而后天下平。

"自天子以至于庶人，壹是皆以修身为本。"

《大学》的核心就是围绕上述内容展开的。"三纲领"虽亦有争议，不过，最令现代人困惑的可能是"八条目"，因为它存在一个逻辑困难：前一判断"推不出"后一判断。

按照《大学》的说法，一切的根本在于修身。身修了，家就齐了；家齐了，国就治了；国治了，天下就太平了。一切的一切，关键的关键，就在于修身。修身的主体包括了一切人——"自天子以至于庶人"。《大学》的作者以自己的思维方式，从修身几句话就过渡到了平天下。而后人面对这些命题，显然无法接受这一论证过程。从修身到治天下，每一个阶段的事务都非常复杂，未必能轻易地通过修身而完成；后人无法理解这样跨度极大的逻辑过渡。

如果只是背诵或进行文学性的学习，《大学》的这些表述在修辞上诚然有其优点。但它讨论的是政治学、法学与伦理学的命题，这就不能不让现代人提出疑问：真的是这样吗？国家治理通过修身就得以实现了吗？从修身到平天下，这中间有必然逻辑联系吗？显然，现代人无法直接接受。如果答案是"否"，那《大学》岂不是说大话吗？若真如此，古往今来的许多圣贤都那么智商低，被《大学》骗了吗？

应当指出：《大学》的"八条目"之间的论证从现代学理上看，存在一个逻辑上"推不出"的难题。

诉诸常识就可以知道：即使身修，家未必能齐；即使家齐，国未必能治；即使国治，天下也未必能平。而《大学》上述论述表现为或然性命题的连续推演，导致结论更不可靠。从事实来看，历史上相关的失败例子屡见不鲜，不必举例。显然，《大学》中上述每个逻辑环节都不能轻易地推出。但《大学》的作者显然并未按照现代逻辑进行规范论证，给人的印象是：他主要地以其雄辩式的修辞把中间的逻辑环节给"混"过去了。

说"混"过去了，是现代人阅读《大学》的印象。现代人要求以严密的逻辑来讲述道理，不允许稀里糊涂地把重要的逻辑链条那样偷渡过去，那在思想上是不严肃的。

显然，应当承认：古代人承认《大学》的权威，除了因为它具有"经"的权威性地位，也因为它具有其内在的学理，让勇敢地追求真理的学人真诚地服膺于它。同时，《大学》的那种论证方式，虽然表达了相应的内容，但它与现代人的生活明显有距离，因而现代人无法理解《大学》那种雄辩的论证方式的学理内涵。一般地接受传统的权威，仍然承认《大学》的权威，显然并未真正严肃地对待《大学》。本文就尝试对它作一讨论。

二　《大学》论述"推得出"的阅读语境

现代人认为，《大学》的论证是推不出的；但古人并不以现代人的思维方式来思考问题，古人认为《大学》所论是真实的，不存在逻辑缺陷。我们要回到古人的心态来理解《大学》，以寻找它所以"推得出"的内在学理。

（一）理解《大学》的两种态度

理解《大学》可以有两种态度。其一，直接采取现代人的观点，认为《大学》"八条目"的结论"推不出"，古代的圣贤都比较笨。这样就简单地解决了问题。这显然是居高临下地看待古人，不愿意对古人予以同情的理解，明显地是文化虚无，厚污前贤！我们万万不能把自己放得那么高，应当谦虚一些。其二，承认古今思维在解读《大学》时存在明显不同。这就要求，我们不能以现代人的逻辑思维方式来要求古人。现代人应当对《大学》的上述逻辑缺陷按照古人的思维方式进行一个合理的重建。

这就要进一步考虑，古今思维的不同，症结何在？

显然，现代人需要回到古代人的场景来理解《大学》，以获得古人解读《大学》时的那些必要的阅读语境。这些阅读语境是古人认为本来具有、不言而喻的，因而不必在论述过程中交代的逻辑前提；现代人的生活中已失去了那些条件，我们在解读《大学》时需要补充上它们，才能具备理解《大学》的思维，进而能够接受《大学》的逻辑论证及其结论。事实上，如果我们把视野放开，不止于在《大学》中找答案，则可以发现，圣贤们普遍采取了一种与《大学》那种现代人看来"推不出"相同的思维方式，普遍认为"推得出"。显然，从孔子与孟子的论述来看，传统的儒家认为，《大学》的逻辑是成立的，是能够推出来的。他们并未在这上面有多少犹豫，而是直接肯定这类逻辑。

（二）《大学》论述"推得出"

古人认为《大学》的论述是能够推出来的，现代人认为它推不出来。实际上，是由于古人与现代人处于不同的社会环境中，思考问题站在自己的立场上，他们各自的理解都是对的。在今天，《大学》的论述明显不符合现代社会的治理需要，因而真的"推不出"了。但今天它推不出来，不代表古人"推不出"，他们是真诚地认为能够推出来。今天的读者要读懂《大学》，显然需要补充古人读《大学》时曾有而现已消失的那些语境，然后获得《大学》作者开展其论述时的生活背景。

1. 《大学》教化的对象——君子

今天读《大学》者，往往是文科专业的老师与学生，尤其是文史哲专业者；其他人因为各有其专业分工，已不用再读《大学》了。但《大学》当日面对的对象或读者则不同。这可能是第一个值得注意之点。

包括《大学》在内的儒家经典，立说对象均为将行使治理权力、承担治理责任的群体。

以《论语》为例：

"子路问君子。子曰：'修己以敬。'曰：'如斯而已乎？'曰：'修己以安人。'曰：'如斯而已乎？'曰：'修己以安百姓。修己以安百姓，尧、舜其犹病诸！'"①

君子通过"修己"而"安人"，进一步再"安百姓"，这是孔子给予积极评价的领导。在现代民主社会中，普通人"修己"再努力，实际上能获得个人及其小家庭生活保障已经不错了，后面那些效果多数人是不会追求的。儒家所谓"君子"乃有位者、有治民之任者，即领导干部。

"子曰：'无为而治者，其舜也与？夫何为哉？恭己正南面而已矣。'"②

上面这一则虽然是说"恭己正南面"，内容同样是"修己"。修己的目的是"治"，要达到的效果是"无为而治"。这同样不是在对普通人说话。只有干部，将要从政，未来必然掌握权力，因而，他要特别地强调修

---

① 《论语·宪问》。

② 《论语·卫灵公》。

身。这些话对普通人是不必讲的。普通人的道德好与坏，对政治的影响要小得多，不必那样强调。这在如下表述中可见："君子之德风，小人之德草。草上之风必偃。"①

以此角度，还可以从《论语》中找到相关的论述：

"齐景公问政于孔子。孔子对曰：'君君，臣臣，父父，子子。'"② 在各个重要岗位上的人，各守其责，治理效果自然就良好了。

"子曰：'雍也可使南面。'"③ 这是表扬一位学生的气度适合当领导。领导要有领导的气度和胸怀。

从反面也可以理解，孔子学生樊迟要求学农业学园艺，不但被孔子拒绝了，还受到了严厉的批评。

樊迟请学稼，子曰："吾不如老农。"请学为圃，曰："吾不如老圃。"樊迟出。子曰："小人哉，樊须也！上好礼，则民莫敢不敬；上好义，则民莫敢不服；上好信，则民莫敢不用情。夫如是，则四方之民襁负其子而至矣，焉用稼？"④

在今日存在农业大学、医科大学、工科大学，各自然科学学科设置了院士的时代，读者显然不明白孔子为什么要生气：文学院、哲学院的学生多辅修一个理工科专业不是很好吗？实则，在现代分工社会出现之前，只有做官才是有身份的，其他的职业则是身份较低级的，远不能与从政相比。工科之工虽源自"工"，但那个"工"乃手工艺人，在传统社会中地位是不高的（当然这一点现在已有巨大改变）。

再如："子夏曰：'学而优则仕，仕而优则学。'"⑤ 学习是为了从政，从政须学。至于其他的事业，则较为低贱，何必费那么大劲儿学？既然已经学了高级知识干吗还要从事低级行业呢？这是孔子不能接受的。在社会地位上，做官（仕）是具有前途的，樊迟明明已经进入孔子"干部学院"，还想着尝试农业之类的不入流事务，显然是不务正业（宰我在孔子学生中也比较特别，在此不暇论）。

---

① 《论语·颜渊》。
② 《论语·颜渊》。
③ 《论语·雍也》。
④ 《论语·子路》。
⑤ 《论语·子张》。

或许有人会质疑：《大学》中明明说，修身的主体乃是"自天子以至于庶人"，把修身者限制为"君子"，这不对啊！答曰：《大学》的读者往往是"读书人"。在传统的农业社会，能够脱离生产、脱离劳动专门接受教育者，数量非常有限，且与仕途非常接近。

从贵族政治向平民政治的过渡是经历了较长时间的，这需要专门研究。一般认为，唐代尤其是武周之后，门阀家族的势力才逐渐受到打击，寒门子弟大量地通过科举制度进入官场，从而社会进入了一个新时代。[①]但读书仍然是获得知识资本之首要前提。事实上，直至新中国成立前，中国教育仍非常落后。当时教育家陶行知的口号还是："筹募一百万元基金，征集一百万位同志，提倡一百万所学校，改造一百万个乡村。"[②] 这一社会条件的差异是巨大的，是不能以今天已实施了义务教育的现代国家，尤其是自 1998 年以来大学扩招的现实与之相比的。[③]

当然，传统的"读书人"也有非常落拓的，鲁迅小说里的孔乙己即是。但科举制存在失败者，不能否定《大学》作者立说对象之特殊性与有限性。实际上，它长期使得读书人群体具有一种稳定的价值观，这是必须承认的。"庶人"固然包括了无功名者，但无功名不等于无社会地位，不等于在社会伦理关系中无优势地位。

思想史研究者喜欢把《易传》中有关"乾"德的论述扩张化，以为儒家是"刚健有为"的。此刚健有为，指个人修养与个人品性则可，不可引申到如王安石那样对政治规则与政治传统的挑战。如果错认中国传统的性格，则显然在认识上不够准确，在实践效果上也有害处。教育史家也容易夸大孔子"有教无类"的影响，这也容易误读孔子思想。

2. 《大学》论述的社会结构——家族社会

《大学》论述所面对的社会是一个农业社会。农业社会的特点是安土重迁、生产力有限、人们相互依赖。这就导致了家族的地位非常重要。家族是基本的社会组织单位，也是社会治理的重要载体，它具有自己的治理

---

① 唐代社会科举考试对干部选拔的巨大变化，参见钱穆《国史大纲》（上），商务印书馆，1996，第 426~439 页。

② 《中华教育改进社改造全国乡村教育宣言书》，陶行知《中国教育改造》，东方出版社，1996，第 82 页。

③ 从以下统计就可以知道 100 年前的大学之少："以高等学校为例，1921 年中国公立大学只有北京大学、山西大学和北洋大学 3 所，私立大学有 5 所，而著名的教会大学却有 16 所。"参见孙培青主编《中国教育史》，华东师范大学出版社，1992，第 661 页。20 世纪 90 年代初高等学校招生一般是每年 60 万人左右，而 2022 年高校毕业生数量是 1000 万人以上。社会结构的变化是非常巨大的。

权力。这是与经过近现代中国革命对社会结构彻底地重新组织之后的当代社会明显不同的。

　　一方面，家族的地位比较重要。团结起家族的力量，须依赖礼治，尤其是以血缘关系为基础的家礼。在诸礼中，以丧礼的地位最为重要。如"曾子曰：'慎终追远，民德归厚矣。'"① "孟子曰：'养生者不足以当大事，惟送死可以当大事。'"② 在这个意义上，家族安定之后，社会治理自然就不会有大问题了。因此，孟子才会说："道在迩而求诸远，事在易而求诸难。人人亲其亲、长其长，而天下平。"③ 所谓的天下太平，不过是各家族都安定而已。哪里有什么太过遥远、不好理解的东西呢？它就是保障家庭中所有人的日常生活而已。

　　因而，政治与家事就能够在某种程度上画等号。如《论语》的如下论述："或谓孔子曰：'子奚不为政？'子曰：'《书》云："孝乎！惟孝，友于兄弟，施于有政。"是亦为政，奚其为为政？'"④ 什么是政治？家族事务同样是政治的重要内容。在今天，人们当然无法理解这样的表述。

　　另一方面，政府需要与社会中的家族合治，才能完成治理任务。这还不是指六朝门阀政治下"王与马，共天下"那种家族，而是传统社会中长期存在的普通家族。这样，治理工作的首要任务是不干扰社会自身的治理，让社会能够发挥自我治理功能。如何实现这一点？靠君王"扩充"自己的那种仁心。对此，《孟子》有较多论述。例如：

　　　　孟子曰："人皆有不忍人之心。先王有不忍人之心，斯有不忍人之政矣。以不忍人之心，行不忍人之政，治天下可运之掌上。……凡有四端（仁义礼智）于我者，知皆扩而充之矣，若火之始然，泉之始达。苟能充之，足以保四海；苟不充之，不足以事父母。"⑤

　　孟子认为政治的核心在于"不忍"，实际上即人人都有的同情心。普通人虽然有此同情心但影响面不大，但领导人的同情心影响面就大，所以重视将此"不忍"之心"扩充"。"扩充"与"推恩"，实际上是一个意

---

① 《论语·学而》。
② 《孟子·离娄下》。
③ 《孟子·离娄上》。
④ 《论语·为政》。
⑤ 《孟子·公孙丑上》。

思，都是既承认自己的愿望，也尊重别人的愿望。这样的理想状态将是："老吾老，以及人之老；幼吾幼，以及人之幼：天下可运于掌。……故推恩足以保四海，不推恩无以保妻子。古之人所以大过人者，无他焉，善推其所为而已矣。"① 孟子强调"推恩"，即既让自己过日子，也让别人过日子。自己有让家人过善良生活的愿望，而其他人同样如此。怎么才能做到？"推恩"。设身处地地把自己与他人的良好愿望置于同一地位上对待，这样，每个人就都能过上好日子了。

所谓古代圣王尧舜，不过也是让各人治理好自己的家族而已。孟子说："尧舜之道，孝弟而已矣。子服尧之服，诵尧之言，行尧之行，是尧而已矣。"② 在那种传统社会中，一个人的大事，不过是做好自己的事而已，完成自己在社会关系中的伦理责任。"孟子曰：'事孰为大？事亲为大。守孰为大？守身为大。'"③

在家族社会解体之后，我们已经无法想象家族曾具有的巨大作用了。新中国重新组织了社会基础，形成了一个去家族化的社会。虽然家族仍在某种程度上发挥着重要作用，尤其是在县以下的基层社区，④ 不过，我们应当承认，家族的那种基础性作用已经被"单位"替代了。

3. 农业社会的基本德性——节制欲望

修身的内容是什么？实际上是节制欲望。因为统治者有能力、有可能侵犯他人的利益，因而《大学》与其他的儒家经典往往特别强调这一方面的内容。相对来说，《大学》一书对这方面的强调还是比较少的。

为什么修身了，家就齐了，国就治了，天下也就平了呢？原因就在于，如果你作为大人物，不剥夺他人的生存资源，尊重他人的基本生活，那么各人都能够在农业社会有限的生产力条件下过一种相对"幸福"的生活。这种生活状态，在今天看来，其实仍没有多少保障，不过，古人已经觉得满足了。

试以《孟子》的相关论述看："五亩之宅，树之以桑，五十者可以衣帛矣。鸡豚狗彘之畜，无失其时，七十者可以食肉矣。百亩之田，勿夺其时，数口之家可以无饥矣；谨庠序之教，申之以孝悌之义，颁白者不负戴

---

① 《孟子·梁惠王上》。
② 《孟子·告子下》。
③ 《孟子·离娄上》。
④ 逃离北上广与逃回北上广的人口流动，就反映了这种复杂的社会情况。中国社会学家以河南某地为研究对象的"中县政治"则形象地表现了基层政治现实中的家族影响。

于道路矣。七十者衣帛食肉，黎民不饥不寒，然而不王者，未之有也。"①
有衣食，不饥寒，居然就是王道？要经过努力才能保障七十岁的长者吃得
上肉。这样的标准现在看来确实太低，然而在当时的生产力条件下却是要
努力后才能做到的。

所以，对统治者来说，节制自己的欲望，不破坏他人的卑微生活，就
已经是德性了。然而，统治者怎么可能节制自己的欲望呢？孟子已经洞悉
梁惠王的"大欲"是什么："然则王之所大欲可知已。欲辟土地，朝秦
楚，莅中国而抚四夷也。"② 如果单纯诉诸君主的自我克制，那么大人物
的欲望必然不能克制，人民生活往往只能成为君主实现其称霸野心、发动
侵略战争的牺牲品。但儒家还是不厌其烦地对历代君主讲述这些道理。有
的统治者听进去了，也这样做了，就会出现不多的盛世。为何盛世难得？
这需要统治者节制自己的欲望，来满足普通人的欲望。统治者当然是不愿
意的。

不过，虽然任何统治者主观上不愿意克制其欲望，但生产力状况对他
构成了客观制约。农业社会生产力低下，导致君王必须节制自己的欲望。
否则，生存压力会马上使生存困难者无生活前途，从而铤而走险，这样，
一个政权就会立刻面临危机。如果生活实在无趣，那么，直接向统治者挑
战的英雄必然会出现。《老子》的警告是："民不畏死，奈何以死惧之？"③
这才是历代统治者必须修身修德的最大压力。不过，人性是好逸恶劳的，
不但统治者，就是普通人也倾向于奢侈，历代史书对此记载颇多。《大学》
中可能没有对此的论述，但《大学》强调的那个"修身"的"德"的内
容，一方面是"无为"，不干预社会和他人，④ 另一方面则是"节制"，不
放纵自己的欲望。这些都是工业革命之后的人无法理解的。

三 《大学》"推不出"难题的启示

补充了以上语境之后，《大学》相关论述的逻辑链条似乎就不是那样
充满缺陷，它在古代语境下是能够推出的。它在今天不能成立，显然并非
《大学》本身之过。在此，对《大学》"推不出"难题的讨论结束后，再

---

① 《孟子·梁惠王上》。
② 《孟子·梁惠王上》。
③ 《老子·第七十四章》。
④ 参见李旭东《论"无为"观念的辅助性内涵》，《北方论丛》2021 年第 3 期。

对相关问题作一阐发。

一是，理解传统社会的伦理不容易。《大学》为常见书，古人多能诵读，但能讲通《大学》的道理者并不多见。在古人，是由于不敢质疑《大学》的政治权威，个别人有疑也只能私下嘀咕，无法与人进行讨论。不世出的伟大思想家虽然自悟而喜，但无法传播给更多的人，往往深感寂寞。在今人，则是由于《大学》之类的古书已失却其论述所依赖的现实，如刻舟求剑寓言所喻：其言虽在，而其事已逝，其理遂无以明。因而，读者普遍缺乏一种阅读时有所对照的现实感，从而《大学》自身已丧失了它对古人曾具有的权威。

《大学》是"四书"之一，在传统社会中是读书人普遍诵习之书，今日已沉沦至此。虽然如此，传统是我们的来时路，理解传统才能理解古人，才能理解我们的文化，才能保有坚定的文化之爱、祖国之爱。

二是，理解传统伦理须进入与古人相同的语境。在读书时，须理解古人立说的现实条件，才能明白其学理；当面对现实的治理问题时，古人的论述之所以不能直接适用，原因是古今社会环境的巨大变化。《吕氏春秋》强调"法后王"，时代变化了，古人的论述已经失去其义理。但传统自身具有权威，对食古不化者具有强大的影响力。如果直接按古人论述做事，必然遭到挫败。这显然是由于读书不能得其义，实践中失败的责任是不能让古人来负的。

三是，理解传统伦理才能理解现实伦理。当代人读先秦书诚然距离遥远，不易理解，然而，当代人读当代人的书事实上也不容易理解。同是中国人，中国社会改革开放四十多年来的巨变，事实上使得四十多年前的中国与当代的中国完全呈现出两种社会面貌。不同代际的人相互不理解似乎好理解，社会多元化以后，同代人相互之间不理解也并不稀罕。

读《大学》及其他经典者，如果仅仅作为一种国学修养来读是一回事，要理解古代的伦理生活，并且要作为一种学理来观察现实生活，那就需要更多的学理讨论。当然，本文仅是一个初步的工作。

论西塞罗《法律篇》中的自然法思想

柴松霞　崔佳琳*

摘　要：西塞罗是古罗马著名的演讲家、政治家、哲学家。在公元前50年代后半期，罗马陷入了三巨头的独裁统治之下，共和制政体遭到威胁，同时西塞罗又在喀提林阴谋后遭到流放，政治生涯跌到低谷。在此期间，他作《法律篇》一书陈述自己的政治法律理想。西塞罗在此书中的自然法思想，承接斯多葛学派和柏拉图的自然法观念，认同自然法的世界主义属性，自然法至高无上，自然法是最高理性，主要体现出西塞罗自然法思想折中主义、实践主义等特征。西塞罗的自然法观念沟通古希腊和古罗马的哲学体系，是集大成的综合性学说，考察其《法律篇》中的自然法思想，对研究西方自然法发展历程有重要的意义。

关键词：西塞罗　《法律篇》　自然法

马尔库斯·图利乌斯·西塞罗（Marcus Tulius Cicero）公元前106年出生于阿尔皮努姆（Arpinum）一个富足的家庭[1]，在公元前50年代后半期，他作《法律篇》一书陈述自己的政治理想。彼时的罗马陷入三巨头同盟的独裁统治之中，西塞罗所支持的元老院软弱无能，被完全架空。西塞罗《法律篇》的内核是斯多葛学派的自然法立场[2]，是对斯多葛派自然法观念的继承和发展。通过考察西塞罗《法律篇》中所呈现的自然法思想，可以窥探其对西方自然法学派的发展历程产生的影响。

---

* 柴松霞，法学博士，天津财经大学法学院副教授，硕士生导师；崔佳琳，天津财经大学法学院硕士研究生。

① 〔英〕伊丽莎白·罗森：《西塞罗传》，王乃新、王悦、范秀琳译，商务印书馆，2015，第11~12页。

② 王焕生：《西塞罗和他的〈论共和国〉〈论法律〉》，《比较法研究》1998年第2期，第211页。

一 西塞罗《法律篇》的成书背景

直到伯利克里时期，学者们还将"自然"（phusis）与"法"（nomos）这两个概念对立看待，认为自然是事物原初的状态，而法则是人造的。[①]但柏拉图在《高尔吉亚篇》和《蒂迈欧篇》中提及的自然法首次将两个概念融合，并在《理想国》中提出了正义观。只有按照每个人的个性，为其分配最合适的工作，才能不僭越，并达到至高无上的善。[②] 每个人拥有与自己相匹配的事物，担任与自己能力相匹配的职务，便是最佳的正义。[③]

柏拉图认为"最高理性"是所有完善的宇宙创造物的必需品质，理性基于灵魂而存在。因此理性和自然相比是更加本原的，自然应用于灵魂。[④]理性居住在宇宙的灵魂之中，由于人类是从宇宙产生的，人们也在个体的灵魂中拥有理性。[⑤] 这些观点极大地启发了西塞罗的自然法观念，如他亦认同人和神同是宇宙共同体的成员，都拥有最高的理性。

斯多葛学派的三种学说对后世的影响最为深远——幸福论（Edudaemonism）、自然论（Naturalism）、道德论（Moralism），其中自然论的中心是幸福和道德来源于根据自然而生活[⑥]，这也是其自然法的重要核心。根据斯多葛学派的自然法观念，自然法是正确理性的体现，依据正确理性生活其实便是依照人的天然本性、德性生活，履行自然法除了要求行为符合德性外，还要求其行为具有实践理性。[⑦] 人类应当认识到德性的美好，同时必须把充满美好的"善"和德性联系起来，否则我们将以自身的好恶利益来权衡"善"，进而违背自然法的秩序和要求。[⑧] 斯多葛学派之所以如此重视自然的法则，是由于他们认为一切个体事物都具有很强的不确定性，因此，世界需要宇宙的普遍性法则和进程以维持秩序。自然的原意便

031

[①] A. E. Taylor, *A Commentary on Plato's Timaeus*, Oxford University Press, 1928, p. 596.

[②] 〔古希腊〕柏拉图：《理想国》，王扬译注，华夏出版社，2012，第134页。

[③] 〔古希腊〕柏拉图：《理想国》，王扬译注，华夏出版社，2012，第149页。

[④] 〔德〕策勒：《古希腊哲学史》第3卷《柏拉图与老学园派》，詹文杰译，人民出版社，2020，第251页。

[⑤] 〔德〕策勒：《古希腊哲学史》第3卷《柏拉图与老学园派》，詹文杰译，人民出版社，2020，第252页。

[⑥] 〔加〕布拉德·英伍德编《剑桥廊下派指南》，徐健等译，华夏出版社，2021，第409页。

[⑦] 〔加〕布拉德·英伍德编《剑桥廊下派指南》，徐健等译，华夏出版社，2021，第412页。

[⑧] 〔加〕布拉德·英伍德编《剑桥廊下派指南》，徐健等译，华夏出版社，2021，第413页。

是宇宙的普遍法则与一切事物原始的存在。①

斯多葛学派还推动了"世界公民"观念发展，犬儒派是其先驱，赋予世界公民这一身份极高的价值评价。斯多葛主义学者将国家与家庭看作是对个体的限制和约束，他们更愿意成为世界公民，从而献身于宇宙整体。②"世界公民"观念和斯多葛学派的自然法思想密不可分，自然法承认每个个体的理性平等，进而就要把社会的范围扩张到更多的民族，即认同人类本性的同一性、平等性。③但这种平等性，尚未达到推翻奴隶制的程度，只是强调要尊重奴隶群体。④

西塞罗作《法律篇》的政治背景是"喀提林阴谋"（Conspiracy of Catiline）后的失势。路奇乌斯·喀提林出身于显赫古老的塞尔吉乌斯家族，早年担任过一些公职，但由于生活奢侈，又需要负担在罗马竞选的巨额费用而债台高筑。⑤西塞罗作为喀提林的竞争者，虽然没有后者之优势，但依靠自己的天赋和口才，和高层政治家们来往密切，最终在公元前64年的次年执政官选举中当选。⑥喀提林在走投无路之中，为了还清自己的债务，和朋友拟定了推翻罗马政府当局的办法，加入了罗马城外已经由其支持者组成的军队。当时罗马城内几乎无人知道喀提林主导的这场阴谋，四处都是和平的假象。⑦但在西塞罗担任执政官之初，克温图斯·克利乌斯就向其检举了喀提林暗杀西塞罗和其他元老院贵族领袖人物的暴力阴谋。⑧

西塞罗清楚地认识到，若是自己处决喀提林将会被认为是残暴的执政者，但又不得不采取严厉的措施，"因此我们若是极其严厉，我们才会被

---

① 〔德〕策勒:《古希腊哲学史》第 5 卷《斯多亚学派、伊壁鸠鲁学派和怀疑主义学派》，余友辉、何博超译，人民出版社，2020，第 100 页。
② 〔德〕策勒:《古希腊哲学史》第 5 卷《斯多亚学派、伊壁鸠鲁学派和怀疑主义学派》，余友辉、何博超译，人民出版社，2020，第 182 页。
③ 〔德〕策勒:《古希腊哲学史》第 5 卷《斯多亚学派、伊壁鸠鲁学派和怀疑主义学派》，余友辉、何博超译，人民出版社，2020，第 183 页。
④ 〔德〕策勒:《古希腊哲学史》第 5 卷《斯多亚学派、伊壁鸠鲁学派和怀疑主义学派》，余友辉、何博超译，人民出版社，2020，第 184 页。
⑤ 〔古罗马〕撒路斯提乌斯:《喀提林阴谋　朱古达战争　附西塞罗:反喀提林演说四篇》，王以铸、崔妙因译，商务印书馆，2011，第 111 页。
⑥ 〔英〕玛丽·比尔德:《罗马元老院与人民:一部古罗马史》，王晨译，民主与建设出版社，2018，第 18 页。
⑦ 〔古罗马〕撒路斯提乌斯:《喀提林阴谋　朱古达战争　附西塞罗:反喀提林演说四篇》，王以铸、崔妙因译，商务印书馆，2011，第 121 页。
⑧ 〔古罗马〕撒路斯提乌斯:《喀提林阴谋　朱古达战争　附西塞罗:反喀提林演说四篇》，王以铸、崔妙因译，商务印书馆，2011，第 132 页。

认为是仁慈的；但是，如果我们想表现的比较宽大，我们便背上残酷的恶名，因为这样我们便有了把祖国和公民们断送的危险"。①

西塞罗未经审判，就将喀提林阴谋中被牵涉的人草草处决，并愉快地通知人们，说出了著名的一句"他们活过"（vixere）。西塞罗推翻喀提林阴谋的成功迅速遭到人们的反对，甚至被阻止发表结束执政官任期的演讲，因为他未经法定程序便处罚他人。公元前58年，经罗马公民表决，西塞罗开始了希腊北部的流放，② 直到一年后重返罗马，但其作为"祖国之父"（pater patriae）的光辉政治生涯已经走下坡路了。③正是在不得志的状况下，西塞罗开始了抒发自己法律理想的《法律篇》写作。

盖乌斯·尤利乌斯·恺撒（Gaius Julius Caesar，公元前100年~公元前44年）与庞培和克拉苏秘密结成"前三头同盟"，公元前49年恺撒在同盟的支持下担任裁判官，此时基本架空了元老院的权力。此后，在公元前48年，元老院再次宣布其担任一年的执政官，两年后，又获得十年任期，最终在公元前44年初担任终身执政官，这其实和君主已经没有任何实质上的区别。恺撒甚至有权力直接"提名"，依旧是安排合意的人选，元老院此时如同提线木偶，被寡头集团操纵着一切。④

西塞罗亦对三巨头的独裁与共和国的衰落感到不安，⑤ 在信中提到"政治形势每天都让我担心"，"空气中弥漫着独裁的味道"。⑥ 西塞罗目睹自己维护的共和制遭到独裁者的践踏，目睹元老院中的贵族软弱无能，目睹整个罗马城陷入无政府主义的失序状态当中，但靠自身的政治力量推翻独裁统治无异于蚍蜉撼树，只得通过著书立说来传播自己的政治理想。

---

① 〔古罗马〕撒路斯提乌斯：《喀提林阴谋 朱古达战争 附西塞罗：反喀提林演说四篇》，王以铸、崔妙因译，商务印书馆，2011，第241页。
② 〔英〕玛丽·比尔德：《罗马元老院与人民：一部古罗马史》，王晨译，民主与建设出版社，2018，第25页。
③ 〔英〕玛丽·比尔德：《罗马元老院与人民：一部古罗马史》，王晨译，民主与建设出版社，2018，第26页。
④ 〔英〕玛丽·比尔德：《罗马元老院与人民：一部古罗马史》，王晨译，民主与建设出版社，2018，第293页。
⑤ 〔英〕玛丽·比尔德：《罗马元老院与人民：一部古罗马史》，王晨译，民主与建设出版社，2018，第294页。
⑥ 〔英〕玛丽·比尔德：《罗马元老院与人民：一部古罗马史》，王晨译，民主与建设出版社，2018，第280页。

二　西塞罗自然法的核心理念

西塞罗认为人和人之间具有很强的相似性，"没有一物与他物的相像，与其对应物的酷似，有如我们所有人相互间那么相像"。首先，一个定义就足以在全部人类群体中应用；理性对人类来说也是共同所有的；即使术业有专攻，每个人都具有类似的学习能力；人类的感官对同样的事物会抱以相同的感受；在初始阶段，人类拥有相同的智力；表达思想的话语，虽然在词汇语法方面有所不同，但表达效果是类似的。这种相似性既体现为人类善良的倾向，同样也体现为邪恶的倾向。正是由于唯一且同一的大自然将宇宙的各部分聚集在一起并支持宇宙的运行，大自然的所有部分都是彼此和谐共融的，人们就在这一基础之上自然而然地联结起来，但由于人类的堕落无知，彼此争吵，陷入无休止的战争，并没有意识到根源血脉的相同与具有保护力的权威是一致的，如果理解这一点，人就可以打破和神的界限，人即是神。①

西塞罗所认为的人类联结为一体，是对犬儒学派和斯多葛学派"世界公民"观念的延续，正是由于人类联结为一个整体并在个体之间具有极强的相似性，可以尽可能地忽视差别，将社会乃至整个世界都当作一体来对待。这一观念进一步维护了古罗马的万民法，虽然西塞罗提到《法律篇》主要针对市民法的内容，但关于此部分内容，和万民法是息息相关的，相比于市民法，万民法适用的种族群体更广，其正是在"世界公民"思想下制定的。这种具有普适性的万民法，内含着自然法的思想，自然法来源于人们自然的本性，从人类起源来说，本性并不会相差甚远，因此自然法也是一种在认同人类相似性的基础之上，更为抽象、更为宏观、更为原始的宇宙秩序。

人和神共享理性，共享最高理性，共享法，共享正义，那么能够分享这些的，势必是同一个共同体的成员。② 从另一个角度来证明，便是人和神服从同一种权威，这种权威是神圣的制度、神圣的心灵以及凌驾在一切之上的最高神明。从这两点，可将宇宙视作一个庞大的共同体，人类和神皆是这一共同体的成员。③

---

① 〔古罗马〕西塞罗：《国家篇　法律篇》，沈叔平、苏力译，商务印书馆，2009，第253页。

② 〔古罗马〕西塞罗：《国家篇　法律篇》，沈叔平、苏力译，商务印书馆，2009，第162页。

③ 〔古罗马〕西塞罗：《国家篇　法律篇》，沈叔平、苏力译，商务印书馆，2009，第163页。

人在众多动物当中是独一无二的，只有人有能力分享自己的理性和思想，人被给予远见和极其敏锐的洞悉万物的能力。① 我们势必会进一步追问，为何神如此优待人类？西塞罗认为，人类和神之间有一种血缘关系，我们可以称之为共同祖先或共同起源。除此之外，美德也同时存在于人和神中，这种存在是排他性的，美德是完善和发展到最高点的自然。②

正是由于人和神之间是类似的，大自然才如此慷慨大度地为人类提供丰饶多产的土地、美味的水果、任劳任怨的畜生等馈赠；更重要的是，自然也让人类得以认识到必需的理性和无数的艺术。除了这些丰富的馈赠以外，自然赐予人随从和信使；赐予人们事物的意义及知识的基础；赐予人们身体的外形和心灵，使人们不至于和其他动物一样弯腰乞食；赐予人们具有特点的面孔和宣示情感的双眸；赐予人们音调和语言能力，促进交流。这些都是除了人以外，任何生物都不具备的。③

法律同正义和自然存在密切联系，可以从三个方面进行原因论证：首先，由于人类和神的血缘关系，神为人提供源源不绝的、品类丰富的馈赠；其次，由于人和人联结为一个整体，其差异性可以忽略不计，只有一条人们共同生活的原则，这对所有人都是相同且平等的；最后，人们基于仁慈和亲善和蔼而自然联结在一起，为了最终的正义。④ "法律是根据与自然——万物中首要的和最古老的——一致而制定的有关事务正义和不正义的区别；在符合自然的标准下，构筑了这样一些人的法律，它对邪恶者施以惩罚，而保护和保卫善者。"⑤

西塞罗在《法律篇》中所探讨的问题并非简单的、关于诉讼的途径，而是更加深入的、正义的途径，是法律的真正源泉，是在法律问题上追寻的终极目标。⑥ 在狭义的市民法之上，西塞罗考察全部普遍适用正义和法律的领域，市民法与之相比只占很小一部分。⑦

在法律产生的问题上，西塞罗认同法律科学并不像大多数人所以为的那样，来源于司法官员们颁布的法令，或是根据人们的习惯，出自十二铜

① 〔古罗马〕西塞罗：《国家篇 法律篇》，沈叔平、苏力译，商务印书馆，2009，第162页。
② 〔古罗马〕西塞罗：《国家篇 法律篇》，沈叔平、苏力译，商务印书馆，2009，第163页。
③ 〔古罗马〕西塞罗：《国家篇 法律篇》，沈叔平、苏力译，商务印书馆，2009，第164页。
④ 〔古罗马〕西塞罗：《国家篇 法律篇》，沈叔平、苏力译，商务印书馆，2009，第169页。
⑤ 〔古罗马〕西塞罗：《国家篇 法律篇》，沈叔平、苏力译，商务印书馆，2009，第191页。
⑥ 〔古罗马〕西塞罗：《国家篇 法律篇》，沈叔平、苏力译，商务印书馆，2009，第160页。
⑦ 〔古罗马〕西塞罗：《国家篇 法律篇》，沈叔平、苏力译，商务印书馆，2009，第159页。

表法，而是来源于哲学最深层的逻辑。①

由于成文法的局限性，人类不能将一切事项都用成文法的形式作出规定，还必须对民众灌输道德伦理观念，这就要求从自然中寻找正义的根源，一切行为都在自然的指导下进行。② 由于法律包含公平和选择这两个观念，正义的来源也应当从法律当中寻找。③ 当人们做了违背正义的事情，或是亵渎神灵时，是无法赎罪的，人们服刑并不是法院审判造成的结果，而是复仇女神对犯罪者施加的报复。可见西塞罗认为，真正的正义并不来源于司法机关的审判活动，而是来源于自然，来源于神明的态度。"只是因为一种刑罚而不是自然才使人不做不义之事，那么当惩罚的威胁已不存在时，又是什么样的焦虑使人坐卧不宁？"西塞罗这一问题的答案显然是人们心中的自然法，自然法观念是一种最深刻的预防犯罪的方式。若仅是用刑罚的手段来预防犯罪，势必会削减人们心中的道德感与正义感，而完全出于功利的心理来约束自己不去犯罪。④ 那么久而久之，若某天在无惩罚的某地，人们就会功利性地投入犯罪，因此还是基于正义和美德这种自然天性对犯罪的预防最治本。⑤

正义不可仅仅建立在成文法律、君主敕令、法官的法令之上，若仅是如此，那么正义的判断将会脆弱得不堪一击。人定法最值得警惕之处便是，很容易随着大众投票的支持或是统治者的一人之见，而从善变为恶，或者以恶为善，这种判断是主观的、异变的。但自然法的标准则更加稳固，会自然而然地区分正义和非正义，区分光荣和耻辱。⑥ "因为美德就是得以完全发展的理性；而这肯定是自然的，因此任何光荣的事物都同样是自然的。"⑦

正确的和真的规则也就是永恒的，它并不随着成文法规开始或结束。自然法将是那种永远不会被废除的法律。"让我们从最高的法律开始，这种法律的产生远远早于任何曾存在过的成文法和任何曾建立过的国家。"⑧

自然法的永恒性是使其高于成文法的重要原因，成文法总是要受到时

---

① 〔古罗马〕西塞罗：《国家篇 法律篇》，沈叔平、苏力译，商务印书馆，2009，第159页。
② 〔古罗马〕西塞罗：《国家篇 法律篇》，沈叔平、苏力译，商务印书馆，2009，第161页。
③ 〔古罗马〕西塞罗：《国家篇 法律篇》，沈叔平、苏力译，商务印书馆，2009，第160页。
④ 〔古罗马〕西塞罗：《国家篇 法律篇》，沈叔平、苏力译，商务印书馆，2009，第171页。
⑤ 〔古罗马〕西塞罗：《国家篇 法律篇》，沈叔平、苏力译，商务印书馆，2009，第172页。
⑥ 〔古罗马〕西塞罗：《国家篇 法律篇》，沈叔平、苏力译，商务印书馆，2009，第173页。
⑦ 〔古罗马〕西塞罗：《国家篇 法律篇》，沈叔平、苏力译，商务印书馆，2009，第174页。
⑧ 〔古罗马〕西塞罗：《国家篇 法律篇》，沈叔平、苏力译，商务印书馆，2009，第161页。

代、立法技术、立法者能力等因素的限制，但自然法却能摆脱时空的限制，其追求的是理性、正义、善。无论在哪个时代、哪一民族、哪一地区，都不会在这一基础事实上产生很大的差别，正如前文所提到的，人和人由于极强的相似性联结成一个整体，这种微弱的差异性，为自然法广泛地、永恒地存在提供了条件。"［如果最高的神］为我们规定了法律，那么所有的人就要服从同样的法律，而且同样的人在不同时间不会有不同的法律。"①

西塞罗承认自然法的永恒性也是对独裁统治者任意订立、废除法律的预防，一旦发生僭主政治或独裁者残暴无道，并且民众亦支持恶法，此时，虽然从立法程序上看，这些法的存在是合理的，但若是从自然法的永恒性上，又可以以违背正义的理由，否认不合理的法，进而维护自己所支持的共和制政体。自然法此时从抽象的法哲学概念变成了西塞罗反对三巨头垄断独裁的理论工具。

理性是大自然固有的，② 最博学的人会赞同"法律是根植于自然的、指挥应然行为并禁止相反行为的最高理性"。这种最高的理性在人类意识中固定下来并展开后的表现便是法律。因此，可以将法律等同于智识，其功能是指挥正确行为，阻止错误行为。西塞罗从语义学出发，从希腊文中的"分配"引申出了"公平"这一观念，从"选择"延续出"法律"。因此公平和选择这两个概念归属于法律，法律是一种自然力，是聪明人的理智和理性，是衡量正义和非正义的标准。只是由于自然法需要用民众更能接受的方式存在，因此只能以成文法的形式确定命令和禁止的事项。③世界上只有一种正义，这种正义对所有人都有同等效力的约束作用，这一正义是"大写的法"，这种形式的法是在命令和禁令中体现出来的正确理性。只要有人不了解这一大写的法，无论其是否被成文化，都是正义的消亡。④

"理性表现为法律"中的法律，笔者认为并不完全包括成文法，由于理性是自然所固有的，理性所表现的法律必然是符合宇宙秩序、个体本性的自然法。这种理性在宇宙层面，体现为气候变幻、物质构成、天文运转，这是彼时的哲人们观察到的宏观理性；在个体层面，主要表现在人性

---

① 〔古罗马〕西塞罗：《国家篇　法律篇》，沈叔平、苏力译，商务印书馆，2009，第100页。
② 〔古罗马〕西塞罗：《国家篇　法律篇》，沈叔平、苏力译，商务印书馆，2009，第193页。
③ 〔古罗马〕西塞罗：《国家篇　法律篇》，沈叔平、苏力译，商务印书馆，2009，第160页。
④ 〔古罗马〕西塞罗：《国家篇　法律篇》，沈叔平、苏力译，商务印书馆，2009，第172页。

和神性相似的方面，例如对真善美的追求、美好的道德，这些都是微观理性。因此，自然法也是由两个部分组成的，除了代表大自然的宇宙法以外，还有符合人本性的人法。在自然法当中，最为重要的是正义的观念，一旦违背正义，违反客观规律，破坏理性，自然法就会崩坏。理性向法律的转化，需要借助人的思想，理性通过人的思考和反映，会呈现为法律的形式，进而可以被人们法典化、成文化，成为规制民众的重要规范。

从更高层次来看，仅有理性是不够的，人和神还需要共有"正确的理性"，即法律——人和神又共同拥有法。所谓"正确的法律"，可以理解为符合自然法建立起来的客观秩序的个人之理性。当然，理性总有一定概率导致错误的结论，西塞罗所谈论的是符合万物客观秩序的理性。[①] 进一步讨论，人和神共同分享法律衍生出的正义。由于拥有理性的事物都高于那些没有理性的，而且既然任何事物高于宇宙的大自然这样的说法是一种亵渎，我们就必须承认理性是大自然固有的。[②]

通过前文，西塞罗对人与神之间血缘关系和共同祖先的论证，可见西塞罗认为人是唯一具有神性的动物。理性符合人性的另一方面，也就证明了其符合神性。关于此处所指的神，要区分"多神"和"泛神"两个不同的概念。西塞罗提到的人和神共有的理性，与服从同一个权威，都是"多神论"的观点，来自古希腊神话中的众神体系，他们与人同有理性。在众神和人之上，还存在"泛神"，其存在更加抽象，守护管制着人和神。

三　西塞罗《法律篇》自然法思想评析

西塞罗的观点可以被称作基于怀疑主义的折中主义，[③] 怀疑主义的逻辑为"不是这个，也不是另一个"（Weder-noch），折中主义作为怀疑主义的另一面，逻辑为"既是这个，也是另一个"（Sowohlals-auch）。[④] 在西塞罗年轻时，他所处的环境充满抱有各种学说思想的哲学家，[⑤] 斯多葛学

---

① 〔美〕施特劳斯讲疏，〔美〕尼科尔斯编订《西塞罗的政治哲学》，于璐译，华东师范大学出版社，2018，第172页。

② 〔古罗马〕西塞罗：《国家篇　法律篇》，沈叔平、苏力译，商务印书馆，2009，第162页。

③ 〔德〕策勒：《古希腊哲学史》第6卷《古希腊哲学中的折中主义流派史》，石敏敏译，人民出版社，2020，第104页。

④ 〔德〕策勒：《古希腊哲学史》第6卷《古希腊哲学中的折中主义流派史》，石敏敏译，人民出版社，2020，第2页。

⑤ 〔德〕策勒：《古希腊哲学史》第6卷《古希腊哲学中的折中主义流派史》，石敏敏译，人民出版社，2020，第9页。

派、伊壁鸠鲁学派、学园派和漫步学派都先后从希腊传播到罗马。① 由于
各个学派在罗马的融合，西塞罗熟悉各种不同的哲学体系，通过斐德罗
（Phaedrus）的引导，接受伊壁鸠鲁学派的学说；通过菲洛（Philo of Laris-
sa）的教导，进入新学园派；② 与此同时，他以迪奥多图（Diodotus）为
师，接受斯多葛学派的哲学理论。③

这种折中主义的特征体现在西塞罗对斯多葛学派的态度上，西塞罗作
为一名政治家，清楚地认识到人们身上的世俗性，而斯多葛学派提出的自
然法思想是更为高远的，更加远离普通人的日常生活。他本身很难达到斯
多葛学派所要求的道德标准，即将细微的错误和重大的罪恶等同而论的严
苛态度。④ 西塞罗为了平衡这一观点，倾向理论相比之下更为轻松的漫步
学派，提倡按照自然的本性生存，不意味着灭绝人性，而是接受快乐，守
护发展自身的自然本性。⑤ 西塞罗将自己的身份定位为学园派学者，认为
其思想与斯多葛学派、亚里士多德派和柏拉图学派是相同的。⑥ "我要说，
我期望来自所有人的赞同，而无论他们是否仍和斯珀西波斯、色诺克拉底
和波勒芒一起留在老学园；或是否追随亚里士多德和泰奥弗拉斯托斯；或
是否赞同芝诺，变换了术语却没有变换观念；甚或是否追随现已破裂并已
被驳倒的、相信除美德和邪恶外一切都绝对平等的阿里斯托严格派。"⑦
柏拉图的自然法思想折中于人性和神性、乌托邦和实践、保守和创新之
间，这是由于西塞罗的角色本身便是具有多重性的，他既是政客又是哲学
家，难免摇摆于社会现实和自己的政治理想之间。

斯多葛学派曾经对自然法和国家的观念做出过一定的阐述，但都停留
在纯粹的理论阶段，西塞罗做出的最大变革是将斯多葛学派的理论向实践

---

① 〔德〕策勒：《古希腊哲学史》第 6 卷《古希腊哲学中的折中主义流派史》，石敏敏译，
人民出版社，2020，第 8 页。
② 〔德〕策勒：《古希腊哲学史》第 6 卷《古希腊哲学中的折中主义流派史》，石敏敏译，
人民出版社，2020，第 102 页。
③ 〔德〕策勒：《古希腊哲学史》第 6 卷《古希腊哲学中的折中主义流派史》，石敏敏译，
人民出版社，2020，第 103 页。
④ 〔德〕策勒：《古希腊哲学史》第 6 卷《古希腊哲学中的折中主义流派史》，石敏敏译，
人民出版社，2020，第 114 页。
⑤ 〔德〕策勒：《古希腊哲学史》第 6 卷《古希腊哲学中的折中主义流派史》，石敏敏译，
人民出版社，2020，第 115 页。
⑥ 〔英〕克里斯托弗·罗、马尔科姆·斯科菲尔德主编《剑桥希腊罗马政治思想史》，晏绍
祥译，商务印书馆，2016，第 473 页。
⑦ 〔古罗马〕西塞罗：《国家篇 法律篇》，沈叔平、苏力译，商务印书馆，2009，第 170 页。

方向延伸，进行批判改造。西塞罗所构建的法律脱离了一部分空想乌托邦的特征，更加贴合社会的实际，从民众的具体需要出发，从政治现实出发，提出自己的法律畅想。自然法观念从古至今，一直被视作形而上的抽象规则，但西塞罗却将其做了实际的应用，即西塞罗倡导将自然法作为警诫人们不要犯罪的理论，具有重要的意义。这是自然法付诸实践的过程，在一定程度上，西塞罗所揭露的是成文法惩罚措施的弊端，若在一种体制下，真的可以将自然法的精神应用在惩戒当中，那么其作用较之成文法，应当是千百倍而不止。除此之外，西塞罗还肯定了自然法在判断善恶时的实际作用，这亦是很有实践意义的，若不遵循自然法，而是将某个群体制定的法律文本作为判断的标尺，最终可能会形成善恶不分的场景，想随时秉持道德的观念，必须要借助自然法的精神，以人的本性为尺度，才能在所有环境都维持住正确的善恶观。这些都是西塞罗提到的对自然法的实践性应用，这和他的政治家身份密不可分，西塞罗使自然法对民众来说不再是空中楼阁，而是人和神所共同拥有的，是权衡善恶、抑制犯罪的手段。

由于上文所提到的喀提林阴谋，西塞罗创作生涯的顶点也是其政治生涯的低谷，他想维护住元老院，想维护住其最为欣赏的共和制政体，但又碍于三巨头极强的政治势力，而不得不周旋于几人之间。在《法律篇》中，西塞罗的自然法思想实质上是对独裁者暴政和恶法的预防，对共和制政体的维护，但因为西塞罗政治影响力已经大打折扣，且恺撒等人政治势力极强，坚不可摧，罗马共和国的崩溃已成为板上钉钉的事实，西塞罗的畅想依旧未能改变彼时的政治局面。公元前43年，元老院已经分崩离析，屋大维在恺撒被刺杀后，决定处死西塞罗。12月7日，西塞罗被赫伦尼乌斯追杀身亡[1]，头颅和书写过若干部著作的手被安东尼和其妻子富尔维娅钉在了讲台之上。[2]

《法律篇》是西塞罗充满激情的产物，总体来看，其可读性并不如《国家篇》，其中充斥着晦涩的专业性法律词汇。[3] 爱德华·策勒教授认为西塞罗之所以可以很快地完成著作，是由于"他的哲学作品中千篇一律的

---

[1] 〔英〕伊丽莎白·罗森：《西塞罗传》，王乃新、王悦、范秀琳译，商务印书馆，2015，第366页。

[2] 〔英〕伊丽莎白·罗森：《西塞罗传》，王乃新、王悦、范秀琳译，商务印书馆，2015，第367页。

[3] 〔英〕伊丽莎白·罗森：《西塞罗传》，王乃新、王悦、范秀琳译，商务印书馆，2015，第193页。

模式"，他并非直接表达自己的观点，而是通过各学派的代表人物，[①] "所以可以说他自己的作品几乎就是这些作品的复制而已"。[②] 西塞罗的成功之处在于其用一种易于接受的方式，把哲学从希腊引入罗马，并促进罗马学者对哲学的继续研究。[③] 其自然法思想承接希腊哲学，又开启古罗马对自然法的进一步探讨，具有相当重要的研究价值。

---

① 〔德〕策勒：《古希腊哲学史》第 6 卷《古希腊哲学中的折中主义流派史》，石敏敏译，人民出版社，2020，第 103 页。
② 〔德〕策勒：《古希腊哲学史》第 6 卷《古希腊哲学中的折中主义流派史》，石敏敏译，人民出版社，2020，第 104 页。
③ 〔美〕施特劳斯讲疏，〔美〕尼科尔斯编订《西塞罗的政治哲学》，于璐译，华东师范大学出版社，2018，第 3 页。

法治与德治对立统一关系的哲学思考

童海浩　王义嫔*

摘　要： 深入学习贯彻习近平法治思想，需要深入把握十个重大关系，准确把握"法治"与"德治"的关系是其中一项内容。在学术讨论中，对这一议题大体形成了"相容说"与"不相容说"两种观点，"不相容说"认为，法治与德治之间只有对立关系或只有统一关系，这两种关系不能同时成立；与此同时，"相容说"认为，在法治与德治之间，存在一种以往常被忽视或误解的关系，即对立统一关系。然而，尽管"相容说"比"不相容说"的结论更可取，但论证过程却有待补强。在自然法理论的视野之中，"相容说"能够得到融贯的呈现，而法治与德治对立统一关系得到有力的说明。

关键词： 习近平法治思想　法治　德治　相容说　对立统一关系

一　问题的提出

习近平法治思想是全面依法治国的指导思想，其深刻回答了新时代为什么实行全面依法治国、怎样实行全面依法治国等一系列重大问题，它是当代中国马克思主义法治理论、21世纪马克思主义法治理论，是思想深邃、内涵丰富、意蕴深刻、逻辑严密、系统完备的科学理论体系。要想学深悟透习近平法治思想，一篇文章的篇幅绝对是不够的，因此，本文重点关注其中第五项"坚持"与第六项"坚持"的内容。在"十一个坚持"中，第五项的内容是，"坚持在法治轨道上推进国家治理体系和治理能力现代化"，它指出，法治是国家治理体系和治理能力的重要依托。第六项的内容是，"坚持建设中国特色社会主义法治体系"，它要求，坚持依法治国和以德治国相结合，实现法治和德治相辅相成、相得益彰。无论在空间

---

* 童海浩，法学博士，司法部预防犯罪研究所助理研究员；王义嫔，北京市西城区人民法院助理审判员。

顺序还是在内容相关性上都紧密关联的两个"坚持"聚焦了这个议题：法治与德治。可以说，准确把握与理解二者的关系具有深刻的实践价值，无论是对于深刻学习领会习近平法治思想的精神内涵和核心要义，还是对于深入贯彻落实习近平法治思想的一般原则和具体要求，都具有重大的现实意义。

事实上，无论是在实务界还是在理论界，尤其包括法学界与伦理学界，"法治"与"德治"及其关系问题一直备受关注。在某种程度上，这个问题的吸引力反映了它的理论重要性。然而，对于法治与德治之关系这个问题，存在各式各样的回答，它们之间非但没有达成一致，反而存在不少差别，甚至有着相互拒斥的分歧。在相关讨论中，"对立""统一"算得上"高频词"，就此而论，一些人持有"不相容说"，即对立关系与统一关系之间是不相容的，两种关系具有"非此即彼"的互斥性。"不相容说"包含两种分属观点，其一是对立关系论，主张者相信，法治与德治是对立的；其二是统一关系论，主张者论争，法治与德治是统一的。遗憾的是，"不相容说"或者没有注意到法治与德治的统一性方面（对立关系论），或者忽视了法治与德治的对立性方面（统一关系论）。在法治与德治之间，实际的关系比设想的要更为复杂精巧，二者既是对立的又是统一的，我们能称这种观点为"相容说"。"相容说"能够在某种程度上超越"对立关系"与"统一关系"的"二元论"，并弥合两种立场之间的分歧。当然，"弥合"本身并不总是对的，它不构成唯一一条非常有力的理由，以此能够反对"不相容说"，并支持"相容说"。更重要的理由是，"不相容说"似乎建立在一个错误的预设上，并得出了一个错误的结论。坚持"不相容说"主要是基于如下考虑：从逻辑上看，两个对象要么是对立关系，要么是统一关系，"对立"与"统一"相互对立，并穷尽了这种关系的类型。说法治与德治既具有对立关系，又具有统一关系，是不合逻辑的（illogical）。然而，法治与德治本身意涵丰富，绝非单一面向或意义，在某一些面向或意义上，二者可以是对立的，而在另一些面向或意义上，二者可以是统一的，这使得"相容说"得以可能。形象地说，"不相容说"对法治与德治关系的理解是"一维的"，"相容说"对法治与德治关系的理解是"三维的"，是非逻辑的（non-logical），而不是不合逻辑的。

因此，本文的任务就在于，（1）澄清什么是"法治与德治的对立"，或者说，在什么意义上，法治与德治是对立的；以及（2）什么是"法治与德治的统一"，或者说，在什么意义上，法治与德治是统一的。本文试图表明，正是由于法治与德治所具有的丰富内涵，在某些意义上，我们完全可以说，法治与德治具有统一关系；与此同时，在另一些意义上，我们也完全可以说，法治与德治具有对立关系。这些意义上的全部命题，可以同时并融贯地成立。

然而，必须强调的是，就本文的性质而言，首先，它不是辩护性的，本文并不把证明"相容说"的正当性作为终极目标，而仅仅是试图描述一种最佳版本的"相容说"，论述最终可能表明，即便处于最佳情形之中，"相容说"本质上仍有着无法被克服的难题，"相容说"就此反而遭到证伪。其次，它更不是规范性的，本文不关心"如何做"（how）这个规范性二阶问题，而只关心"是什么"（what）这个说明性的一阶问题。① 在这篇文章中，笔者仅仅想要说明，在最合理的情况下，当人们主张法治与德治的对立统一关系时，他们究竟指的是什么，对立统一关系在何种意义上才能说通。可以说，这是建立在"厚道原则"（principle of charity）基础上的共情式（sympathetically）说明。正如前文已述，准确地认识法治与德治的关系，是正当地实践法治与德治的必经步骤。就"相容说"而言，可能存在诸多不同的版本，而其中最具论辩意义，也最应受到严肃对待的，无疑是最完满的那个。本文就试图提供笔者认为最完备的那种"相容论"。综上所述，本文属于一项描述性、说明性，而非辩护性、规范性的学理讨论。

二 法治与德治的对立关系

完全厘清"法治"与"德治"这两个概念是获得对"相容说"准确理解的前置性一步，所谓"完全"指的是，尽可能考虑到方方面面的情

---

① 当然，不能就此推导出笔者认为规范性问题不重要，恰恰相反，笔者认为，这个问题相当重要，笔者在另一篇已发表的论文中，处理了这个与法治和德治相关的规范性问题。参见童海浩《为法治与德治并重论辩护——以自然法理论为依托》，《研究生法学》2018年第5期，第1~16页；也可参见童海浩《法治与德治的并重为什么是重要的?》，《法律与伦理》2018年第2期，第3~34页。在笔者看来，对法治与德治的对立统一关系的讨论属于说明性（或描述性）问题，关注的是两个对象之间具有何种（what）客观属性；而对二者"并重"的讨论属于规范性问题，关注的是面对二者无论何种的客观属性，能动者该如何做（how）。比如，通过观察和实验，水被发现是一种能隔绝空气的液体，这事关一个说明性问题；已知水的这一属性，人们应该用水来灭火，事关一个规范性问题。

况，在这里，就是要澄清"法治""德治"的每层含义，并在此基础上，分情况论述二者的对立统一关系。因此，在进入"法治与德治对立统一关系"的讨论之前，我们需要看看"法治"与"德治"通常有几种用法，而这最终又需要我们关注，"治"这个中心词究竟有多少种常见含义。在我们的日常语言中，"治"通常具有如下两层含义：第一，动词含义，作治理解，指称一种行动（action），这种用法较为常见；第二，形容词含义，作政治修明、安定太平解，常见于"大治大乱"的表达，指称一种（理想的）事态（state of affairs）。相应地，"法治"与"德治"也就具有如下两层含义：第一，作动词解释，姑且称其为作为行动的法治与作为行动的德治（以下简称"法治行动"与"德治行动"）；第二，作形容词解释，姑且称其为作为目标的法治与作为目标的德治（以下简称"法治目标"与"德治目标"）。因此，对"相容说"的共情式说明，需分为"三大部，五小项"，第一部分：作为目标的法治与德治是对立的，它进而可分为（1）"法治目标"与"德治目标"是对立的；（2）"法治行动"与"德治行动"是对立的。第二部分：（3）"法治目标"与"德治目标"是统一的；（4）"法治行动"与"德治行动"是统一的。第三部分：（5）以上各部分的主张或命题同时成立，因此，一方面，法治与德治（在某种意义上）的对立，另一方面，法治与德治（在某种意义上）的统一，这两个方面是相容的。

（一）对（作为目标的）法治与德治的对立关系的说明

无论对个体还是对共同体而言，"应当如何生活"，或者"什么是好生活"都是一个根本问题，不同的人或不同的群体对此有着不同的观点。基普克（Roland Kipke）认为，"古代哲学家们并没有把两个领域相互分开。好生活曾经是道德的生活，而有道德的生活曾经就是好生活"。[①] 可以说，好生活作为人的终极目标，归根到底，在于道德地生活，用本文的术语来说就是，好生活就是"德治目标"，它是所有行动，包括法治行动与德治行动指向的终极目的。通达德治目标要经历三个阶段。第一阶段涉及的是"法治行动"与"德治行动"；第二阶段涉及的是"法治目标"与"德治行动"；第三阶段涉及的则是"德治目标"，是第二阶段自然而然的

---

① 〔德〕基普克：《生活的意义与好生活》，张国良译，《国外社会科学》2015 年第 4 期，第 147 页。

延展。在这里，笔者并不是说，除了古代的"好生活观"之外，不再有其他的"好生活观"，恰恰相反，的确存在一种现代的"好生活观"，根据这种现代观点，"好生活"在于"自我保存"以及"舒适地自我保存"。古代与现代两种"好生活观"，也的确引发了热烈的争议。相较而言，只有从古代"好生活观"出发，才能解释"相容说"，即"法治与德治的对立统一"，这么做是由本文的写作初衷决定的：提供使"相容说"可理解的那种说明，就这个"说明"所预设的"好生活观"，读者当然地给出自己的立场，选择站在"古代人"一边，或者选择站在"现代人"一边。但回应他们的立场，并不是本文的预期任务。

当然，需要强调的是，这三个阶段往往，甚至在绝大多数情况下，是中断的，而非连续的。这意味着，在向前推进的过程中，它会出现或此或彼的问题，从而偏离理想的发展轨道。三个阶段的顺利递展取决于"机运"（chance）。正如施特劳斯所言，"最佳制度只有在最有利的条件下才有可能……在或多或少有些不利的条件下，只有或多或少不那么完美的制度是可能的……最佳制度只有一个，而合法制度则多种多样。合法制度的多样性对应于相关环境的多样性"。① "最佳制度"与"合法制度"的核心区别在于，"最佳制度与合法制度之间的分别，根本上是崇高与正当之间的分别，凡崇高的都是正当的，而并非凡正当的都是崇高的。欠债还钱是正当的，但并非崇高的。惩罚罪行是正当的，但不是崇高的"。② 第三阶段"德治目标"的实现取决于机运，这意味着，实现它并非不可能，但也绝非容易。机运的"介入"足以使得我们不能把最佳制度还未实现作为前提，推导出不存在最佳制度，只有合法制度的结论。同样的道理，作为"最佳事态"的"德治目标"虽然还没实现（unattained），但绝非不可实现（attainable）。总之，在迈向这个理想状态的过程中，"法治行动""法治目标""德治行动""德治目标"各自发挥不同的功能，相互之间也有所关联。首先，法治行动的"终点"是法治目标，不完满的法治行动通向完满的法治目标。其次，德治行动的"终点"是德治目标，不完满的德治行动通往完满的德治目标。再次，一方面，德治目标是德治行动与法治行动共同的最高理想。在这个意义上，两种行动具有相同的功能，它们都服

---

① Leo Strauss, *Natural Right and History*, Chicago：The University of Chicago Press, 1953, p. 139.

② Leo Strauss, *Natural Right and History*, Chicago：The University of Chicago Press, 1953, p. 140.

务于这个终极目标，在实现德治目标的意义上，德治行动与法治行动都发挥着相同的工具性作用。在这里，对"工具性"往往会存在一类误解，尤其是提到法治行动的工具性时，人们可能会因这类误解而拒绝这里的断言。这类误解的典型表达是："法律究竟是谁的工具？在有些情况下，法律似乎可以是任何人的工具，谁都可以用法律来维护自己的权益，在其他情况下，法律却似乎仅仅是一部分人（统治者、强势群体）的工具，只有他们才是立法与释法的主体，公众只是其施法对象。"① 如其所言，的确存在这种意义上的，然而，这里所说的"工具性"是另一种意义上的"工具性"，不是相对于任何人或群体，而是相对于德治目标而言的。因此，适用于一种意义上的"工具性"判断，不适用于另一种意义上，即我们这里的"工具性"②。另一方面，两种行动直接指向对应的两种目标。德治目标是德治行动直接的理想结果，而法治目标是法治行动直接的理想结果，在这个意义上，它们发挥着有所差异的工具性作用。最后，德治目标是一个整体，法治目标则是它的一部分，二者之间的关系就是部分与整体的关系。

以上最后一点清楚地表明，法治目标与德治目标具有对立关系。这可由整体与部分的关系推导得出。如前所述，德治目标是整体，法治目标则是部分，德治目标包括但不限于法治目标，还有另外的部分。所谓对立关系，指法治目标这个部分以及法治目标以外的德治目标的其他部分，这两者之间的对立关系。具体而言，法治行动指向法治目标，而法治目标体现的是德治目标中的"正义"（美德）。与德治目标中的其他美德不同，正义只适用于规范主体之间的行动。我们所熟悉的其他美德，如勇敢、节制与智慧则不尽适用于此领域，而主要地在其他领域找到自身恰当的位置。正义与其他美德之间存在张力，比如，说一位法官勇敢，并不是说他正义恰当；而一个勇敢的士兵，并不一定在行正义之事，他可能在进行一场侵略战争，而且往往他越勇敢，对受侵者带来的损害也就越深，由此也就越是不正义。在某些情形中，正义美德与诸如勇敢之类的其他美德之间存在对立关系。法治目标是一部分，其他德治目标是另一部分，在这一超越惯常含糊的语义厘清的基础上，我们就可以很好地理解法治目标与德治目标

---

① 李德顺：《如何认识法律的价值——有关价值思维方式的一个经典命题》，《哲学动态》2014 年第 4 期，第 94 页。

② 对这两种意义的"工具性"澄清，可参见童海浩《法治与德治的并重为什么是重要的？》，《法律与伦理》2018 年第 2 期，第 21～22 页。

是对立的。

（二）对（作为行动的）法治与德治的对立关系的说明

法治行动关切人的权利，德治行动侧重人的义务。我们能够理解，权利与义务是相对的，借助于这种还原或化约，我们也能够理解，法治行动与德治行动具有一种对立关系。在"现代性"的语境之中，我们可以以超越仅仅经验性的方式，更深入地把握这一作为整个推理出发点的基础判断：法治行动与权利具有紧密关联，德治行动与义务具有紧密关联。与前者相比，后者是易于理解的，人们通常会认同，道德意味着一种责任或义务，用这里的表述方式，就是德治行动强调人的义务。因此，当务之急在于呈现法治行动与权利之间是否以及如何相互关联。如果我们承认，现代法治的核心功能就是保障现代生活方式，这意味着，我们认同法治行动与现代生活方式的确关系密切，那么，本文真正所要做的就转化成了要去证明，现代生活方式与权利紧密相关。什么是"现代生活方式"，或者说什么是"现代性"（modernity）？准确厘清它直接服务于此处的论述目标。在上文中就已触及该问题。现代生活方式或现代性，等同于现代"好生活观"，与它相对的是古代生活方式或古代观点（classical view）①。针对它们的对立关系，麦金纳尼说道："古代观点被认为是过时的，现代性将自身视为一种取代古代观点的通力尝试。""被称作古代观点之物的这些特征，足以呈现它与通常被称作现代性之物的反差。""这两幅图景显然不同，相互对立，如果你接受一个，那就得拒斥另一个，反之亦然。"② 而我们的论证将表明，"现代性"就是从关注（自然的）道德或美德滑向关注（人的）权利，因此，法治就在于保障权利，这二者之间本质上联系紧密。

这个简述思路中的关键点与重点在于，证实这组"一问一答"，即作

---

① 拉尔夫·麦金纳尼（Ralph McInerny）在《托马斯速观》（*A First Glance at St. Thomas Aquinas*）一书中，区分了所谓"现代性"与"古代观点"（the classic view），而且把二者并称为"两幅大图景"（two big pictures）。他认为，"在现代性下，世界由我们来量衡，而非相反，人已成为尺度。这是已走火入魔的人道主义（humanism）"。而根据"古代观点"，"人类思想则由世界来衡量，人作为制造者，是他所制造之物的尺度，但世界本身不是我们的一个制造品。我们对它的知识是真的，就这个知识符合这个世界所存在的方式"。参见 Ralph McInerny, *A First Glance at St. Thomas Aquinas*, Indiana：University of Notre Dame Press, 1990, pp. 32–38。

② Ralph McInerny, *A First Glance at St. Thomas Aquinas*, Indiana：University of Notre Dame Press, 1990, pp. 33–35. Leo Strauss, *Studies in Platonic Political Philosophy*, Chicago：The University of Chicago Press, 1983, p. 143.

法律与伦理 第九辑

048

为问题的"什么是'现代性'",以及作为回答的"'现代性'就是转向关注权利"。根据施特劳斯所说,正是"现代性"关注点的这种转变,划分了古代自然法与现代自然法,古代自然法强调道德或美德,而现代自然法强调权利。"现代自然法本质上不同于前现代自然法……在现代的发展中,'自然法'仿佛为'人的种种权利'所取代,或换个说法,强调的重点从人的责任转化为人的权利。"① 参考施特劳斯的相关论述,将有助于完成手头的"证实"工作。

根据施特劳斯所说,霍布斯拉开了"现代性"的"序幕",他确立了一种前所未有的"现代自然法",以不容置疑的口吻强调权利,从而与更偏爱道德或义务的"古代自然法"分道扬镳,现代自然法深刻影响了人们的观念、道德与政治实践。"他是确定的现代自然法学说的经典作家与初创者。"② 施特劳斯就此说道:"前现代的自然法教导的是人的义务,如果说它多少还关注人的权利的话,那么,它也只是把权利当作本质上有义务派生出来的东西。然而,如人们所见,在 17 与 18 世纪之交,出现了一种前所未有的对权利的热烈重视与强调。可以说,此时,重点已经由自然义务转向了自然权利。从以自然义务作为取向,到以自然权利作为取向这一根本转变,在霍布斯那里得到了最有力的呈现。"③ 霍布斯之所以这么做,根本原因在于他的现实主义(realism)。霍布斯批评,古代自然法"是一场迷梦而非科学",它不切实际,毫无用处。他甚至将其"当作根本上不充分,甚至不可靠的东西,而明确地加以拒斥"。④ 由此,他拥有充足的动机去寻找一种似乎更加有效的"替代品"。霍布斯尝试用"务实而科学"的现代自然法取代它,"最终只有立足于自我保存之权利的市民社会才不至于是一个乌托邦"。⑤

---

① Leo Strauss, *Studies in Platonic Political Philosophy*, Chicago:The University of Chicago Press, 1983, p. 144.

② Leo Strauss, *Natural Right and History*, Chicago:The University of Chicago Press, 1953, p. 182. 相应地,施特劳斯认为,"洛克的学说则可以被描述为现代自然法的巅峰"。参见 Leo Strauss, *Studies in Platonic Political Philosophy*, Chicago:The University of Chicago Press, 1983, pp. 144 – 145。

③ Leo Strauss, *Natural Right and History*, Chicago:The University of Chicago Press, 1953, p. 182.

④ Leo Strauss, "The Three Waves of Modernity," Hilail Gildin, ed. , *An Introduction to Political Philosophy*:*Ten Essays by Leo Strauss*, Wayne:Wayne State University Press, 1989, pp. 83 – 84.

⑤ Leo Strauss, *Studies in Platonic Political Philosophy*, Chicago:The University of Chicago Press, 1983, p. 144.

　　霍布斯完成这一现代筹划的第一步，同时也是最要紧的一步是，重新理解"人性"（human nature）。事实上，以某种"人性"观念作为根本，这是古代自然法和现代自然法的共同点。然而，它们对人性却有着不同，乃至截然对立的理解。古代自然法的"人性观"是，在人的自然目的层级秩序中，人应当追求更高乃至最高的目的。这激起了霍布斯的强烈不满，基于现实主义意图，霍布斯最开始另辟蹊径。现代自然法的"人性观"是，人实际上追求最低的目的，在霍布斯看来，作为最低目的的自我保存的欲望是一个"低俗但稳固的基础"，比更高的目的更可能带来现实效果。霍布斯的这种想法在下述一段引文中得到最清晰准确的表达："一种建立在人的义务上的社会秩序，必然是不稳固的，甚至是不可能的；这样的秩序不过是乌托邦而已。而建立在人的权利上的秩序则恰恰相反。因为权利似乎以一种更为务实，也更为明确的方式，指向了人们事实上都会欲求的某些东西，这些权利将每个人眼前的、即时的自身利益作为'王牌'，放在更为显著、更为重要的至上位置。对人而言，最好寄望于他们为自己的利益而奋斗，而别去指望他们去践行自己的义务。"① 与将其视为现代自然法的"创始者"相呼应，施特劳斯把自然法根基的这种变换称为"霍布斯带来的转变"。② 这一转变带来了本文所关注的一个结果，"在霍布斯之前，基于人的诸种目的的等级秩序，自然法得到理解，在这诸种目的中，自我保存占据着最低一级。而霍布斯却用自我保存来理解自然法，相应地，自然法最终被（首要地）看作自我保存的正当，它与任何义务或责任都不相及，而如此发展的结果就是，人的种种权利取代了自然法（人取代了自然，权利取代了法）"③。必须指出的是，与我们的常识相一致，在现代自然法的框架之中，并不是只有"权利"而没有"义务""道德""责任"。相反，现代自然法说的是自我保存的权利之于义务的优先性，而不是这种权利的唯一性。换言之，所有的义务都推导自自我保存的权利。"因此，不存在什么绝对的或无例外的义务，只有当某项义务的实行不会危及人们的自我保存这项权利时，它才具有约束力。相较而言，只有自我

---

① Leo Strauss, *Natural Right and History*, Chicago: The University of Chicago Press, 1953, pp. 182 – 183.

② Leo Strauss, "The Three Waves of Modernity," Hilail Gildin, ed., *An Introduction to Political Philosophy: Ten Essays by Leo Strauss*, Wayne: Wayne State University Press, 1989, p. 88.

③ Leo Strauss, "The Three Waves of Modernity," Hilail Gildin, ed., *An Introduction to Political Philosophy: Ten Essays by Leo Strauss*, Wayne: Wayne State University Press, 1989, p. 89.

保存的权利才是无例外的或绝对的。"① 作为霍布斯思想遗产的继承者，"洛克将获取财产之自然权利理解为自我保存之自然权利的顺承，此时，市民社会内部的自然权利就变为了无休止地获取财产的自然权利"。② 这项自然权利通常也被说成"舒适地自我保存"。然而，无论是"自我保存"还是"舒适地自我保存"，都是从强调义务或责任向强调权利转变，也是"现代性"即现代"好生活观"对"古代观点"即古代"好生活观"的取代。如果下述判断没有错误的话，即现代法治旨在保障现代生活方式或现代"好生活观"，那么，现代法治就必然更多地强调权利，而更少地强调义务或责任。如有论者所精准概括的，"个人主义的兴起被认为是现代性最大的成就"。而正是个人主义"奠定了现代法律的道德基础。权利思想是法律的主要话语形态。个人自由通过现代法律来维护，法治社会是现代性的一个指标"。③ 对于现代法治而言，"个人主义"是它的"道德基础"，"权利"或"个人自由"则是它的"话语形态"。至此，我们能够更好地了解与理解，法治行动更强调人的权利，德治行动更强调人的义务，在这个意义上，法治行动与德治行动是对立的。

在这里，尤其需要强调的是，公允地评价并对待"现代性"有其必要。过度强调个人主义、"原子式"权利的"现代性"——是理论中的，更是实践中的——并不完全是一件好事。但这并非意味着，现代性或现代生活方式完全不是一件好事。恰恰相反，如道格拉斯·克里斯所言，一方面，现代性带来的巨大成果有目共睹。"在舒适地自我保存方面，人们如今比有史记载的任何历史时期都更有保障。我们的安全，我们的健康，我们追求那些能找到乐趣之事的能力，是前无古人的。毫不奇怪，世界上那些最初未参与到这种现代筹划中的人，争着吵着要成为它的参与者，它带来的好处是如此明显。"④ 但作为"一币之两面"，另一方面，人们也不能忽视现代性的隐忧。"我们这个时代最严峻的危险在于，政治话语正急速地被权利讨论所统治，这个状况严峻到，现代人几无可能看到其他选项。哲学上的仅有选项是回到古代观点，在此，必须关心的根本问题是，人类究竟是拥有前政治自然权利的自主行动者，还是对自己与他人负有自然责

① Leo Strauss, *Natural Right and History*, Chicago: The University of Chicago Press, 1953, p. 181.

② Leo Strauss, *Studies in Platonic Political Philosophy*, Chicago: The University of Chicago Press, 1983, p. 143.

③ 唐文明：《何谓现代性?》，《哲学研究》2000 年第 8 期，第 48 页。

④ Douglas Kries, *The Problem of Natural Law*, Lexington: Lexington Books, 2007, p. 179.

任的行动者。"① 施特劳斯也指出，要警惕现代性固有的缺憾，并利用一种现代性本身不具备的精神特质达成中和，"现代筹划（modern project）已获得了相当程度的成就，它创造了一种前所未有的崭新社会。然而，如今来看，现代筹划的不足已有目共睹，这已经引发了普遍的关注，它迫使我们投身于以下思考，必须利用另一种精神，使我们的社会重焕生机，它不同于那一种最初塑造我们的社会的精神"。② 作为时代精神的具体表征，如今高扬权利的法治行动，仅仅就这一点而言，当然会共享现代性带来的好处，与此同时，也不可避免地具有现代性天生的、难以自我克服的弊病。公允地说，法治行动已取得了其独有的成就，也面临着仅仅靠其自身无法解决的问题。因此，有理由认为，要以一种远非取而代之的方式，更好地发挥德治行动对法治行动的补充与支持作用。无须嵌入任何外在目标的视野之中，"对立"本身就内在地要求"统一"，对于（强调权利的）法治行动来说，（强调义务的）德治行动是不可或缺的，也正是在这个意义上，它们具有统一关系。

三　法治与德治的统一关系

（一）对（作为目标的）法治与德治的统一关系的说明

根据上文对"三阶段说"的阐述，可以发现，在法治目标作为部分，而德治目标作为整体的意义上，二者具有统一关系。更准确地说，德治目标就是道德地生活，也就是古代"好生活观"的完成状态，而法治目标构成古代"好生活观"完成状态不可或缺的一部分，而非全部。然而，法治目标之于德治目标是部分之于整体的关系，这个论断通常会受到很多质疑，有两项是至关重要的。其一，"差异性质疑"。诉诸德治目标的其他部分与法治目标——德治目标所谓的这个部分的差异，否认法治目标是德治目标的一部分。而笔者的论证将表明，这个挑战存在逻辑上的问题。其二，"相关性质疑"。诉诸某些法律规范，或实在法与法治目标相关，而与德治目标无关，否认法治目标与德治目标具有部分之于整体的关系。而笔者的论证将表明，这个挑战存在实质理解上的问题。

---

① Douglas Kries, "In Defence of Fortin," *The Review of Politics* (64), 2002, p. 413.

② Leo Strauss, "The Crisis of Our Time," Harold J. Spaeth, ed., *The Predicament of Modern Politics*, Detroit: University of Detroit Press, 1964, p. 41.

关于"差异性质疑"。无人会不承认，法律目标——德治目标的这个部分的确区别于勇敢、节制与审慎等美德，这些美德属于德治目标的其他部分。究其原因，法治目标主要指向"共同善"（common good），即实现国家这种最典型的共同体中每一位成员福祉的一系列条件，包括（内部的）正义与（外部的）和平。一方面，它只存在于主体之间（interpersonal），其他美德可能首要地涉及主体本身；另一方面，它只是对外部行动的要求，其他美德可能首要地关注外部行动背后的动机或意愿。[①] 但是，它与德治目标其他部分的差异性，并不是否认法治目标属于德治目标一部分的理由。恰恰相反，这种差异性应被理解为独特性，而正是具有独特性的诸多个部分，构成了一个完整的整体。以一个部分与另一个部分存在差异，而拒斥这个部分与整体之间的关系，能够化约为逻辑表达式，形如：$a \in A$，$\alpha \neq a$，推不出 $\alpha \notin A$。人们不会因为看到树叶（部分）与树枝（部分）不同，就会想到树叶（部分）不属于这棵树（整体）。因此，"差异性挑战"在逻辑上存在问题。

关于"相关性质疑"。事实上，这是一个比"差异性质疑"更具有理论丰富性，也更难以回应的挑战。这项质疑指出，即便没有经过法学训练的"门外汉"，都能够注意并想象到：具体法律规范必然具有某种（些）立法目的，或指向法治目标，但至少很难直接地看出，这些具体法律规范与某些德治目标有任何的相关性。以交通法规为例，我国要求机动车靠右行驶，而英联邦国家要求机动车沿左行驶，诸如此类法律规定，必然出于某个法治目标的考虑，但难以识别它们与德治目标存在任何联系，显然，立法者不是因为机动车沿左比靠右行驶更合乎道德，才作出机动车沿左行驶的法律规定，反之亦然。因此，有些东西似乎属于法治目标，却不属于德治目标，而整体与部分的关系逻辑要求，凡属于部分的，必属于整体。基于此，在这项质疑看来，法治目标与德治目标并没有部分与整体的那种关系。然而，细致地考察将暴露这项质疑的致命漏洞，它的问题在于，片面地理解了实在法与德治目标的复杂关系，具体而言，它只注意到演绎式

---

① 登特列夫（Alessandro Passerin d'Entrèves）在《自然法——法律哲学导论》中，针对法律与道德，总结了三项所谓"区分性特征"（differential characters），即第一，法律事关社会事务，也就是主体际关系，道德则是个人私事；第二，法律指向"外在"，而道德则指向"内在"；第三，法律具有强制性，或伴随着制裁，道德则具有指引性，充其量是一种建议。参见 Alessandro Passerin d'Entrèves, *Natural Law: An Introduction to Legal Philosophy*, New Jersey: Transaction Publishers, 1994, pp. 80–94。在这里，这个区分有助于我们进一步理解法治目标与其他德治目标的区别。

（dedication）推导方式，而忽视了慎断式（determination）推导方式。因此，回应这项质疑的关键就在于，向其支持者完整、准确地呈现关于实在法与道德目标关系的理解。更具体的实在法以两种不同的方式推导自（be derived from）更具一般性的德治目标：演绎式与慎断式。概言之，所谓"演绎式"是指，从德治目标以直接的方式推导出实在法。比如，禁止杀人这项具体的法律规定，就是通过演绎式推理，从杀害无辜者是不正义的这项道德要求直接推出的，它们之间的联系是显而易见的，无须经过更多的思考。与此不同，所谓"慎断式"是指，更具体的实在法以间接的方式，从更具一般性的德治目标推导而出。比如，司机与行人的人身安全是一项"共同善"，为此必须经由权力部门制定确保协同交通行动、维持交通秩序的这条（the）交通法规。为了实现这样的目标，立法者绝对不止拥有一个合理选项：一致沿左，或一致靠右都是合理的。可以肯定的是，这些选项中的任何一个都能实现保障司机与行人安全这项"共同善"，都不能说与德治目标不相容。面对这种情形，立法者必须行使某种程度的创造力，行使必要的自由裁量权，在这两个选项之间挑选其一，并将其确定为法律规范以协同公民行动。这就是所谓的"慎断"。可以看出，沿左（或靠右）行驶的交通法规，是德治目标与立法者慎断的联合产物。更准确地说，在相容于德治目标的那些候选项中，立法者必须行使其创造的自由，或进行慎断，正是由这种"创造的自由"或"慎思"产生了差异与多样性，这种差异与多样性是正常的。不是沿左行驶比靠右行驶更合乎道德，或者相反，而是同侧行驶，无论是同左还是同右，都比背道而驰更合乎道德，它们都能促进共同善，从而都是合乎道德的。但无论如何，"法律的制定（以及法体系）有其道德目的"。[1] 本质上，诸如要求沿左或靠右行驶的交通法规，仍然是德治目标的推演物，它们体现了某些道德要求，只不过鉴于这些实在法并非直接演绎于德治目标，它们似乎显得与德治目标没有关系。因此，这些具体而言的法律规范，或一般而言的实在法与德治目标虽然不具有眼见的、表面的联系，但却的确广泛地具有脑中的、实质的联系。至此，通过把原本被忽视的慎断式推演方式重新纳入考虑，人们能够看到具体的法律规范或实在法与德治目标的相关性，"不相关质疑"由此得到化解。

对"差异性质疑"和"不相关质疑"的上述回应，使得我们至少能

---

① Robert George, *In Defense of Natural Law*, Oxford：Oxford University Press, 1999, p. 109.

够初步得出结论：法治目标与德治目标是部分与整体的那种关系。在这个意义上，法治目标与德治目标是统一的。

（二）对（作为行动的）法治与德治的统一关系的说明

事实上，在上文谈及法治行动与德治行动的对立关系结尾部分，笔者已经简单提到，在我们的时代，法治行动与德治行动呈现一种对立关系，并且强调权利的法治行动处于绝对的支配性地位，相对而言，强调义务或责任的德治行动则居于弱势。简言之，在这个对立关系中，与德治行动相比，法治行动是强势方。正是这组"强弱分明"构成了现代筹划的核心。根据施特劳斯，现代筹划把幸福（happiness）理解为人的欲望的满足，不同的人，甚至同一个人在不同的场合的欲望都是变动不居的，因此，幸福是主观的。这必然导向所谓的"相对主义"，即从理性角度看，任何目的或价值具有相对性，都值得追求，它们之间是完全平等的。此时，"理性可以告诉我们，哪些手段有助于实现哪些目的，但理性却不能告诉我们，哪些目的是值得追求的"。[1] 然而，一旦失去诸目的之间的客观层级性，人们的决定与行动就丢掉了理性而普遍的标准，只能转而诉诸任意而盲目的个体偏好，这意味着不存在所谓的"道德事实"，没有正当还是错恶，以及道德上好还是坏这样的东西。任何事情都被允许去做，这就是通常所说的"虚无主义"，而"虚无主义不可避免地将导向的实践后果就是蒙昧的狂热主义"。[2] 从相对主义到它的逻辑后果，即虚无主义，再到它的实践后果，即行动上的狂热主义，这构成了现代筹划的已显现或尚潜在的不足与风险，它内在地要求作为"强势方"的法治行动与作为"弱势方"的德治行动进行有机结合，也就是强调权利与强调义务的有机结合，申言之，是"现代生活观"与"古代生活观"的有机结合。在这个"有机结合的内在要求"意义上，法治行动与德治行动之间应呈现统一关系。

除此之外，虽然法治行动与德治行动是不同的方法，但从共同促成德治目标实现的角度，二者发挥着同样的工具作用，在这里，"同样的"指的是性质上而非力度上没有差别。法治行动与德治行动都服务于德治目标，在这个"工具功能"意义上，它们具有统一关系。除了在前文已澄清

---

[1] Leo Strauss, "Relativism," Thomas Pangle, ed., *The Rebirth of Classical Political Rationalism*, Chicago: The University of Chicago Press, 1989, p. 18.

[2] Leo Strauss, *Natural Right and History*, Chicago: The University of Chicago Press, 1953, p. 6.

的这点之外，即"工具性"的两种意义——对人而言的工具性，以及对德治目标而言的工具性，还需补充的是，在发挥其各自工具功能的过程中，法治行动与德治行动是相互支撑并相互成就的。换言之，在作为德治目标的工具时，它所具有的就是直接的工具功能；而在辅助对方实现其德治目标时，它所具有的就是间接的工具功能。关于法治行动，一方面，它要直接地服务于德治目标，在这里，法治行动发挥其直接工具功能；另一方面，也要辅助德治行动，并使德治行动更好地通往德治目标，在这里，它所发挥的是间接工具功能。关于德治行动，一方面，它要直接地服务于德治目标，在这里，它所发挥的是直接工具功能；另一方面，德治行动也要辅助法治行动，使法治行动更好地通往德治目标，在这里，它所发挥的又是间接工具功能。

总而言之，强调权利的现代筹划会导致相对主义，甚至虚无主义与狂热主义的危险，而防范克服这一或明或暗的隐忧，必然使得（强调权利的）法治行动无法须臾离开（强调义务或责任的）德治行动。从这个角度而言，法治行动与德治行动具有统一关系。除此之外，在以下这个意义上，即共同作为实现德治目标的工具，共同发挥或直接或间接的工具功能，法治与德治具有统一关系。

结　语

本文根据习近平法治思想中有关"法治"与"德治"关系的论述，坚持正确的政治方向，基于学理视角展开思考。借助对"法治"与"德治"两层含义的区分，即其一，作为目的的"法治"与"德治"，其二，作为行动的"法治"与"德治"，讨论了"法治"与"德治"的对立关系与统一关系可能涵括的全部意义。就对立关系而言，本文试图表明，作为目的的以及作为行动的"法治"与"德治"都是对立的；就统一关系而言，本文则尝试表明，作为目的的以及作为行动的"法治"与"德治"都是统一的。本文认为，在诸多意义之中，第一，法治目标是一部分，其他德治目标是另一部分，在它们存在张力的意义上，（作为目标的）"法治"与"德治"之间是对立的；第二，法治行动强调权利，而德治行动强调责任和义务，在它们相互竞争的意义上，（作为行动的）"法治"与"德治"是对立的；第三，法治目标作为部分，德治目标作为整体，在它们相互联系的意义上，（作为目标的）"法治"与"德治"是统一的；第四，法治行动作为工具，德治行动也同样作为工具；法治行动能够保留现代性之成果，德治行动则能够克服现代性之隐忧，在它们相辅相成和互惠互利（reciprocity）的意义上，（作为行动的）"法治"与"德治"具有统一关系：这诸多意义之间不相互矛盾，没有呈现出非此即彼的状况，它们两两之间不仅是完全相容的，而且由于植根于对现代性或现代生活方式的反思，以及对古典自然法理论的回归，表现出融贯的整体性，可以说，这种基于现实语境，多维度与多层次的厘清，能够如实地反映并有利于丰富关于法治与德治对立统一关系的理解。但正如笔者就本文性质所强调的，它旨在提供对"相容说"一个可得的最佳说明，即给出一个植根于自然法理论的"相容说"版本。凭借这个版本的"相容说"，有一些读者可能会发现，自身无法接受整个论证所建基的根本前提；而另一些读者则可能发现，自身对"相容说"的结论所抱有的信念更加坚定夯实了。无论如何，清晰地接近真理比含混地接受或否认它总是更可取，而就任何事物而言，准确地认识是正确地行动的必要步骤。对习近平法治思想中"法治"与"德治"及其关系的准确认识，是理解为何要使它们"相结合"，也是讨论有哪些具体的实践方案可行的必要步骤。

法律职业伦理专题

法律职业伦理与法律和道德的分离[*]

〔美〕布拉德利·温德尔 著^{**}　尹　超 译^{***}

导　论

涉及律师的惊人丑闻当然不是什么新鲜事。律师的不当行为导致或加剧了水门事件、储蓄和贷款崩溃、公司会计惨败（它引起 20 世纪 90 年代科技股暴跌），以及无数突出的危害。但就其厚颜无耻和惊世骇俗而言，很难超越美国政府精英律师试图逃避国内和国际关于禁止酷刑的法令的做法。美国在"9·11"袭击后不久对阿富汗的入侵，导致许多可能与基地组织有联系的被拘留者被抓获，他们可能掌握有关该组织结构、人员甚至未来恐怖袭击计划的信息。因此，布什政府面临一个紧迫的问题，即如何对军方、联邦调查局、中央情报局以及其他政府人员和民间承包商使用的审讯手段加以限制。国防部官员和总统顾问自然会求助于律师，来解释和适用关于囚犯待遇的国内和国际法律规范。

由司法部法律顾问办公室（OLC）编写的备忘录被披露给了媒体，并被迅速称为"酷刑备忘录"。这些备忘录讨论了广泛的法律问题，从《日内瓦公约》对战俘的保护是否扩大到塔利班或基地组织嫌疑人，到总统作为武装部队总司令的权力是否会受到国会将虐待囚犯定为犯罪行为的限制。最臭名昭著的一份备忘录总结认为，某些审讯方法可能残忍、不人道或有辱人格，但却不属于被禁止的酷刑。该备忘录进一步得出结论：即使一个行为被认为是酷刑，它也可能因为自卫或必要而被证明是正当的。即使审讯手段在其他方面会被认为是错误的，作为总司令的总统有单方面的

---

* Wendel, W. Bradley, "Legal Ethics and the Seperation of Law and Morals," *Cornell Law Review* 91 (1), November 2005, pp. 67 – 128.
** 布拉德利·温德尔，康奈尔大学法学院教授。
*** 尹超，中国政法大学法律硕士学院副教授。

权力使政府行为者在酷刑方面免受国内和国际法律的限制。①

这不是所有人都能引以为豪的法律分析。绝大多数刑法、国际法、宪法和军事法专家的反应是，政府备忘录中的法律分析是错误的，因此律师的建议是不适当的。② 事实上，在新闻媒体披露了这些备忘录之后，布什政府立即与这些分析撇清了关系，认为这些备忘录"抽象""过于宽泛"，甚至在某些情况下与政府高层官员实际做出的政策决定毫不相干。③ 令政府更加尴尬的是，备忘录开始向新闻界泄露与阿布格莱布监狱（Abu Gh-

① See Memorandum from Jay S. Bybee, Assistant Attorney General, to Alberto R. Gonzales, Counsel to the President (Aug. 1, 2002) [hereinafter Aug. 1 OLC Memo], in The Torture Papers: The Road to Abu Ghraib 172, 172 (Karen J. Greenberg & Joshua L. Dratel eds., 2005) [hereinafter The Torture Papers].

② *Confirmation Hearing on the Nomination of Alberto tR Gonzales to be Attorney General of the United States Before the S. Comm. on the Judiciary*, 109th Cong. 158 (2005), available at http://www.access.gpo.gov/congress/senate/senatel4chl09.html (follow "PDF" hyperlink for S. Hrg. 109 –4) [hereinafter *Gonzales Confirmation Hearing*] (statement of Harold Hongju Koh, Dean, Yale Law School) ("[I] n my professional opinion, the August 1, 2002 OLC Memorandum is perhaps the most clearly erroneous legal opinion I have ever read"); LAWYERS' STATEMENT ON BUSH ADMINISTRATION'S TORTURE MEMOS (Aug. 4, 2004), available at http://www.afj.org/spotlight/0804statement.pdf [hereinafter LAWYERS' STATEMENT]; Kathleen Clark & Julie Mertus, "Torturing the Law: The Justice Department's Legal Contortions on Interrogation," *WASH. POST*, June 20, 2004, at B3 (criticizing "stunning legal contortions" in the memos); Adam Liptak, "Legal Scholars Criticize Memos on Torture," *N. Y. TIMES*, June 25, 2004, at A14 (quoting Cass Sunstein's opinion that the legal analysis in the memos was "very low level, … very weak, embarrassingly weak, just short of reckless"); Ruth Wedgewood & R. James Woolsey, Opinion, "Law and Torture," *WALL ST. J.*, June 28, 2004, at A10 (concluding that the memos "bend and twist to avoid any legal restrictions" on torture and ignore or misapply governing law). For an exceptionally strong reaction by an international law scholar and former military lawyer, see Jordan J. Paust, "Executive Plans and Authorizations to Violate International Law Concerning Treatment and Interrogation of Detainees," 43 *COLUM. J. TRANSNAT'L L.* 811, 811 (2005) ("Not since the Nazi era have so many lawyers been so clearly involved in international crimes concerning the treatment and interrogation of persons detained during war").

③ See Amanda Ripley, "Redefining Torture: Did the U. S. Go Too Far in Changing the Rules, or Did It Apply the New Rules to the Wrong People?," *TIME*, June 21, 2004, at 49, 49 (reporting that the White House considered the torture memos "abstract musings" rather than policy prescriptions); Press Briefing, Judge Alberto Gonzales, White House Counsel et al. (June 22, 2004), http://www.whitehouse.gov/news/releases/2004/06/20040622 – 14.html [hereinafter Gonzales Briefing]. Even a defender of the majority of the administration's interrogation practices called the August 1 OLC memo "terrifying" and "horrific," described the definition of torture as "extremely narrow [and] hairsplitting," and suggested that the memo was the "product of lawyers on a very heavy dose of testosterone." See "Day to Day: Interview with Heather MacDonald" (NPR radio broadcast Jan. 24, 2005), available at http://www.npr.org/templates/story/story.php? storyld = 4464065.

raib）恐怖虐待事件有关的报道和照片证据。随后的调查显示，在阿布格莱布和关塔那摩湾（Guantdnamo Bay）以及阿富汗发生了数十起虐囚案件，其中包括五名囚犯在审讯中死亡。① 在布什总统连任后，司法部悄悄发布了一份替代性分析报告，推翻了它在最具争议的备忘录〔2002 年 8月 1 日由司法部法律顾问办公室负责人发给白宫法律顾问阿尔贝托·冈萨雷斯（Alberto Gonzales）〕中关于大部分问题的立场。②

是什么导致了备忘录所显示的法律推理质量低下？很难相信作者自身不称职这个解释，因为他们为诸如司法部法律顾问办公室这样的机构工作，而根据传统，这些机构雇用了一些国内最优秀的法律人才。更确切地说，原因在于提供法律建议的过程存在严重缺陷，而负责撰写备忘录的律师们专注于绕过对政府行为的法律限制，以至于法律分析完全扭曲。例如，只有在外交政策中支持广泛行政权力和单边主义的人参加了起草过程，律师因为与国务卿科林·鲍威尔（Colin Powell）更多边、更国际化的态度有关联而被排除在国务院之外。③ 值得注意的是，这些备忘录没有得到司法部刑事司（Justice Department's Criminal Division）律师或者军法总署（Judge Advocate General Corps）职业军事律师的审查，他们本应立即

---

① See The Indep. Panel to Review Def of Der. Det. Operations, Final Report of the Independent Panel to Review Department of Defense Detention Operations (2004) 〔hereinafter Schlesinger Report〕, in The Torture Papers, supra note 1, at 908, 914; Report of the International Committee of the Red Cross (ICRC) on the Treatment by the Coalition Forces of Prisoners of War and Other Protected Persons by the Geneva Conventions in Iraq During Arrest, Internment and Interrogation (2004) 〔hereinafter ICRC REPORT〕, in The Torture Papers, supra note 1, at 383, 391 – 93.

② See Memorandum from Daniel Levin, Acting Assistant Attorney General, to James B. Comey, Deputy Attorney General 1 – 2 (Dec. 30, 2004) 〔hereinafter Superseding Memorandum〕 (noting that questions had been raised regarding the appropriateness of the memo's analysis, and stating, "We decided to withdraw the August 2002 Memorandum"), http://www. usdoj. gov/olc/dagmemo. pdf. Notably, this superseding memo was issued without a public announcement-between the Christmas and New Year's holidays-a few weeks prior to the Senate confirmation hearings on the nomination of former White House Counsel Alberto Gonzales for Attorney General. See also Jess Bravin, "U. S. Revamps Policy on Torture of War Prisoners: Legal Guidance Criticizes Aggressiveness of Old Rules, Redefines' Severe Pain," *WALL ST. J.*, Dec. 31, 2004, at Al (reporting that the new memo "sharply" scaled back the Bush administration's previous legal position).

③ See Tim Golden, "After Terror, a Secret Reuriting of Military Law," *N. Y. TIMES*, Oct. 24, 2004, at Al; R. Jeffrey Smith & Dan Eggen, "Gonzales Helped Set the Course for Detainees: Justice Nominee's Hearings Likely To Focus on Interrogation Policies," *WASH. POST*, Jan. 5, 2005, at Al.

认识到对《日内瓦公约》的适用所作的错误分析。① 最后，假设"9·11"袭击制造了一个规范分水岭，政府律师面临相当大的压力，需要以"前瞻性"的方式思考问题。② 毫不奇怪，这一不公正程序的结果明显缺乏法律分析，导致政府在它被公开披露后就与其保持距离。本文首先讨论了人们对进行这一分析的决定能说些什么，以及律师应如何考虑为酷刑这一道德上令人担忧的问题提供建议。具体地说，我想分析一名律师的情况，其客户要求他就一种在大多数人看来明显是道德错误的行为的可容许性发表意见，或者在可能使客户的目的产生道德异议的情况下，协助安排交易或关系以促进客户的合法利益。③ 这里的一般问题不仅限于酷刑备忘录，甚至

---

① See Golden, supra note 6; Neil A. Lewis, "Ex-Militay Lawyers Object to Bush Cabinet Nominee," *N. Y. TIMES*, Dec. 16, 2004, at A36; Josh White, "Military Lawyers Fought Policy on Interrogations," *WASH. POST*, July 15, 2005, at Al (suggesting that although military lawyers adamantly opposed the administration's approach to compliance with the Geneva Conventions, their concerns were ignored by top Defense Department lawyers); See also *Gonzales Confirmation Hearing*, supra note 2, at 152 – 54 (statement of Admiral John D. Hutson, President & Dean, Franklin Pierce Law Center).

A small but telling detail in the Superseding Memorandum is the statement that "[t] he Criminal Division of the Department of Justice has reviewed this memorandum and concurs in the analysis set forth below." See Superseding Memorandum, supra note 5, at 2. This seemingly minor detail gains significance in light of the observation that one of the most notable features of American foreign-policy fiascoes, such as the Bay of Pigs Invasion and the escalation of the Vietnam War, is that they involved decision-making processes in which the desire to achieve unanimity within the group dominated over the motivation to make sound decisions. See Irving L. Janis, Grou-pthink: Psychological Studies of Policy Decisions and Fiascoes (2d ed. 1982). The language in the Superseding Memo evidences that, at least where interrogation policy was concerned, a desire for unanimity dominated the Bush administration's decision-making processes, predictably leading to less-thansound decisions. The administration's choice to exclude State Department, military, and Department of Justice Criminal Division lawyers from the process of developing interrogation policy was a disastrous decision, which led to the groupthink phenomenon of "in groups" of lawyers producing shoddy legal analysis.

② See Golden, supra note 6; Smith & Eggen, supra note 6. The administration is quite taken with the idea that defense against terrorism is a "new paradigm" that justifies rethinking prevailing assumptions about international and domestic law. See e. g., Memorandum from George Bush, President of the United States, to Dick Cheney, Vice President et al. (Feb. 7, 2002) [hereinafter Feb. 7, 2002 Bush Memorandum], in The Torture Papers, supra note 1, at 134; Memorandum from Alberto R. Gonzales, Counsel to the President, to George Bush, President of the United States (Jan. 25, 2002) [hereinafter Jan. 25, 2002 Gonzales Memorandum], in The Torture Papers, supra note 1, at 118; Gonzales Briefing, supra note 3.

③ The term "client" here conceals some complexity. Where federal government lawyers are concerned, the law of lawyering is nebulous regarding the identity of the clientsuch lawyers represent. Indeed, courts and disciplinary agencies may regard a government lawyer's client as any of the following: a particular agency, an agency official, the executive branch of the （转下页注）

也不限于政府律师的建议，还包括那些代表从事道德上错误行为的个人和公司的律师，以及寻求法律建议以避免其行为法律后果的个人和公司的律师。①法律职业伦理的核心问题之一就是道德考量在法律咨询和规划中应该发挥的作用。也许，就像有些人所争论的那样，咨询过程基本上是"道德对话"（moral conversation）的体现，所以道德应该是律师考虑的最重要的因素。②另一方面，律师的咨询角色可能存在于一种"更小的道德世界"中，③在这个世界中道德与被评估的法律问题无关。在这两种选择中，律

（接上页注③）government，the United States as a whole，or the public interest. See，e. g.，Catherine J. Lanctot，"The Duty of Zealous Advocacy and the Ethics of the Federal Government Lawyer: The Three Hardest Questions," 64 *S. CAL. L. REv.* 951，981 – 82（1991）；Nelson Lund，"The President as Client and the Ethics of the President's Lawyers," 61 *L. & CONTEMP. PROBS.* 65，70 – 71（1998）[hereinafter Lund，President as Client]；Geoffrey P. Miller，"Government Law-yers'Ethics in a System of Checks and Balances," 54 *U. CHI. L. REV.* 1293，1294 – 98（1987）. Specifically with regard to OLC lawyers，there is also controversy over how the lawyer's role should be understood，with positions arrayed on a continuum between litigation-style advocacy on the one hand and neutral，judge-style reasoning on the other. See John O. McGinnis，"Models of the Opinion Function of the Attorney General: A Normative，Descriptive，and Historical Prolegomenon," 15 *CARDOZO L. REV.* 375，376 – 77（1993）；Randolph D. Moss，"Executive Branch Legal Interpretation: A Perspective from the Office of Legal Counsel," 52 *ADMIN. L. REV.* 1303，1305 – 06（2000）. In terms of the client-identity question，however，it is generally settled that OLC lawyers in particular，as opposed to government lawyers in general，owe their loyalty and an obligation to render advice to an identifiable government official: namely，the President（although how independent that advice must be，and whether it can be slanted in the direction the President desires，is still a matter of some controversy）. See Moss，supra，at 1316 – 17. Thus，when I use the term "client" in connection with the torture memos，I refer to the President and his top-level advisors.

① Notably，however，lawyers representing clients who retain them to provide a defense against civil or criminal charges after the client is accused of wrongdoing are outside the scope of the issue here. There are numerous differences between advising on the legality of conduct ex ante and defending the client ex post，and the ethical constraints on the lawyer's representation vary considerably as a result. See generally W. Bradley Wendel，"Professionalism as Interpretation," 99 *NW. U. L. REV.* 1167（2005）[hereinafter Wendel，*Interpretation*]（arguing for this distinction）.

② See，e. g.，Thomas L. Shaffer & Robert F. Cochran，JR.，Lawyers，Clients，and Moral Responsibility 66 – 67（1994）；Stephen L. Pepper，"Lawyers' Ethics in the Gap Between Law and Justice," 40 *S. TEX. L. REV.* 181，190（1999）（"When the gap between law and justice is significant，it ought to be part of the lawyer's ethical responsibility to clarify to the client that he or she has a moral choice in the matter"）；Thomas L. Shaffer，"Inaugural Howard Lichtenstein Lecture in Legal Ethics: Lawyer Professionalism as a Moral Argument," 26 *GONZ. L. REV.* 393（1991）；Thomas L. Shaffer，"Legal Ethics and the Good Client," 36 *CATH. U. L. REV.* 319（1987）.

③ This metaphor is borrowed from Christine M. Korsgaard，Creating the Kingdom of Ends 296（1996）. Alan H. Goldman，The Moral Foundations of Professional Ethics（1980），advances a similar notion，analyzing role-differentiated morality in professional ethics in terms of creating a "simplif[ied] moral…universe," id. at 23.

师与客户关系要么像私人友谊一样被完全道德化，要么由于法律和法律职业的制度结构而完全脱离道德领域。

在本质上是一种普通道德互动的法律咨询和"纯粹"法律的非道德领域这两个极端之间存在一个中间地带，其中道德规范可以被纳入实证法，但在这个中间地带，遵守法律的道德义务并不取决于法律规定与普通道德要求。后一种立场最能描述法律职业伦理中法律与道德的关系。我在其他地方为自己辩护的广泛主张是，以代表身份行事的律师没有义务按照一级道德标准行事，否则这将导致对一个人应该做什么的全面评估。[①] 相反，律师有义务在法律上做正确的事。律师不能将法律以工具来看待，将其作为一个障碍来进行规划，而是必须在实际考虑中将法律规范作为他们采取行动的正当理由。遵守法律不仅仅意味着寻求避免制裁，它还意味着对法律规范的尊重态度。因为公民有义务将法律视为是正当的——而律师作为客户的代理人，不能有任何权利以比他们的客户更高的工具性来对待法律——律师被禁止操纵法律规范以推翻这些规范的实质性意义。刑讯备忘录是一个很好的案例，可以用来说明道德责任在律师执业中的位置这一一般法理学论题的适用，因为其表明了律师在履行其作为法律的托管人或受托人的义务时如何犯了道德上的错误，即使法律在实际推理中排除了诉诸一阶道德考量。

本文在第一章简要阐述了美国人使用酷刑的事实和法律背景之后，勾画了律师角色的规范性轮廓，特别是在什么情况下普通道德价值可以或者应该被注入律师与当事人的关系之中。或许令人惊讶的是，我的主张并不是说，道德价值与律师的职业活动有关，就像它们与普通道德主体的实践推理有关一样。道德可以被纳入法律，律师在提供建议时可以参考道德，但从根本上讲，对律师代表客户的道德约束是由法律规定的。[②] 基于这个

---

① See generally W. Bradley Wendel, "Civil Obedience," 104 *COLUM. L. REV.* 363 (2004)［hereinafter Wendel, *Obedience*］.

② Obviously, this account of the authority of law depends a great deal on the determinateness of legal rules; if the law were indeterminate or manipulable to a significant extent, it would be unable to perform its functions of resolving normative conflict and replacing first-order moral reasons with legal directives. A theory of legal interpretation is therefore a critical aspect of this theory of legal ethics. Outlines of this theory of interpretation will emerge in Parts II and III, and I have said a great deal about interpretation elsewhere. See Wendel, *Interpretation*, supra note 10, at 1172 - 73, 1187 - 99. Nevertheless, it may be helpful to briefly summarize here the interpretive methodology I set out in more detail elsewhere.

Legal texts underdetermine the meaning of all legal norms. There is no such thing as （转下页注）

原因，第二章讨论为什么法律应当优先于原本会在实践推理中发挥作用的道德价值，并以寓言式的叙述结尾，讲述法律在解决规范分歧中的作用。第三章回应标准律师的观点，即道德价值并不影响律师的建议和咨询角色。把道德从法律中排挤出去的企图，依赖于各种严格的"排他性"法律

（接上页注②）a text that is self-interpreting. These are general problems associated with the use of language to convey meaning, but they pose special difficulties in the ethical and jurisprudential contexts, because it is often possible to construct a facially plausible interpretation of a legal text that varies from the most plausible (and intended) interpretation. This feature of language makes it difficult for authorities to use words to direct conduct, because those citizens who are subject to the directives of authority may be able to manipulate the authorities' texts to effectively nullify their directives. But there is no reason to suppose that authorities issue directives that are extensionally identical with artificially formalistic readings of texts. "Authorities do not want to be understood literally. Authorities purport to govern, and complex, large scale, governance requires cooperation in the spirit of its goals, not strict adherence to the letter of its directives." Andrei Marmor, "The Immorality of Textualism," 52 *Loy. L. REV.* (forthcoming 2005) (manuscript at 18, on file with author); Paul D. Carrington, "Meaning and Professionalism in American Law," 10 *CONST. COMMENT.* 297, 299 (1993) (arguing that, regarding constitutional interpretation, the Founders assumed that "the meaning of our legal texts would be discerned from the shared understandings of the profession that enforced them"). Interpretation must therefore be aimed at recovering the spirit, purpose, or normative background underlying a set of legal rules, not merely the meaning that the textual expression of these norms might plausibly bear. See Jeremy Waldron, "Torture and Positive Law: Jurisprudence for the White House," 106 *COLUM. L. REV.* (forthcoming 2005) (manuscript at 12 – 13, on file with author), available at http:// www. columbia. edu/cu/law/fed-soc/otherfiles/waldron. pdf. This process of interpretation is dynamic and hermeneutic in nature, and requires a lawyer or udge to situate herself within an interpretive community of lawyers, judges, and scholars that is constituted by fidelity to law as a cooperative social enterprise. These interpretive communities have evolved meta-rules that constrain the exercise of interpretive judgment and differentiate artificial, abusive, and exploitive readings from legitimate ones. To put it in standard jurisprudential terms, the community's conventional practices converge to establish a rule of recognition, which permits community members and observers to critically evaluate the awfulness of their activities. See H. L. A. Hart, *The Concept of Law* 100 – 03, 116 – 17 (2d ed. 1994). The rule of recognition validates certain middle-level principles that can be used as criteria to differentiate reasonable from abusive interpretations. See Wendel, *Interpretation*, supra note 10, at 1214 – 18. Naturally, there may be plural, overlapping interpretive communities to which a lawyer might claim allegiance; the underlying account of the authority of law provides a basis for ruling some communities out as inappropriate, if they are not constituted by a commitment to what might be called "the immanent rationality of law." Cf Ernest J. Weinrib, *The Idea of Private LA* 204 – 31 (1995) (arguing that interpretation should look to whatever rationality is immanent in a particular mode of ordering). A plurality of interpretations may be consistent with the underlying purposes of a regime of law and the textual expression of subsidiary legal norms-nothing in this account of interpretation is intended to imply that there is only one right answer to a legal question. Nevertheless, the community-based, broadly purposivist approach can rule out numerous facially plausible interpretations as illegitimate.

实证主义，而这些实证主义与解释和适用法律规则的律师与法官之实际做法并不相符，也不会证明他们的实际做法是正当的。相应地，这一章的论证以法律实证主义的理论辩论作为批判律师角色规范立场的基础，因此这一章的论点试图使法理学中经常被视为枯燥辩论的内容具有相关性。①

最后，因为从法律推理中排除道德考量的另一种方法，是依靠像定时炸弹案这样难以置信的假设来完全回避它们，第四部分的任务是表明这些策略是无效的，规范性问题必须直接面对。对定时炸弹假设的讨论表明，将道德纳入法律并不是允许人们在将普通道德价值应用于法律问题的幌子下进行空想的投机活动。本部分的道德分析旨在阻止司法部法律顾问办公室律师的辩护人声称政府律师参与了法律所要求的道德分析，并且该分析支持行政当局对待被拘留者的方法。司法部法律顾问办公室的律师似乎是依靠定时炸弹案例，来摆脱被纳入法律的道德约束。由于这个"一切皆有可能"的结论是严重错误地将道德推理应用于可适用的法律标准的结果，因此有必要对定时炸弹假设进行道德分析，以充分认识政府法律顾问所犯的法律和法理上的错误。

第一章　酷刑备忘录争议的简要概述

对酷刑的法律分析，始于美国在"9·11"恐怖袭击后对阿富汗的入侵，这次恐怖袭击导致大量被怀疑与塔利班或基地组织有联系的人被羁押。虽然其中一些被羁押者可能因违反国际刑法或美国刑法而符合惩罚性拘留条件，但关押和审问这些被羁押者的主要目的，并不是在某个法庭上对他们进行审判和定罪。相反，美国官员的主要目标是获取可以用来防止未来恐怖袭击的信息。特别是，对基地组织高级成员如阿布·祖贝达（Abu Zubaida）、穆罕默德·卡塔尼（Mohamed al-Kahtani）和哈立德·谢赫·穆罕默德（Khalid Sheikh Mohammed）的抓捕，增加了美国官员扣押拥有极大价值的"可行动情报"（用军事情报官员的行话来

---

① See Brian Z. Tamanaha, "Revitalizing Legal Positivism: The Shari'a and the Contemporary Relevance of the Separation Thesis 1 – 4" (St. John's Univ. Sch. of Law Legal Studies Research Paper Series, Paper No. 05 – 006, 2005), available at http://ssrn. com/abstract = 637184 (noting that it can be hard to see the relevance of legal positivism, given the esoteric nature of the debates in the theoretical literature).

说）者的可能性。①

情报人员自然会把让这些被羁押者开口说话作为首要任务。由于许多可疑的武装分子已经被证明善于抵制传统非强制性的审讯手段（比如承诺以宽大处理换取合作），② 美国官员寻求建议，看对"高价值"俘虏使用某些强制手段是否合法。③ 特别是，中央情报局（CIA）官员想知道其外派特工是否会因使用诸如"水刑"（waterboarding）等对身体造成痛苦的审讯方法而受到刑事起诉。水刑是被羁押者被绑在一块木板上沉入水中，直到他体验到溺水的感觉。④ 或者，该机构为不需要直接身体接触的技术合法性寻求指导，例如剥夺被羁押者的睡眠，强迫他们长时间站立或采取有压力的姿势，用灯光或声音轰击他们［奇怪的是，其中包括连续数小时不停地重复妙美客（Meow Mix）猫粮叮当声］，以及让他们戴几个小时的

① See, e. g. , Jess Bravin & Gary Fields, "How Do U. S. Interrogators Make a Captured Terrorist Talk?," *WALL ST. J.* , Mar. 4, 2003, at BI (noting that Khalid Sheikh Mohammed is "al-Qaeda's alleged leader of terrorist operations against the U. S. and the suspected brains behind the 9/11 attacks") ; Neil A. Lewis, "Fresh Details Emerge on Harsh Methods at Guantdnamo," *N. Y. TIMES*, Jan. 1, 2005, at All (stating that "［t］here was a high confidence among military intelligence officials that Mr. Kahtani was a dangerous operative of Al Qaeda") ; Smith & Eggen, supra note 6 (noting that the United States was "elat［ed］ at the capture of al Qaeda operations chief Abu Zubaida," and that the CIA was determined to get information from him).

② See Schlesinger Report, supra note 4, at 924 (reporting that authorities at Guantdnamo requested approval of "strengthened counter-interrogation techniques" in response to "tenacious resistance by some detainees to existing interrogation methods") ; Bravin & Fields, supra note 18 (stating that "U. S. authorities have found that traditional interrogation techniques have been ineffective on…prisoners" such as Khalid Sheikh Mohammed) ; Smith & Eggen, supra note 6 (noting that Abu Zubaida "refused to bend to CIA interrogation" and that the Agency was "determined to wring more from ［him］").

③ See Eric Lichtblau, "Gonzales Says Humane-Policy Order Doesn't Bind C. I. A. ," *N. Y. TIMES*, Jan. 19, 2005, at Al7. One memorandum, from the director of an interrogation team at Guantdnamo Bay, sought approval for a variety of euphemistically named interrogation methods, including stripping detainees ("［r］emoval of clothing") , taking away their scriptures ("［r］emoval of all comfort items, including religious items") , hooding them, forcing them to remain in stress positions, shaving them, and threatening them with dogs ("［u］sing detainees ［sic］ individual phobias"). See Memorandum from Lt. Col. Jerald Phifer, Director, J2, Joint Task Force 170, to General James T. Hill, Commander, Joint Task Force 170, Request for Approval of Counter-Resistance Strategies (Oct. 11, 2002) , in The Torture Papers, supra note 1, at 227 – 28.

④ See Michael Isikoff et al. , "Torture's Path," *NEWSWEEK*, Dec. 27, 2004/Jan. 3, 2005, at 54, 54; Douglas Jehl & David Johnston, "White House Fought New Curbs on Interrogations, Officials Say," *N. Y. TIMEs*, Jan. 13, 2005, at Al; David Johnston et al. , "Nominee Gave Advice to C. IA. on Torture Law: Called Some Tactics Legal, With Limitations, and Said No to Others," *N. Y. TIMES*, Jan. 29, 2005, at Al.

镣铐。①

可以这么说，中情局似乎非常愿意采取行动，但也很关心如何保护其特工未来免受起诉。② 为了防止恐怖袭击，政府已经表示愿意采取必要的强硬措施。③ 白宫法律顾问阿尔贝托·冈萨雷斯（Alberto Gonzales）反复指示律师，在考虑给审讯人员多大的关于处理恐怖分子嫌疑人的自由度时，要尽量"向前看"。④ 政府在遥远的古拉格群岛（Gulag islands）建立了多个羁押中心，在这些中心的官员也对限制他们对待被羁押者的方式表示了漫不经心。一名情报官员认为，他被允许使用"一些小把戏"，以作为给守口如瓶的基地组织嫌疑人"一些额外的鼓励"。⑤ 尽管在审讯期间

---

① See Lewis, supra note 16. The ICRC Report lists a variety of allegations of ill-treatment, including hooding, beating, stripping naked, parading naked before other detainees, holding in isolation in completely dark cells, handcuffing to cell bars naked or in uncomfortable positions, and humiliating sexually. See ICRC REPORT, supra note 4, at 392 – 93. A subsequent military report, which is classified except for its executive summary, described numerous "creative" and "aggressive" interrogation techniques employed at Guantinamo Bay, such as forcing a detainee to wear women's underwear on his head, shackling detainees in awkward positions, forcing a detainee to parade around doing dog tricks while tied to a leash, and stripping male prisoners and forcing them to appear in front of female soldiers. See Josh White, "Abu Ghraib Tactics Were First Used at Guantanamo," *WASH. POST*, July 14, 2005, at Al. The Executive Summary of the so-called Schmidt report, Army Regulation 15 – 6: Final Report: Investigation into FBI Allegations of Detainee Abuse at Guantanamo Bay, Cuba Detention Facility（Apr. 1, 2005）[hereinafter Schmidt Report], is available at http://balkin. blogspot. com/Schmidt%20Furlow%20report. pdf.
The report concludes that these techniques are abusive and degrading, but not contrary to the President's directive to treat detainees humanely. See Feb. 7, 2002 Bush Memorandum, supra note 8, at 135.

② See Mike Allen & Dana Priest, "Memo on Torture Draws Focus to Bush: Aid Says President Set Guidelines for Interrogations, Not Specific Techniques," *WASH. POST*, June 9, 2004, at A3（quoting a former administration official as saying that "the CIA 'was prepared to get more aggressive and re-learn old skills, but only with explicit assurances from the top that they were doing so with the full legal authority the president could confer on them'"）; Jane Mayer, "Outsourcing Torture: The Secret History of America's 'Extraordinary Rendition' Program," *NEW YORKER*, Feb. 14 & 21, 2005, at 106, 112（reporting testimony by the head of counter-terrorism operations for the CIA, who told congressional committees that "there was a 'before 9/11' and there was an 'after 9/11. ' After 9/11, the gloves came off"）.

③ See e. g., Ripley, supra note 3, at 50（quoting Vice President Dick Cheney's first post – 9/11 interview, in which he stated it would be "vital for us to use any means at our disposal, basically, to achieve our objective"）.

④ See e. g., Isikoff et al., supra note 19, at 55.

⑤ Bravin & Fields, supra note 16. Euphemisms like "smacky-face" are common in the apologetics of torture offered by the administration and its supporters. For example, Sen. Jim Talent（R-Mo.）said, "If our guys want to poke somebody in the chest to get the name of a（转下页注）

安全官员不愿意做任何事情——例如，没有人建议威胁恐怖分子嫌疑人的家人——但很明显，一些美国官员有强烈的兴趣来扩展可接受的审讯技术的边界。

让中情局和国防部提供指导的要求，在华盛顿引发了一系列的法律活动。美国政府最初的决定之一，是将被认为与塔利班或基地组织有关联的在押人员排除在有关战俘待遇的国际准则之外。① 尽管美国国务卿科林·鲍威尔提出强烈反对，② 但白宫法律顾问阿尔贝托·冈萨雷斯还是得出结

（接上页注⑤）bomb maker so they can save the lives of Americans, I'm for it. " "All Things Considered: Army Probes Deaths of Iraq, Afghanistan Detainees" (NPR radio broadcast Mar. 16, 2005), available at http://www. npr. org/templates/story/story. php? storyId = 4537927. Despite this rhetorical strategy of minimization, investigations have not revealed only a few pokes in the chest, but beatings, sexual humiliation, prolonged shackling in painful positions, and deprivation of sleep, food, and water. See ICRC REPORT, supra note 4, at 392 – 93. Indeed, reports have come to light of prisoners being tortured to death while in U. S. custody. See Tim Golden, "Abuse Cases Open Command Issues at Army Prison," *N. Y. TIMES*, Aug. 8, 2005, at Al (describing the deaths of two detainees in Afghanistan, which resulted from beatings by American service personnel); Josh White, "Documents Tell of Brutal Improvisation by GIs," *WASH. POST*, Aug. 3, 2005, at Al (detailing the death of Iraqi Major General Abed Hamed Mowhoush, who died after being stuffed into a sleeping bag, bound with electrical wire, and beaten by American CIA and Special Forces personnel). The gross disparity between the abuse suffered at the hands of U. S. forces and the vocabulary used to describe it is a depressing footnote to the abuse scandals.

① See Memorandum from Jay S. Bybee, Assistant Attorney General, to Alberto R. Gonzales, Counsel to the President, and WilliamJ. Haynes II, Gen. Counsel of the Dep't of Def. (Jan. 22, 2002), in The Torture Papers, supra note 1, at 81, 81 (concluding that members of al-Qaeda and the Taliban were not covered by the laws of armed conflict). The relevant international treaties are the Geneva Convention Relative to the Treatment of Prisoners of War, Aug. 12, 1949, 6 U. S. T. 3316, 75 U. N. T. S. 135 [hereinafter Geneva III], as well as the protections contained in the so-called Common Article 3, which apply in all contexts covered by any of the four Geneva Conventions for the Protection of Victims of War. See Derek Jinks & David Sloss, "Is the President Bound by the Geneva Conventions?," 90 *CORNELL L. REV.* 97, 108 – 20 (2004) (noting that "the official U. S. government position is that neither Taliban nor Al-Qaeda fighters qualify as POWs"); Paust, supra note 2, at 816 – 18. See generally "Executive Branch Memoranda on Status and Permissible Treatment of Detainees," 98 *Am. J. INT'L L.* 820 (Sean D. Murphy ed. , 2004) (summarizing the Bush administration's memoranda on the status of detainees).

② See Smith & Eggen, supra note 6. Powell's objections are succinctly presented in a memo to Alberto Gonzales. See Memorandum from Colin L. Powell, Sec'y of State, to Alberto R. Gonzales, Counsel to the President (Jan. 26, 2002), in The Torture Papers, supra note 1, at 122, 122 – 25. According to sources at the State Department, Powell "hit the roof" when he read the analysis prepared by Justice Department lawyers. See John Barry et al. , "The Roots of Torture," *NEWSWEEK*, May 24, 2004, at 26, 31. The State Department's Legal Adviser also objected to the decision not to apply the Geneva Conventions to the conflict in Afghanistan. See Memorandum from William H. Taft, IV, Legal Advisor to the State Dep't, to Alberto R. Gonza- （转下页注）

论说，非国家恐怖主义是一种"新模式"，它使《日内瓦公约》限制审问俘虏的条款变得"古怪"。①美国国务院法律顾问威廉·塔夫脱四世（William Taft IV）也质疑约翰·柳（John Yoo）在司法部法律顾问办公室提出的观点，司法部法律顾问办公室试图通过创造诸如"非法的敌方战斗人员"和所谓的"失败的国家"阿富汗等新分类来避开《日内瓦公约》。②

（接上页注②）les, Counsel to the President (Feb. 2, 2002) [hereinafter Feb. 2, 2002 Taft Memorandum], in The Torture Papers, supra note 1, at 129, 129. In July 2005, a series of memos from high-ranking military lawyers in the services' Judge Advocate Generals (JAG) Corps were declassified. See http://balkin. blogspot. com/jag. memos. pdf [hereinafter JAG Memos]. These memos raised a number of objections to the legal analysis put forward by the OLC lawyers. One recurring theme is that removing the protection of the Geneva Conventions from any category of detainees will jeopardize American service personnel in future conflicts. See id. The JAG Memos emphasize that the U. S. military has historically taken the moral high ground in its operational conduct, regardless of whether this conduct is reciprocated by the enemy. See id.

① Jan. 25, 2002 Gonzales Memorandum, supra note 8, at 119. The trouble with the "new paradigm" argument is that it is not entirely clear what makes 9/11 and global Islamist terrorism different from threats posed by other states. The administration cites the fact that al-Qaeda is a shadowy enemy that does not wear uniforms, targets civilians, and is dedicated to the destruction of the United States. See Gonzales Briefing, supra note 3. But this cannot be the complete justification. Otherwise the argument boils down to, "My enemy violates the law, therefore we are entitled to break the law, too." (And, in any event, the argument is precluded by Common Article 1 of the Geneva Conventions, which provides that the duty to respect the law governing the treatment of detainees is not based on reciprocal compliance by the enemy. See Paust, supra note 2, at 815.) The suggestion that two wrongs make a right is precisely the opposite of accepting the rule of law. It is more characteristic of the excuse offered by dictatorships for curtailing human rights. Consider as an example this directive from Stalin："It is known that all bourgeois intelligence services use methods of physical influence against the representatives of the Socialist proletariat and that they use them in their most scandalous forms. The question arises as to why the Socialist intelligence service should be more humanitarian toward the mad agents of the bourgeoisie…" Edward Peters, Torture 129 – 30 (2d ed. 1996) (quoting Stalin's January 1939 telegram to the People's Commissariat for the Interior). By contrast, consider the African National Congress's (ANC's) decision to abide by the Geneva Conventions in its struggle against the apartheid regime in South Africa. As ANC leader Oliver Tambo put it, the ANC wanted to show that it did not "take our standards from those of the enemy. " See Michael Ignatieff, *The Lesser Evil：Political Ethics in an Age of Terror* 96 – 97 (2004) (internal citations omitted). The "new paradigm" argument needs to be more fully developed if the administration wishes to avoid "taking our standards from those of the enemy. "

② The extraordinary debate between State Department lawyers, headed by Taft, and lawyers at the Office of Legal Counsel, including John Yoo, Jay Bybee, and Robert De-lahunty, was revealed in an exchange of letters and memos, which are now publicly available. See Memorandum from William H. Taft, IV, Legal Advisor to the State Dep't, to John C. Yoo, Deputy Assistant Attorney General (Jan. 11, 2002), in *Primary Sources：The Torture Debate*, NEW YORKER, http://www. newyorker. com/online/content/? 050214on onlineonly 02 [hereinafter （转下页注）

这场辩论的高潮是布什总统发布了一份备忘录，其中最重要的一个方面是确定《日内瓦公约》总则第三条不适用于与塔利班和基地组织的冲突。①备忘录的重点是这样的，因为国内刑事法规《战争罪法》，②将严重违反关于战俘待遇的《日内瓦第三公约》（Third Geneva Convention）以及《第三共同条款》（Common Article 3）规定的行为定为犯罪。③总统作出这一决定的理由是，与基地组织和塔利班的冲突不属于国际范围，被羁押的塔利班人员是非法战斗人员，而基地组织也不是《日内瓦公约》的缔约方。④备忘录中确实提到，"作为一个国家，我们的价值观……呼吁我们人道地对待在押人员"，并要求美国武装部队将遵守《日内瓦公约》作为一项政策。⑤

（接上页注②）*Primary Sources*］；Letter from John C. Yoo, Deputy Assistant Attorney General, & Robert J. Delahunty, Special Counsel, to William H. Taft, IV, Legal Advisor to the State Dep't (Jan. 14, 2002), *in Primary Sources*, supra; Memorandum from William H. Taft, IV, Legal Advisor to the State Dep't, to John C. Yoo, Deputy Assistant Attorney General (Jan. 23, 2002), in *Primary Sources*, supra; Letter from John C. Yoo, Deputy Assistant Attorney General, to William H. Taft, IV, Legal Advisor to the State Dep't (Mar. 28, 2002), in *Primary Sources*, supra.

① See Feb. 7, 2002 Bush Memorandum, supra note 8, at 134 (claiming that the Geneva Convention applies only to state actors). This determination ignores the protection offered by customary international law, which extends Common Article 3 to detainees not otherwise covered by the Third or Fourth Geneva Conventions. See Robert K. Goldman, "Trivializing Torture: The Office of Legal Counsel's 2002 Opinion Letter and International Law Against Torture," 12 *HUM. RTS. BRIEF* 1 (2004); Paust, supra note 2, at 816 – 18. It also misconstrues the Fourth Geneva Convention, which protects civilians who do not belong to armed forces (presumably including the made-up category of "unlawful combatants"). See Geneva Convention Relative to the Protection of Civilian Persons in Time of War, Aug. 12, 1949, 6 U. S. T. 3516, 75 U. N. T. S. 287 [hereinafter Geneva IV]; Frpdtric de Mulinen, Handbook on the Law of War for Armed Forces 13 (1987). A federal district court recently held that detainees alleged to be associated with the Taliban or with both the Taliban and al-Qaeda are protected by the Third Geneva Convention. See *In re* Guantánamo Detainee Cases, 355 F. Supp. 2d 443, 481 (D. D. C. 2005). At any rate, the Geneva Conventions themselves require that any ambiguity in a detainee's status (for example, whether he should be treated as a prisoner of war) must be resolved by a competent tribunal. See Geneva III, supra note 25, art. 5.

② 18 U. S. C. § 2441 (c) (3) (2000).

③ "Grave breaches" are defined by the Geneva Convention as acts including "wilful killing, torture or inhuman treatment…wilfully causing great suffering or serious bodily injury to body or health…or wilfully depriving a prisoner of war of the rights of fair and regular trial prescribed in this Convention." See Geneva III, supra note 25, art. 130.

④ Feb. 7, 2002 Bush Memorandum, supra note 8, at 134 – 35. For a thorough critique of the reasoning in this memo, see Derek Jinks, September 11 and the Laws of War, 28 *YALE J. INT'L L.* 1 (2003).

⑤ Feb. 7, 2002 Bush Memorandum, supra note 8, at 135.

（请注意，在这份备忘录中，中情局明显被排除在了总统的承诺之外。）①总统的决定因而将限制审讯方式的根源从法律转移到了国家价值观，实际上是总统的恩典。② 因此，在有关战俘待遇的国际法方面，只有总统的恩典才能阻止情报官员加大对在押人员的强制待遇。

　　鉴于对违反《日内瓦公约》的国内法律起诉的可能性似乎已不存在，政府官员接下来将寻求法律建议，以确定是否有其他国内和国际的法律规范，来限制对在阿富汗被俘的在押人员进行讯问。最棘手的是 1984 年《禁止酷刑公约》③ 以及执行该公约的联邦立法。④ 公约和联邦法令都是用"酷刑"来表述的，根据统一表达原则，它们不禁止像不人道或有辱人格的这种具有强制性但不属于酷刑的行为。⑤ 因此，司法部法律顾问办公室的律师试图尽可能狭义地解释酷刑这一有效术语。酷刑在法令中被定义为

---

① See id.

② As the State Department Legal Adviser argued to Alberto Gonzales, it is important that the United States announce that it bases its conduct not just on policy preferences but on international law. See Feb. 2, 2002 Taft Memorandum, supra note 26, at 129.

③ See Convention Against Torture and Other Cruel, Inhuman or Degrading Treatment or Punishment, G. A. Res. 39/46, 39 U. N. GAOR, Supp. No. 51, U. N. Doc. A/39/51 （Dec. 10, 1984）[hereinafter Torture Convention]. The Convention covers all "persons" and is not limited to categories of detainees such as prisoners of war. See id. arts. 1, 3, and passim.

④ See 18 U. S. C. § § 2340 – 2340A （2000）.

⑤ This interpretation is bolstered by the Convention itself, which refers to "other acts of cruel, inhuman, or degrading treatment or punishment which do not amount to torture." See Torture Convention, supra note 36, art. 16. Note, however, that Common Article 3 of the Geneva Conventions does prohibit "outrages upon personal dignity, in particular, humiliating and degrading treatment," which presumably includes acts such as forcing detainees to perform dog tricks while wearing a leash. See Schmidt Report, supra note 20. As discussed above, customary international law would certainly apply Common Article 3 to Taliban and Iraqi detainees. See supra note 29. Common Article 3, which covers "armed conflict not of an international character," arguably applies to suspected al-Qaeda members as well, if the term "not of an international character" is understood to refer to armed conflict not between states. Justice Department lawyers John Yoo and Robert Delahunty argued that Common Article 3 covers only civil wars fought primarily within the territory of a state, as opposed to conflicts between a state and a transnational terrorist organization. See Memorandum from John Yoo, Deputy Assistant Attorney General, & Robert J. Delahunty, Special Counsel, to William J. Haynes II, Dep't of Def. General Counsel （Jan. 9, 2002）, in The Torture Papers, supra note 1, at 38, 44 – 45. In response, international legal scholars have cited the authoritative commentary to the Geneva Conventions, which supports a broader reading. Under this more expansive interpretation, a non-international armed conflict excludes only "mere act [s] of banditry or…unorganized and short-lived insurrection [s]." See Jinks, supra note 32, at 24 [quoting I COMMENTARY ON GENEVA CONVENTION 50 （Jean S. Pictet ed., 1952）（alterations in original）].

一种"行为……特别旨在造成严重的身体或精神痛苦或折磨"，[①] 而严重痛苦和折磨被进一步定义为由所列举的若干行为造成的长期伤害。[②] 通过关注特定的意图要求和严重痛苦或折磨的要素，律师对酷刑做出了一个令人难以置信的限制性定义："受害者必须经历剧烈的、相当于严重的人身伤害所带来的疼痛或痛苦，严重到可能导致死亡、器官衰竭，或导致引起身体重要功能丧失的永久性损伤。"[③] 尽管法律语言的明确含义与此相反，但用香烟烧被拘留者，对他们的生殖器进行电击，用手腕绞他们，将他们浸在水中模拟溺水，殴打他们，以及对他们进行性羞辱，在这个定义下都不会被视为"酷刑"。

律师们从一个不太可能的来源（即为获得医疗福利而定义"紧急状况"的几项联邦法规），获得了对这一狭义定义的支持。[④] 这些法规不仅与酷刑毫无关系，而且法律文本也表明，司法部法律顾问办公室的律师把解释弄反了。例如，一项法规将紧急状况定义为：

> 表现出足够严重的急性症状（包括剧痛），以至于一个谨慎的外行……有理由认为没有及时的医疗护理会导致……（ii）身体功能严重受损，或（iii）任何或部分身体器官出现严重功能障碍。[⑤]

该法规显然没有就器官衰竭或功能障碍对严重疼痛做出定义，但它将剧烈疼痛作为包括器官衰竭或功能障碍在内的多种症状之一，这可能会让谨慎的外行合理地得出一个结论：此人需要立即就医。[⑥] 认真适用普通含义规则的律师不能善意地得出结论：严重疼痛仅限于导致器官衰竭或功能障碍的情况。[⑦] 律师们还淡化了在更类似背景下发生的案件，比如《酷刑受害者保护

075

---

① 18 U. S. C. § 2340（1）（2000）.

② Id. § 2340（2）.

③ Aug. 1 OLC Memo, supra note 1, at 183.

④ Id. at 176.

⑤ See, e. g., 42 U. S. C. § 1395w-22（d）（3）（B）（2000）.

⑥ The Justice Department later reconsidered its interpretation and, tucked away in a footnote, admitted that the health care statutes "do not … provide a proper guide for interpreting 'severe pain' in the very different context of the prohibition against torture." See Superseding Memorandum, supra note 5, at 8 n. 17.

⑦ See, e. g., *Bailey v. United States*, 516 U. S. 137, 144 – 45（1995）（stating the "plain meaning" rule, which is that courts must assign ordinary meaning to statutory language whenever such meaning is clear）.

法》（TVPA）。① 《酷刑受害者保护法》也将酷刑定义为剧烈疼痛和痛苦，并产生了大量解释严重性标准的判例法。② 该备忘录确实援引了《酷刑受害者保护法》，但也在强调存在这样的案例，它们倾向于表明严重疼痛可以由不一定导致永久性器官衰竭或功能障碍的行为引起。③ 例如，在根据《酷刑受害者保护法》提出的一个案例中，波斯尼亚的塞尔维亚人（Bosnian Serbs）关押的一名前囚犯的律师坚持认为，这一情节构成酷刑，只是因为所有这些行为一起造成了严重的疼痛和痛苦。④ 其他案例表明，法院愿意将个人行为视为酷刑；然而，司法部法律顾问办公室的律师把这些案例藏在了备忘录的附录中。⑤ 这是司法部法律顾问办公室律师的典型分析模式，即依靠形式主义和狭隘的法律规则结构，脱离上下文和其他意义来源。

如果存在什么区别的话，那就是司法部法律顾问办公室律师在分析因违反执行《禁止酷刑公约》的联邦法律而受到刑事起诉的可用抗辩方面做得更糟。⑥ 根据国际人道主义法领域适用的具体解释原则和普通刑法标准，备忘录的结论——标准的刑法对必要性的辩护可以为原本被禁止的酷刑提供正当理由——都不成立。一方面，《禁止酷刑公约》本身包含一项明确的不可克减条款（nonderogation provision），其中规定："任何例外情况，不论是战争状态……还是任何其他公共紧急状态，都不得作为实施酷刑的正当理由。"⑦ 这一规定完全符合禁止酷刑的国际法，这是对一些国家试

---

① 28 U. S. C. § 1350 (2000).

② See, e. g., *Hilao v. Estate of Marcos*, 103 F. 3d 789, 790 – 93 (9th Cir. 1996) (finding torture where the victim was subjected to beatings, electric shocks, sleep deprivation, and extended solitary confinement); *Cicippio v. Islamic Republic of Iran*, 18 F. Supp. 2d 62, 64 – 66, 68 (D. D. C. 1998) (concluding that beatings, threats of death, and playing Russian roulette can constitute torture).

③ See Aug. 1 OLC Memo, supra note 1, at 191 – 96.

④ Id. at 193 [citing *Mehinovic v. Vuckovic*, 198 F. Supp. 2d 1322 (N. D. Ga. 2002)].

⑤ See id. at 214 – 17.

⑥ See id. at 207 – 213.

⑦ Torture Convention, supra note 36, art. 2 (2). The nonderogation provision does not apply to "other forms of cruel, inhuman or degrading treatment." Id. art. 16 (1). Although the August 1, 2002 memo does not make this point perfectly clear, part of the motivation for defining torture narrowly, and then making a case for the justification of necessity, might be to come within the safe harbor of justified cruel, inhuman, or degrading treatment. Common Article 1 of the Geneva Conventions, however, is commonly understood as creating gap-free coverage in all circumstances of armed conflict, and as making the Geneva Conventions nonderogable even in cases of alleged necessity. See Paust, supra note 2, at 814 – 15. Thus, the small coverage gap in the Torture Convention is irrelevant to the question of whether norms of international humanitarian law generally preclude inhuman, degrading, or humiliating treatment.

图通过定义一类犯罪例外（crimen exceptum）来为酷刑辩护的反应，这些犯罪对社会危害极大，对这些犯罪采取非常措施来调查和起诉应当得到允许。① 根据国际反酷刑法的设计，备忘录中贯穿的尝试（以及政府对新范式的普遍说辞）完全是离题的。禁止酷刑的不可克减性是对司法部法律顾问办公室立场的明确拒绝。具有讽刺意味的是，有一个似是而非的观点认为，尽管存在国家禁止酷刑的不可克减性，② 但国内刑法中仍可保留必要性为个人辩护，然而律师未能做到这一点。

至于有关必要性的国内刑法，备忘录中没有任何地方承认在极其罕见的情况下可以成功地援引必要性作为辩护。③ 达德利（Dudley）和斯蒂文斯（Stevens）因杀害并吃了机舱服务员理查德·帕克（Richard Parker）而被判处死刑，④ 一篇刑法论文引用了许多同样拒绝必要性辩护的案例。⑤ 不过，人们可以想象，在某些情况下，法院可能将援引必要性来为原本属于犯罪的行为辩护。假设一名空军指挥官正在与一架 F-16 战斗机的飞行员通话，该战斗机拦截了一架严重偏离航线的民航客机，并多次试图通过无线电与之联系，但都没有得到答复。如果指挥官确信这架飞机是美国航空公司 11 号航班，由穆罕默德·阿塔（Mohammed Atta）控制，前往世贸中心的北塔，⑥ 很难想象法院会不允许这名军官在因下令破坏飞机而遭到起诉时做出必要性辩护⑦（也许更难以想象的是，检察官行使自由裁量权来指控指挥官）。

然而，这份备忘录的分析是如此模糊和开放，以至于很难找到合乎逻辑的终点。作者似乎想到了一个像空军指挥官这样的案例，但他们的分析并不局限于这个案例。相反，通过松散而笼统地谈论必要性，他们会让审讯者认为自己的行为可能是正当的。这里不是严格的法律上的错误；司法部法律顾问办公室律师承认道德考量（比如损害平衡）与解释法律有关。

---

① See Peters, supra note 27, at 6; see also Paola Gaeta, "May Necessity Be Available as a Defence for Torture in the Interrogation of Suspected Terrorists?," 2 J. *INT'L CRIM. JUST.* 785, 787 (2004).

② Gaeta, supra note 53, at 789–90.

③ See Aug. 1 OLC Memo, supra note 1, at 298 ("making the conclusory assertion that. under the current circumstances the necessity defense could be successfully maintained").

④ R. V. Dudley, 14 Q. B. D. 273, 287–88 (1884). See generally A. W. Brian Simpson, Cannibalism and the Common Law (1984).

⑤ WAYNE R. LAFAVE, CRIMINAL LAW § 5.4 (c), at 479–81 (3d ed. 2000).

⑥ For what we know in hindsight about the flight of American 11, see The 9/11 Commission Report: Final Report of the National Commission on Terrorist Attacks Upon the United States 1–2, 4–7, 18–21, 32 (2004).

⑦ See Michael S. Moore, "Torture and the Balance of Evils," 23 *ISR. L. REV.* 280, 333 (1989).

相反，这种推理的错误在于，不小心将定时炸弹的假设扩展应用到了调查人员实际面对的更为平凡的场景，在这些场景中，没有任何事实表明，某一特定被羁押者很可能掌握了关键的时间信息。

司法部的替代备忘录修改了政府律师许多存在缺陷的立场，尽管它以一种复杂的方式拒绝了在这一法律理论上让步，即总统作为总司令拥有中止国际法义务的法律权力，而且立法和司法部门无权干预。① 乐观主义者

① See Superseding Memorandum, supra note 5, at 2. The Superseding Memorandum calls the discussion of separation of powers in the August 1, 2002 memo "unnecessary" in light of "the President's unequivocal directive that United States personnel not engage in torture." See id. Actually, the President's official directive, as opposed to the public statement cited in the memo, applies only to military personnel. See Feb. 7, 2002 Bush Memorandum, supra note 8, at 135. This distinction leaves open the possibility that the administration anticipates using executive power to resist investigation or prosecution of CIA officials for violations including torture, rendition, and disappearances (detainees who suffer the latter are referred to as "ghost detainees"). Rendition-i. e., the transfer of protected detainees to another country-likely plays a substantial role in the administration's attempts to extract information from detainees. See, e. g., Don Van Natta Jr., "U. S. Recruits a Rough Ally To Be a Jailer," *N. Y. TIMES*, May 1, 2005, at Al. The administration's rendition of detainees to countries that are less hesitant to use torture, and thus more likely to get detainees to talk, has long been an open secret. Press reports of a secret rendition program have relied on detainees' accounts of being captured and flown to countries like Afghanistan, Syria, and Egypt, as well as the flight logs of two airplanes-a Gulfstream business jet and a 737 airliner-whose registrations had been altered, and whose flight plans accorded perfectly with the detainees' accounts. See, e. g., id. ; Michael Hirsh et al., "Aboard Air CIA," *NEWSWEEK*, Feb. 28, 2005, at 32; Dana Priest, "Jet Is an Open Secret in Terror War," *WASH. POST*, Dec. 27, 2004, at Al; Scott Shane, "Detainee's Suit Gains Support from Jet 's Log," *N. Y. TIMES*, Mar. 30, 2005, at Al. Effectively confirming these reports, an American official was quoted in the *Washington Post* as saying, "We don't kick the shit out of [suspected terrorists]. We send them to other countries so that they can kick the shit out of them." Dana Priest & Barton Gellman, "U. S. Decries Abuse but Defends Interrogations," *WASH. POST*, Dec. 26, 2002, at Al. Subsequent news reports indicate that President Bush signed a secret directive permitting the CIA to transfer detainees to countries with notoriously lax scruples against torture. See Douglas Jehl & David Johnston, "Rule Change Lets C. I. A. Freely Send Suspects Abroad," *N. Y. TIMES*, Mar. 6, 2005, at Al. Presumably, this secret directive relies on the President's alleged authority as Commander-in-Chief to suspend American treaty obligations, which would otherwise prohibit rendition.
Rendition is prohibited by the Fourth Geneva Convention regardless of the motive for the transfer. See Geneva IV, supra note 29, art. 49. The Torture Convention prohibits rendition if there are substantial grounds for believing that the person is in danger of being subjected to torture. See Torture Convention, supra note 36, art. 3. The Senate's ratification of the Torture Convention was made conditional on the understanding that the term "substantial grounds" in Article 3 is equivalent to a "more likely than not" standard. See U. S. Reservations, "Declarations, and Understandings to the Convention Against Torture," 136 *CONG. REC.* S17486 – 01 (daily ed. Oct. 27, 1990), available at the University of Minnesota Human Rights Library http://wwwl. （转下页注）

可能会把这一发展视为法治的一个微小胜利。稍微有点愤世嫉俗的解释是，政府之所以让步，只是因为其推理过程受到公众监督。当然，没有人能确切知道，但如果2002年8月1日备忘录的作者知道他们会被要求公开为自己的分析辩护，那么他们可能会以一种非常不同的方式起草这份备忘录。这种可能性倾向于证明我的观点是正确的，即律师在为客户提供咨询时的法律责任，应该从一个公正的观察者假设的立场来理解。

　　提出创造性论点不一定是错的，只要它们被清楚地识别出来，并坦率地指出弱点和用来反驳的论点。但是，如果一个人不能在公正、受人尊敬的律师或法官面前以某种程度的自豪感和满足感做出解释，那就是一种错误的解释。律师如果在对这种法律解读的基础上提出建议或组织交易，就违反了其对法律的忠实义务。此外，如果一名律师没有将具有创造性和攻击性的论点作为自己的标志，那么他就违反了对客户的诚信义务，因为他提供了所谓的中性建议，却没有说明律师的解释可能无法准确代表所适用的法律。正如以下章节的法理论证所表明的那样，这就是政府的律师在酷刑问题上的建议受到道德批评的原因。

第二章　尊重法律的道德理由

第一节　法律的权威

有些人可能会反对，这一论点是错误的发展趋势——回避道德问题或

（接上页注①）umn. edu/humanrts/usdocs/tortres. html.

Note that even subject to the Senate's understandings, the Torture Convention standard is not "knowledge" that the person will be subject to torture, so U. S. authorities cannot turn a blind eye to the human rights records of the countries to which they render detainees. The administration apparently believes, however, that if a destination country verbally assures the administration that the detainee will not be tortured, it is "more likely than not" that the country-no matter how poor its human rights record-will not torture the detainee. See Dana Priest, "CIA's Assurances on Transferred Suspects Doubted: Prisoners Say Countries Break No-Torture Pledges," *WASH. POST*, Mar. 17, 2005, at Al. Given the well-documented human rights abuses in many transferee countries, these verbal assurances may be a sham. An Arab diplomat likened the process to "[d] on't ask, don't tell," and even one CIA officer admitted the assurances are "a farce." Id. As a matter of domestic law, rendition to a country in which there are substantial grounds for believing that the person will be subject to torture is against government policy. See Foreign Affairs Reform and Restructuring Act of 1998, Pub. L. No. 105 – 277, § 2242 (a), 112 Stat. 2681 – 761, 2681 –822 (1998). This policy statement is backed up by regulations prohibiting the removal of an alien to a country in which it is more likely than not that the alien will be subject to torture. See 8 C. F. R. § 208. 18 (2005).

者试图通过将酷刑当作另一个法理学难题来淡化酷刑的恐怖。对于关塔那摩湾和阿布格莱布监狱的酷刑指控，难道不应该以最强烈的言辞谴责酷刑，称其为严重的道德罪恶吗？当然，在以下这种情况下，对禁止酷刑的法律解析进行猜测是狭隘甚至是迟钝的：

> 我们生活在这样的时代，如果这样做能拯救我们的皮肤，保护我们的孩子，促进我们的安全，那么，用电流电击囚犯的生殖器，拔掉他的指甲，或者把他关在笼子里，蒙住他的眼睛好几天，这些都不再令人憎恶。①

看来，我们最应该做的事情就是阻止酷刑合法化或正规化，而不是努力废除酷刑。但是，不仅仅是在"9·11"恐怖袭击之后，有思想的人坚持认为在某些情况下酷刑可能是一种较小的罪恶，② 或者在危险时刻进行政治领导有时意味着采取一般道德所不能接受的某种程度冷酷无情的措施。③ 另一方面，一些国家在面对"9·11"规模的危机时没有诉诸酷刑。例如，英国当局在二战期间拒绝对一名顽固的囚犯实施酷刑，尽管当时英国仍在遭受恐怖轰炸（当时他们称之为"战略"轰炸），那次轰炸造成42000 名平民死亡。④ 同样，即使在恐怖袭击中有数百名以色列平民丧生，以色列高等法院也禁止其国家安全部门使用强制性技术，如施加压力的姿

---

① Ariel Dorfman, "Foreword: The Tyranny of Torture: Is Torture Inevitable in Our Century and Beyond?," in *Torture: A Collection* 3, 5 (Sanford Levinson ed. , 2004).

② See, e. g. , IGNATIEFF, supra note 27, at 20.

③ See generally, e. g. , Thomas Nagel, "Ruthlessness in Public Life," in *Mortal Questions* 75 (1979); Michael Walzer, "Political Action: The Problem of Dirty Hands," 2 *PHIL. & PUB. AFF.* 160 (1973). In opinion journals and scholarly articles, Judge Posner has expressed the view that no one should be in a position of public responsibility who doubts that in certain extreme cases torture would be permissible. See Richard A. Posner, "The Best Offense," *NEW REPUBLIC*, Sept. 2, 2002, at 30 [hereinafter Posner, Best Offense]; Richard A. Posner, "Torture, Terrorism, and Interrogation," in *Torture: A Collection*, supra note 61, at 291, 295. Officials concerned with maintaining their own moral purity might "keep their hands clean at the expense of the good, perhaps even the survival, of the rest of us." Dennis F. Thompson, Political Ethics and Public Office 13 (1987).

④ See James Meek, *Nobody Is Talking*, GUARDIAN (U. K.), Feb. 18, 2005, at 2 (book review); see also A. W. Brian Simpson, *In the Highest Degree Odious: Detention Without Trial in Wartime Britain* (1992) (reviewing the history of the British gove-rnment's detention of "enemy aliens," and considering the case as an instance of the problem of a liberal democracy confronted by a grave threat to its security).

势和高强度音乐，来轰击被羁押者。①

进一步的不确定性产生了，考虑到国际和国内法律中禁止酷刑的规定，不仅要对"酷刑"这个词下定义，还要使其区别于"轻酷刑"这种残忍或有辱人格的待遇，②或者道德上允许、让被拘留者感到不舒服或焦虑的审讯手段。③也许在足够危险的时候，需要采取尊重国际人道主义法的政治行动，但仍然允许使用某些激进的审讯手段，特别是对可能处于恐怖主义网络高层的被拘留者。相反，我们可以想象以色列法院的判决，安全部队不能使用酷刑，但给犯罪嫌疑人戴头罩或强迫他们做出不舒服的姿势并不构成酷刑。有人可能不同意这个判决，但它似乎是在一个道德上比较敏感的人在适当情况下可能支持的信念范围内。同样，这里的相关道德是担任公职的伦理，受托保护公民的安全。我们有充分的理由相信，在这个领域的行为是正当的，而在这个制度之外的个人行为是不被允许的。④

考虑到这些规范性问题，至少在某些情况下，理性的人可能会善意地对抓获恐怖嫌疑分子（他们可能拥有可以用来防止成千上万无辜者被谋杀的信息）时的道德行为产生分歧。⑤虽然我们可以就这些案件进行谨慎而富有成效的辩论，但事实仍然是，对当地的执法和情报官员来说，获得切

---

① H. C. 5100/94 Public Comm. *Against Torture v. Israel*［1999］ISRSC 53（4）817, 845. Although it is impossible to compare evils quantitatively, it is worth observing that the deaths of 121 Israeli civilians during an eighteen-month period of the Intifada represents a per capita casualty rate that exceeds the approximately 2, 700 civilian deaths in the attack on the World Trade Center by about twenty-five percent. See Peter Beaumont, "Hamas Threat over Killing of Key Bomber," GUARDIAN（U. K.）, July 2, 2002, available at http://www. uardian. co. uk/israel/Story/0, 2763, 747642, 00. html; CBS News, "Poor Info Hindered 9/11 Rescue"（CBS television broadcast May 18, 2004）, available at http://www. cbsnews. com/stories/2004/05/18/terror/ main 618174. shtml. The comparison is meant to suggest only that, even if the 9/11 attacks are regarded as some kind of normative "moment," other nations facing comparable watershed moments have reached different conclusions regarding the permissibility of torture.

② This term is used by Alan Dershowitz and others in reference to practices employed by American interrogators at Abu Ghraib and GuantAnamo. See Alan M. Dershowitz, "Tortured Reasoning," in *Torture: A Collection*, supra note 61, at 257, 264.

③ IGNATIEFF, supra note 27, at 20.

④ See Bernard Williams, "Politics and Moral Character," in *Moral Luck: Philosophical Papers 1973 – 1980* 54（1981）.

⑤ The question here arises in the context of what Henry Shue calls "interrogational" torture-that is, torture aimed at extracting information, as opposed to punishing the prisoner, obtaining a confession, or intimidating political opponents of the regime. See Henry Shue, "Torture," 7 *PHIL. & PUB. AFF.* 124, 133 – 35（1978）.

实的指导至关重要。① 仅仅抽象地说酷刑是对人权的严重侵犯，或者说酷刑是国际法中的一项强制法规范（即被认为具有普遍约束力且不可背离的强制性规范），是远远不够的。② 军事和平民审讯人员都需要知道所涉及的技术，比如长时间让被羁押者保持清醒或者强迫他们以不舒服的姿势站立，是否构成被禁止的"酷刑"。他们不能仅仅通过道德推理来回答这些问题，因为这种推理会产生不确定的结果。因此，对这一规范性争议的临时解决产生了共同的需求。法律为解决规范冲突提供了公平的手段，因此它有权受到公民、官员和律师的尊重。它使所有公民能够至少就共同的行动方针达成临时协议，尽管长期存在严重的道德分歧。换句话说，法律是"在现代社会中控制社会冲突的一种非乌托邦式的社会结构"。③

来自约瑟夫·拉兹（Joseph Raz）的一个例子可能有助于说明临时解决的需要如何能产生一个理由，认为一项指令对实践推理领域具有权威性。④ 假设两家商业公司对一方是否履行了合同义务发生了纠纷，⑤ 双方都认为一切理由都对自己有利，但它们的谈判陷入了僵局。为了继续保持有价值的商业关系，双方需要最终解决暂时中止交易的纠纷。由于无法解决它们之间的争端，它们同意将问题提交给裁判者。通过同意由裁判者裁决争议，双方同意裁判者的决定将取代他们之前的任何理由，并将为采取行动创造一个具有约束力的新理由，不管双方在做出决定前的信念如何。⑥ 他们这样做是因为公平地解决争端符合它们的共同利益，而且它们自己无法做到这一点。法律权威干预的需要，使它们能够继续进行互利的交易。

---

① See Albert R. Jonsen & Stephen Toulmin, *The Abuse of Casuistry. A History of Moral Reasoning* 306 (1988) ("The moral problems faced by agents in marginal and ambiguous situations always take them beyond the reach of universal principles and general theories …."); Henry S. Richardson, *Practical Reasoning About Final Ends* 271–79 (1994).

② See Restatement (third) of Foreign Relations Law of the United States § 102 cmt. k (1987). Jus cogens norms cannot be affected by treaties (or, a fortiori, reservations taken thereto). See id. § 331 cmt. e. For U. S. court decisions stating that the prohibition on torture is *jus cogens*, see, e. g., *Doe I v. Unocal Corp.*, 395 F. 3d 932, 945 (9th Cir. 2002); *Kadic v. Karad_ice*, 70 F. 3d 232, 243 (2d Cir. 1995); *In re Estate of Ferdinand Marcos, Human Rights Litig.*, 25 F. 3d 1467, 1475 (9th Cir. 1994); *Presbyterian Church of Sudan v. Talisman Energy, Inc.*, 244 F. Supp. 2d 289, 305–06 (S. D. N. Y. 2003).

③ Geoffrey C. Hazard, Jr. & Angelo Dondi, *Legal Ethics: A Comparative Study* 5 (2004).

④ See Joseph Raz, *The Morality of Freedom* 41–42 (1986) [hereinafter Raz, Morality of Freedom].

⑤ See id.

⑥ See id. at 42.

这一权威理论的一个重要观点是，裁判者的判决取代了当事人在权威指令发布之前的理由，但它并不凌驾于他们的意志之上或以任何方式强迫他们。① 理由并不像人们所想的那样是双方都同意了。相反，各方的同意本身有一个更深层次的理由——各方希望打破僵局，解决阻碍双方互利合作的冲突。双方在共同努力、公平解决分歧方面有着共同的利益。这是促使他们同意仲裁程序的理由，也是裁决者的决定具有约束力的基础。这项决定基于已经适用于各方的理由，即合作的愿望。② 同时，理由独立于当事人的信念，即每一方都同意遵守裁决者的决定，即使该决定对其不利，即使当事人坚信他应在仲裁中获胜。③ 巧妙的是，这种权威的概念建立在双方拥有的一套理由（即合作的愿望）之上，而不是取决于双方不同意的理由。

法律作为一种社会制度，可以从拉兹的裁决者例子中概括出来。④ 它源于个人需要共同决定一个行动方案（称之为 A 或 B），尽管一些公民群体在追求 A 或 B 方面存在分歧。很自然，有些利益可以严格地私下获得，因此一个公民可以追求 A，而另一个公民可以追求 B。然而，许多利益（比如医疗、教育以及安全和财产的保护）只有与他人合作才可以实现。因此，每个人都有兴趣与社会其他成员合作，以满足其对这些利益的欲望。⑤ 分歧会威胁到这个共同的项目，因为它会使合作活动陷入争议之中，无论是在要达到的目的上还是在应该采用的手段上。在一个常见的场景中，一个公民对 A 的追求会干扰另一个公民对 B 的追求，这两个项目之间会产生冲突。例如，如果两个公民是邻居，其中一个有水泥厂（A），另一个有农场（B），而水泥厂和农场相互干扰。⑥ 如果这两个人想继续他们的农业和水泥生产活动，必须协调他们的权利主张。或者，可以同意共同承担一个具有 A 或 B 特征的项目。例如，每个人都可能同意关于合作

---

① See id.

② Raz calls this the "dependence thesis." See id. at 47.

③ See id. at 38 – 39.

④ Raz himself does not believe that this justification of authority can be used to support a general obligation to obey the law, even in a basically just society. In his view, governments have limited technical expertise-and no moral expertise-so citizens do not do better at realizing their prepolitical interests by deferring to government directives, except in certain cases. See id. at 78. My argument should therefore be understood as one based on Raz's, but which goes beyond what Raz would accept.

⑤ See John Finnis, *Natural Law and Natural Rights* 149, 154 – 56, 231 – 33, 248 – 51 (1980).

⑥ *Cf Boomer v. At. Cement Co.*, 257 N. E. 2d 870, 877 (N. Y. 1970) (enjoining "the defendant cement company from continuing the discharge of dust particles upon its neighbors' properties unless, within 18 months, the cement company abated this nuisance").

发展能源和管制自然资源使用的政策，但在强调保护（A）还是开发新资源（B）上存在分歧。在 A 和 B 之间的选择上陷入瘫痪会威胁到所有人的共同利益，因此，公民都有兴趣解决 A 和 B 之间的分歧，并继续他们的能源消耗活动。

在许多情况下，公民可能会合理地得出 A 和 B 都符合道德要求这一结论。对于这种情况存在几种解释。首先，在广泛认同的规范性信念背景下，A 和 B 之间的选择可能在很大程度上是一种经验选择。① 例如，人们可能普遍同意减少贫困是可取的，但在自由市场或以国家为基础的解决方案是否更有效地减少贫困方面存在合理的分歧。其次，我们存在于适度匮乏和有限仁慈的条件下——休谟称之为"正义的环境"。② 在正义的环境中，个人会在一定程度上关心他人的限制下，寻求最大程度地满足自己的利益。这种斗争的结果是公民之间在利益分配方面的冲突。再次，由于道德的多元性，A 和 B 可能是不相容但合理的选项。也许我们的道德观念不是一个统一整体的一部分，而是各种宗教和世俗传统的碎片，这些传统在历史上启发了我们对价值和品格问题的思考。③ 即使系谱不能解释多元主义，但人类的利益、能力、综合观点、表面上的义务或所拥有的东西可能存在多样性，而且没有更高层次的主价值可以用来在这些基本价值单位之间确定排名或优先次序。④ 最后，人们可能会认为，没有一个普遍有效的立场来进行规范性评价。⑤ 无论我们分歧的根源是什么，政治哲学中的认识论谦逊可能会支持一种程序伦理，在这种伦理中，政府官员会遵从解决规范冲突的公平程序所带来的结果。⑥

重要的是，仅仅是协商和辩论并不能决定应该做 A 还是应该做 B。此外，这些条件意味着，许多规范性分歧是出于善意；人们并不是简单地在

---

① See Jeremy Waldron, *Law and Disagreement* 176 – 80 （1999）.

② See Amy Gutmann & Dennis Thompson, *Democracy and Disagreement* 21 – 23 （1996）.

③ See generally Alasdair Macintyre, *After Virtue* (2d ed. 1984)；Jeffrey Stout, *Ethics After Babel*：*The Languages of Morals and Their Discontents* （1988）.

④ See, e. g., William A. Galston, *Liberal Pluralism* 5 – 6, 28 – 35 （2002）；W. D. Ross, *The Right and the Good* 19 – 47 （1930）；Isaiah Berlin, "The Pursuit of the Ideal," *The Crooked Timber of Humanity* 1, 1 （Henry Hardy ed., 1991）；Thomas Nagel, "The Fragnentation of Value," *Mortal Questions* 128, 128 – 41 （1979）.

⑤ For a sophisticated version of this argument, see Nicholas Rescher, *Pluralism*：*Against the Demand for Consensus* 76 – 78 （1993）.

⑥ See Waldron, supra note 82, at 175. Geoffrey Miller argues that "an agency attorney acts unethically when she substitutes her individual moral judgment for that of a political process which is generally accepted as legitimate." See Miller, supra note 9, at 1294.

公共领域中为自己攫取最大的一块蛋糕（尽管这种情况当然会发生），而是常常被这样一种信念所驱使，即他们所提出的社会秩序规则最有可能使社会福利最大化。于是产生了这样一个问题：考虑到人们可以合理地不同意社会生活应采用的规则，并且每个人对规则的看法都应得到尊重，任何人的观点都不应被任意地给予更多重视，应该建立什么样的监管机制，才能使人们和平地生活在一起，同时促进实现人类基本利益或能力所需的合作？这种机制对于实现我所说的道德分歧的实质性解决是必要的，我所说的不仅是结束争端，而且是建立一个足够厚的规范性框架作为评价的基础。

法律具有合法权威的主张认为，公民应当将法律指令视为行动理由，而不应当对实施法律要求的行动或不做法律禁止事情的容许性进行全面的道德评估。[1] 公民所做的不仅仅是默许他们服从的要求，他们认为自己是被正当要求服从的。这与权威的认知概念不同，在此概念中权威的指示产生了一个合理的信念，即一个人应该执行命令。[2] 专家的建议具有公认的权威，因为专家的建议不影响行动理由的基本平衡。例如，医生可能会告诉他的病人应该戒烟，因为这样会对健康更好。停止吸烟的指示并没有改变病人在咨询医生之前采取行动的理由——他一直想改善健康，但为了变得更健康，他征询了医生的建议。相比之下，法律指令确实通过取代代理人先前可能采取行动的理由，改变了潜在理由的平衡。

在一个民主国家中，实现纠纷解决的这一进程必须考虑到平等的基本价值，且必须承认，在决定社会合作的共同规则方面，任何公民的意见都不应比其他公民的更重要。因此，重点在于找到解决规范性分歧的公平程序，而不一定是找到正确答案。在一个多元化的社会中，诸如法律的公正性、保护个人权利或对法律制度的"最佳建设性解释"[3] 等实质性标准都是极具争议性的，难以作为合法性的标准。此外，对立法的公共选择批判表明，立法机构审议的结果与为公众利益而制定的法律毫无相似之处，而是利益集团之间争斗的战利品。[4] 然而，人们可能会担心，即使是像公平

---

① See Raz, *Morality of Freedom*, supra note 73, at 27 – 29.

② See id. at 29.

③ See Ronald Dworkin, *Law's Empire* 228, 230, 255 (1985).

④ See, e. g., Jonathan R. Macey, "Promoting Public-Regarding Legislation Through Statutory Interpretation: An Interest Group Model," 86 *COLUM. L. REV.* 223, 223 (1986) ("Too often the [political] process seems to serve only the purely private interests of special interest groups at the expense of the broader public interests it was ostensibly designed to serve"); William N. Eskridge, Jr., "The Circumstances of Politics and the Application of Statutes," 100 *COLUM. L. REV.* 558, 568 – 69 (2000) (book review).

和代表性这样的程序标准，在一个多元社会中也像实质性正义标准一样是有争议的。

我在立法机构实际发生的事情上并不天真，而且就制定合理、有公益精神的法律而言，立法过程实际上是"正确的"，这不属于我关于支持法律权威的论点。① 正如我在其他地方所说，程序公正的标准需要的只是被满足，而不是被优化。② 这意味着接受一定数量的利益集团寻租行为、金钱对竞选活动的影响，以及由此产生的相互勾结和妥协。在一个大规模、复杂、多元化和分散的社会中，人们似乎不可避免地会依赖间接机制（如利益集团和出于政治动机的捐款）来表达对立法的偏好。反过来，这些过程也容易受到某种程度的腐败的影响，但如果认为我们可以完全消除腐败那就错了。在某种程度上，这个过程可能会变得如此腐朽，以至于它本质上是一种盗贼统治。在这种情况下，公民可能有理由得出结论认为，通过法律进行自治已不再有助于其发挥社会职能，即至少在最低程度上尊重个人所持的相互竞争的立场，从而暂时解决规范性分歧。然而，为避免规范冲突的解决过程因程序公平的规范冲突而受损，必须将认定法律程序不合法的门槛定得较高。

围绕公共选择辩论的一种方法可能是，想象一种理想化的协商情况，在这种情况下，一群人面对合作的需要以实现某种集体目标，但在道德方面存在分歧，要么是关于目标本身，要么是关于实现目标的方法。如果这里所提供的法律权威图景在程式化的设定中是可信的，那么我们至少可以在原则上接受这种权威模式，然后关注在多大程度上可以容忍这些理想程序的偏差。考虑到这一点，我们用下面的寓言来说明这种分歧是如何产生的，以及法律是如何为规范冲突提供临时解决方案的。

第二节　平庸的故事

为了说明法律权威的概念如何在管理诸如酷刑等道德上有问题行为的法律环境中发挥作用，我们可以讲述一个关于法律如何演变的虚构故事。

---

① This project belongs to the realm of nonideal political theory, which does not assume general compliance with moral norms but instead asks what a given person or institution should do in light of the failure of others to do what they are required to do. See Liam Murphy, *Moral Demands in Nonideal Theory* (2000); John Rawls, *A Theory of Justice* 2, 11, 26, 39, 46, 53 – 59 (1971).

② Wendel, *Obedience*, supra note 13, at 410.

这不是一个关于"看不见的手"的解释；我并不是说法律实际上已经以这种方式发展。相反，这个故事更像是寓言，类似于经济学教科书中用来说明货币或银行体系发展的故事。它解释了法律的权威不是因为它的历史渊源，而是基于它的规范吸引力。故事是这样的：想象一小群人联合起来组成了一个相互保护的协会——一种诺齐克式（Nozickean）的最低限度的国家。① 该协会的目的是规制某些领土边界内的武力使用，并保障居住在该领土内人民的权利。从某种意义上说，该国家是最小的，因为它的目标是尽可能地避免干预公民的自由。因为最低限度国家的公民尊重人权和自治权，他们首先关心的是避免一群公民的强迫，这些公民赞同一套特殊的价值，恰好有机会使用国家权力杠杆。

我们从最低限度国家的底线开始，作为对哲学无政府主义挑战的回应。哲学无政府主义源于康德的人性理论，在该理论中，人从根本上是自主的，有责任对应该如何行动做出道德判断。② 当国家要求人们做某件事或不做某件事时，它就干涉了自主权——思考、决策和为自己的行为负责的道德权利。虽然无政府主义者不愿意承认国家在大多数情况下有统治的道德权利，但如果有可能建立一个比无政府状态更好的最低限度国家，那么人们将有理由认为该国的要求是合法的。最低限度国家有时被称为"守夜人"（nightwatchman）国家，它对所有公民某些共同的基本要求作出回应，最主要的是保护公民免遭同胞或国家管辖范围外的人的暴力侵害。③

在我们最低限度国家的边界内出现了一个问题。一个神秘跨国运动的特工已经渗透进来，他们的目标是推翻政府，并承诺使用一切可能的手段发动这场战争，包括杀害平民。有渗透嫌疑的人偶尔会被抓获，这就增加了他们泄露用以防止未来攻击的信息的可能性。④ 嫌犯们狂热地致力于他们的事业，并已被证明对用来引出信息的传统心理

---

① See Robert Nozick, *Anarchy, State, and Utopia* 88－119（1974）.

② See R. P. Wolff, "The Conflict Between Authority and Autonomy," *Authority* 20－30（Joseph Raz ed., 1990）.

③ Nozick, supra note 94, at 26－27.

④ As discussed previously, the questions to the OLC about the extent of legal restrictions on torture were prompted by a similar situation: CIA investigators interrogating AbuZubaida, a high-ranking al-Qaeda member, were unable to break his resistance; thus, they asked whether they could step up the level of coercion and use tactics like "waterboarding," which makes its subjects feel like they are drowning. See supra notes 18－21 and accompanying text.

手段有抵抗力，比如承诺宽大处理以换取合作或者红脸白脸手段（good-cop-bad-cop routines）。因此，一些有经验的审讯者怀疑"压力和胁迫技巧"是否会起到有限的作用，例如强迫囚犯以尴尬的姿势站立数小时，剥夺他们的睡眠，蒙住他们，或用灯光、声音轰击他们。这些技巧是否被允许的问题，一直被安全部门的官员们所讨论，他们对正确答案产生了分歧。① 所有人都同意，威胁是真实存在的，一些被羁押者可能了解有价值的信息，国家在自卫的努力中不应放弃对尊重人权和自治的承诺，而且至关重要的是，根据一般原则决定问题而不是把问题的解决留给审讯者的特别自由裁量权。然而，事实证明很难就具体应该做什么达成一致意见。

一群不情愿的官员，他们作为现实主义者认为，"轻度酷刑"可能是被允许的，但他们关心的是要在被允许使用的技术类别上划清界限。（当然，不情愿的现实主义派系内部，对于哪些技术应该被允许存在分歧。）另一个团体（即强硬派）则愿意打破酷刑的限制，只要有足够的理由相信被羁押者掌握了可以用来防止未来袭击的信息。[强硬派的一个分支追随艾伦·德肖维茨（Alan Dershowitz）的观点，认为公正的法官应该做出这一决定并发布逮捕令。] 一个声势浩大的小团体 [即卑鄙政客（dirty-handed politicians）] 认为酷刑通常是错误的，但有时也会被用于追求一个有价值的目的，在这种情况下，它应该极不情愿地参与其中，因为禁止酷刑的普通道德理由不会被公众安全利益所压倒。② 在这种观点下，某种形式的刑讯逼供可能"即使在政治上是合理的，在道德上仍然是不受欢迎的"。③ 卑鄙政客不同于强硬派和不情愿的现实主义者的地方在于，他们认为酷刑和轻度酷刑在道德上是错误的，在这种情况下是不被允许的；他们认为，尽管有令人信服的理由从事这些行为，尽管这些行为是不适当的，但对这些行为的评

---

① The hypothetical proceeds from the point of view of government officials, because the question addressed in this Article is the responsibility of lawyers with respect to the law. The theory of authority set out here is general and actually begins with the obligation of citizens to comply with legal norms. The government officials in the hypothetical, as well as lawyers in the principal sections of this Article, act in a representative capacity and have duties toward the law that are derivative of those of citizens.

② See Williams, supra note 68, at 58 – 60.

③ Id. at 62.

价仍然是错误的。① 最后一个团体是人道主义者，他们甚至对酷刑的议题被提上讨论桌都感到震惊，并希望作出明确承诺，绝不侵犯被羁押者的权利。（不情愿的现实主义者回应说，被羁押者权利的范围正是争论的焦点。）负责镇压叛乱活动的安全部队助理人员开始缠着官员寻求指导方针，但他们还没有达成一致意见。这个问题该怎么办？

当然，一种方法是（明示或默许）在达成一致意见之前不做决定。但是，除非在不久的将来能够达成共识，否则等待协商一致的决定就等于批准现状。在我们假设的案例中，没有关于被羁押者待遇的现有法律，但如果有先例允许或禁止使用某种审讯手段，那么政治官员的优柔寡断实际上是将这种先例转变为对新情况的官方立场。另一个选择是继续对话。可能的情况是，进一步的辩论将继续澄清争议的问题，缩小分歧的范围，并得出不同的结果。② 然而，即使是对协商民主最热心的支持者，也不认为有可能在所有情况下都达成一致；他们只是声称，通过提高公民和官员之间道德讨论的质量，制度变革可能会使民主更具商议性。③ 在假设的案例中，一小群负责安全的官员已经开始进行道德推理。如果出现僵局，可能不是由于审议者之间缺乏相互尊重，而是由于道德推理的结构特征。伦理多元论者认为，道德推理涉及不同类型的价值观，回应不同的关注，并寻求履行多种相互竞争的义务。④ 从本质上讲，道德问题往往很难有正确答案，只有讨论者坚持足够长的时间，才可能得到正确的答案。

这种持续、善意分歧的结果是无法进行合作性社会行动，在这个案例

---

① This position strikes many philosophers as deeply confused, although its proponents maintain that moral monism, in which all moral dilemmas have only one right answer, is itself deeply confused. There is no way to do justice to the richness of this debate here. For contributions to it, see, e. g., Christopher W. Gowans, *Innocence Lost: An Examination of Inescapable Moral Wrongdoing* (1994); *Incommensurability, Incompa-Rability, and Practical Reason* (Ruth Chang ed., 1997); Michael Stocker, *Plural and Conflicting Values* (1990); James Griffin, "Are There Incommensurable Values?," 7 *PHIL. & PUB. AFF.* 39, 56 (1977); Edmund Pincoffs, "Quandary Ethics," in *Revisions: Changing Per° Spectives in Moral Philosophy* 92 (Stanley Hauerwas & Alasdair MacIntyre eds., 1983). I mention the debate over incommensurable values and inevitable wrongdoing simply as an example of a normative position that could be offered as a response to the problem of terrorism.

② See, e. g., Gutmann & Thompson, supra note 83, at 223 – 25.

③ Id. at 358.

④ See generally, e. g., Robert Audi, "Intuitionism, Pluralism, and the Foundations of Ethics," *Moral Knowledge and Ethical Character* 32 (1997).

中是公民的有效辩护。① 因为所有公民有共同的利益，共同努力实现这一目标，他们有理由选择用来解决分歧的某种程序性机制，而不是试图在协商的基础上达成协议导致不作为。该程序的目标是建构一个规范性框架，可用于为那些以整个社会的名义行事的官员在实践三段论时生成前提。在我们的假设中，公民代表在维护他们对权利、尊严和自治的尊重的同时，努力制定应对国家安全威胁的对策。理性的人会对安全和尊严之间的权衡是否恰当持有不同意见；当然，不同社会在历史上对这个根本问题形成了截然不同的解决方案。立法过程的作用不是将道德问题作为一个道德问题永久地解决；相反，是达成一个暂时的解决方案，就目前而言，该方案足够有效以实现预期目标。可以想象，我们的小组最终会因为协商而感到沮丧，并且，实际上"我们需要做点什么，所以每个小组应该提出一项规范警察审讯的法规，然后我们可以辩论并投票表决"。一旦投票通过，立法的成果就有权作为一项成就而受到尊重——那些真诚地持不同意见的人已经尽其所能，以尊重讨论各方的方式，就相互竞争的权利和价值达成解决方案。②

在确定这一解决方案后，政府官员、受其指示的公民和解释法律的律师，有责任不去通过重新引入有争议的道德价值作为行动基础来进行"扰乱"。假设在我们的案例中，由民主程序产生的立法禁止与被羁押者进行任何身体接触，但允许调查人员剥夺他们的睡眠或反复播放"妙美客"叮当声。如果安全部队的一名官员真诚地认为，扇囚犯耳光或从他下面踢走椅子可能会使审讯更有效，而且不会构成对囚犯尊严的严重侵犯，那么他在决定如何行动时仍然会被禁止将这种信念考虑在内。③ 这种禁止的原因并不是他的信念不正确，也不是他对相关价值的平衡有问题。事实上，在一个特定案件中，官员全面考虑的道德判断可能比法律所命令的行动更优越。但立法者已经就此事做出了决定，这代表着整个社会的决定，必须作为一个过程的产物被尊重，而这个过程是公正处理持续存在的不确定性和有关官员面临的道德问题等争论的最佳途径。如果一个官员以自己的方式行事，考虑所有因素的判断将是一种伦理的唯

---

① See generally Stephen Utz, "Associative Obligation and Law's Authority," 17 *RATIO JURIS* 285 (2004) (arguing that associative obligations can arise from the need for rapid coordination of efforts within shared activities or projects).

② Waldron, supra note 82, at 108 – 09.

③ See Joseph Raz, *The Authority of Law* 17 – 23 (1979) [hereinafter Raz, *The Authority of Law*].

我主义（ethical solipsism）——不尊重同胞的行为，而同胞们对这件事的看法同样值得认真对待。① 人们对于如何在尊重被羁押者人权的同时，实现保卫国家领土完整和保护公民人身安全的共同目标意见不一。因为他们都同意，必须以整个社会的名义采取某种解决办法，这种解决办法必须具有权威性；否认这一点就等于否认存在首先使法律解决成为必要的困境。②

第三章　对标准律师备忘录辩护的批评

2004 年夏天，当关于酷刑备忘录的争论在报纸、脱口秀和网络日志上引起轰动时，一场可以预见的、几乎照本宣科的戏剧上演了。一方面是批评人士表示震惊和恐惧，政府的律师实际上是用一种有条不紊的合法方式来考虑禁止酷刑的法律。③ 另一方面是那些律师的辩护者试图对备忘录进行一种善意的解释。两位认为整个争议被夸大了的法律教授嗤之以鼻地说："标准内容，律师的例行公事。"④ 司法部法律顾问办公室的律师并没

---

① The contrary situation is not the precise mirror image, in terms of the moral wrongfulness of action. Suppose the law flatly prohibits making physical contact with detainees, but a lawyer advises the officer the he can kick a chair out from under a prisoner, reasoning that because the physical contact was not direct it is not prohibited by law. Any first-year torts student would recognize this reasoning as erroneous, on the authority of *Garratt v. Dailey*, 279 P. 2d 1091（Wash. 1955）, so the lawyer violated her second-order moral obligation to treat the law with respect and not exploit apparent loopholes. In addition to this violation, the lawyer can be charged with the first-order moral violation inherent in assisting the commission of a violation of the detainee's rights. Thus, where lawyers willfully manipulate legal norms to create an apparent permission for their clients to commit morally wrongful conduct, the complete moral evaluation of the lawyer's actions may vary depending on the seriousness of the first-order moral values that would be replaced by the law, if the law had been properly interpreted. I am grateful to Steve Shiffrin for pointing out this possibility.

② See Utz, supra note 105, at 302（arguing that the justification of authority in a case like this "resembles the moral compulsion to embrace a means when one has already chosen an end that can best be achieved by that means"）.

③ A powerful example of this view is found in Anthony Lewis, "Making Torture Legal," *N. Y. REV.*, July 15, 2004, at 4, 4（"The memos read like the advice of a mob lawyer to a mafia don on how to skirt the law and stay out of prison"）. See also Soc'y of Am. Law Teachers, Position Statement, Use of Torture in the War on Terror（July 16, 2004）, http://www. saltlaw. org/positionstorture. htm（referring to the memos as "morally bankrupt"）.

④ Eric Posner & Adrian Vermeule, Opinion, "A 'Torture' Memo and Its Tortuous Critics," *WALL ST. J.*, July 6, 2004, at A22.

有做错什么,这一论点对于那些花了很多时间和律师们混在一起的人来说应该是耳熟能详的,因为这只是法律和道德考量相分离的标准论点的一个版本。如果没有分离的理由,司法部法律顾问办公室的律师似乎会受到直接基于酷刑道德的批评。也就是说,道德理由禁止从事或协助酷刑行为,而这些律师没有遵守这些理由。因此,律师试图通过诉诸一种论点来转移这种道德批评,这种论点对本来适用的道德理由和律师以其专业身份应考虑的理由进行必要的分离。政府的律师和他们的辩护人必须被理解为试图反驳这两种批评:(1)战争法内部的论点,如第一章中简要回顾的论点;(2)另一论点认为以狭隘的"法律主义"方式就道德上有问题的主题提供咨询是违反律师职业伦理的。

正如职业责任学者普遍认识到的那样,反驳基于普通道德原则的尝试具有一个共同结构。[①] 行为人(在本案中是司法部法律顾问办公室的律师)表明,有些职责和制度上的借口(例如不考虑与酷刑有关的道德问题)对于行为人所扮演角色的正常运作是必要的。反过来,这一作用是合理的,因为它对于一个更大的机构的适当运作至关重要,它是该机构的一部分。因此,政府律师会声称,排除某些考虑因素(如道德或政策)对于提供不与这些考虑因素纠缠在一起的法律建议是必要的。提供这种"纯粹"的法律咨询意见,反过来又是政府行政部门机构正常运作的必要条件。另一种办法可以建立在第二章所讨论的法律权威模式的基础上,认为法律对权威的要求必然排除了道德原则,这些原则原本可能会指导律师的行为。因此,厘清法律权威与律师角色之间的关系,对于本案律师的道德评价至关重要。我要强调的是,将法律视为实践推理领域的权威理由,并不支持标准律师的辩护。

对于标准律师辩护,将在下面的讨论中进行更详细的阐述。这一论点试图表明,如果律师试图纳入道德考量,那么他们就无法为客户提供可靠的法律建议。只要满足以下三个条件中的一个,就可以得出这个结论:

1. 排他性实证主义的前提:可以确定适用于当事人情况的法律,而不考虑道德因素。

---

① Arthur Isak Applbaum, *Ethics for Adversaries: The Morality of Roles in Public and Professional Life* 51 – 58 (1999); Goldman, supra note 12, at 31 – 32; David Luban, *Lawyers and Justice: An Ethical Study* 129 – 37 (1988).

2. 道德帝国主义的前提：就道德问题提供咨询意见，要么会干扰律师与客户的关系，要么会扭曲律师对法律的解释。

3. 自由主义的前提：[1] 如果律师试图阻止其委托人以法律允许的方式行事，即使这种行为接近合法与非法的边界，他们也将超越自己的角色界限。在政府律师执业的背景下，行政部门的有效运作要求政府官员能够在不违反法律的情况下采取行动。特别是在国家安全岌岌可危的情况下，如果官员出于对法律责任的不正当担忧而过于谨慎和胆怯，那将是糟糕的。

下面对这三个前提的回应反映了将道德价值纳入法律的各种途径，尽管法律和道德之间的分离是法律对合法权威要求的一个必要方面。这种分离不是绝对的，重要的是要注意道德价值在制定和解释法律的过程中所处的位置。有关标准律师的观点确实包含了一些真理，那就是律师不被允许对他们以代表身份所从事工作的所有方面做出全方位的道德判断。然而，这并不意味着道德完全脱离了法律，正如下面的讨论所显示的那样。

第一节　排他性实证主义的前提

对于标准律师的辩护，最复杂的法理论据依赖于法律的性质和功能，使法律和道德进行必要的分离。实证主义认为，法律规则的存在和内容可以不诉诸道德论证来确定，也就是说，法律和道德在分析上是可分离的。[2] 正如我要说的，法律和道德的可分离性并不意味着道德价值永远不能被纳

---

[1]　See William H. Simon, *The Practice of Justice: A Theory of Lawyers' Ethics* 27, 30 – 37 (1998).

[2]　Raz, *The Authority of Law*, supra note 107, at 45 – 52 ("Since it is of the very essence of the alleged authority that it issues rulings which are binding regardless of any other justification, it follows that it must be possible to identify those rulings without engaging in…justificatory argument"); Joseph Raz, "Authority, Law, and Morality," [hereinafter Raz, *Authority*, *Law*, *and Morality*] *Ethics in the Public Domain: Essays in the Morality of Law and Politics* 194, 205 – 06 (1994); see also Jules L. Coleman, "Negative and Positive Positivism" [hereinafter Coleman, *Negative and Positive*], *Markets*, *Morals and the Law* 3, 5 (1988) ("The separability thesis is the claim that there exists at least one conceivable rule of recognition…that does not specify truth as a moral principle among the truth conditions for any proposition of law"); Brian Leiter, "Legal Realism, Hard Positivism, and the Limits of Conceptual Analysis," *Hart's Postscript: Essays on the Postscript to the Concept of Law* 355, 356 – 57 (Jules Coleman ed., 2001) [hereinafter Coleman, *Hart's Postscript*] ("[A] ll positivists accept… [that] what the law is and what the law *ought* to be are separate questions").

入法律。① 在这种"包容性"实证主义中，② 道德价值只要在传统的司法推理实践中发挥作用，就可以成为法律的一部分——法理学术语中的"社会事实"。③ 经典的例子包括第八修正案禁止残忍和异常的刑罚，合同法对诚实信用和公平交易的要求，以及过失的合理性标准等。这些都指向道德价值，这些价值具有法律之外的重要意义，并可以赋予法律规范以内容。但在重要的意义上，这些道德术语仍然与法律理由相分离，因为没有必要确认这些道德原则的真实性，以确定纳入这些原则的法律命题实际上是否为特定法律体系的一部分。④ 包括道德标准真实性的法律效力标准，无法在面对分歧时协调行动，但适用于中立内容的标准能够促进法律的协

---

① Raz argues that one should be careful with the term "incorporation" of morality into law. See Joseph Raz, "Incorporation By Law," 10 *LEGAL THEORY* 1, 14 (2004). In some cases, a court or administrative agency may have discretion to consider X, and if X is a moral principle, the law doesn't "incorporate" X just by reiterating that an official may take X into account; in that instance, the law is merely being perfectly clear that X is not excluded. Id. For Raz, the important thing is the nonexclusion of morality by law, since we are all bound by morality in any event. Id. at 16 – 17. This seems like an awkward way of conceptualizing the process of referring to moral values in legal reasoning, but Raz is the most prominent proponent of so-called "exclusive" positivism, so it is important for his broader theory that he not recognize the incorporation of morality into law. See infra notes 134 – 144 and accompanying text. A more critical interpretation is that Raz is fighting a rearguard action against the more attractive theory of inclusive positivism.

② W. J. Waluchow, "Inclusive v. Exclusive Positivism," *Inclusive Legal Positivism* 80, 81 – 82 (1994) ("On this view, which [shall be termed] inclusive legal positivism, moral values and principles count among the possible grounds that a legal system might accept for determining the existence and content of valid laws"). Equivalent terms are "soft" and "incorporationist" positivism.

③ See Coleman, *Negative and Positive*, supra note 114, at 16; Kent Greenawalt, "Too Thin and Too Rich: Distinguishing Features of Legal Positivism," *The Autonomy of Law: Essays on Legal Positivism* 1, 16 – 19 (Robert P. George ed., 1996) [hereinafter *The Autonomy of Law*]; E. Philip Soper, "Legal Theory and the Obligation of a Judge: The Hart/Dworkin Dispute," 75 *MICH. L. REV.* 473, 495 (1977); David Lyons, "Principles, Positivism, and Legal Theory," 87 *YALE L. J.* 415, 415 (1977) (book review). The term "inclusive" is taken from Waluchow. See supra note 116.

④ Jules Coleman, "Authority and Reason," *The Autonomy of Law*, supra note 117, at 287, 292; Coleman, *Negative and Positive*, supra note 116, at 4 ("[T]he authority of the rule of recognition is a matter of its acceptance by officials rather than its truth as a normative principle"); Raz, *Authority, Law, and Morality*, supra note 114, at 205 – 06 (observing that laws reflect "the judgment of the bulk of the population on how people in the relevant circumstances should act"). Note further that positivists do not claim that law and morality are actually separate, only that they are in principle analytically separable. Matthew H. Kramer, *In Defense of Legal Positivism: Law Without Trimmings* 114 (1999).

调功能，因为它不需要解决分歧以确定一个给定规范的法律效力。辨别一项规范的法律效力，只需找出承认规则所规定的来源，[1] 而不需要进行独立的道德论证。

实证主义的这一一般定义，并不意味着严格地将道德理由排除在法律推理领域之外。在当代文献中，允许道德理由和法律理由之间有一些纠缠的实证主义，被称为"柔性的"、"包容的"或"结合主义的"（incorpora-tionist）实证主义。[2] 包容性实证主义者认为，只要官员们有参照道德标准作出决定，道德原则就可能是法律体系的一个特征，因为它们被承认规则确定为法律的一部分。例如，对刑事责任的必要性辩护，这是酷刑备忘录中所主张的酷刑正当性理由之一。[3] 在其传统形式中，必要性辩护适用于行为人选择牺牲较低价值的善，来保留较高价值的善的情况。[4] 但是，如果没有对各种善的社会价值有一定概念，就不可能清楚地谈论邪恶的选择，了解为了作出这种决定，一个法律官员（以及一个受法律约束的公民）必须超越法律，进入普通道德领域。在适用必要性法律辩护之前需要进行道德推理："行为人和审判他的法庭必须知道什么是好的和坏的，什么是有益的和有害的，哪类事情比其他的更糟糕。"[5]

事实上，8月1日的备忘录通过提供道德建议来掩盖标准律师的辩护。显然，备忘录的作者并不接受这个排他性实证主义前提。道德分析是直截了当的结果主义：与基地组织有关的恐怖分子被认为正在研制大规模杀伤性武器，他们打算用这些武器造成大规模伤亡。被羁押者可能掌握有助于

---

① H. L. A. Hart, *The Concept of Law* 94 – 95, 100 (2d ed. 1994). The rule of recognition speci-fies binding criteria for legal officials to use in deciding whether a given norm is a rule that is part of a legal system.

② For examples of inclusive positivism, see Waluchow, supra note 116; Jules L. Coleman, "In-corporationism, Conventionality, and the Practical Difference Thesis," 4 *LEGAL THEORY* 381 (1998); and Soper, supra note 117. Hart accepted inclusive positivism in the posthumously published Postscript to *The Concept of Law*. See H. L. A. Hart, "Postscript," Hart, supra note 119, at 237, 247 – 48 [hereinafter Hart, *Postscript*]. For an application in the context of the legal prohibition on torture, see also Waldron, supra note 14, at 55 ("[T] hose who oppose these various kinds of brutality…often…opposeand criticize these practices using moral resources drawn from within the legal tradition…").

③ Aug. 1 OLC Memo, supra note 1, at 207 – 09.

④ Lafave, supra note 57, § 5.4 (a). The OLC lawyers used this formulation of the necessity de-fense. See Aug. 1 OLC Memo, supra note 1, at 208 (postulating that "under the … circum-stances [presented by terrorist threats] the necessity defense could be success-fully maintained in response to" accusations that government policies violated statutory bans on torture).

⑤ Moore, supra note 59, at 286 (emphasis omitted).

防止袭击的信息。因此，"在审讯过程中可能发生的任何伤害，与这样的攻击所造成的伤害相比，都是微不足道的"。① 暂且不提任何特定被羁押者所掌握的信息可以用来防止可能造成大规模伤亡的袭击的合理性，② 备忘录的必要性辩护分析自然而然地陷入了一种熟悉的道德推理模式，在这个过程中，参与者只是简单地平衡与各种选择相关的好的和坏的结果，并选择使好的结果最大化的选项。③ 人们可以从结果主义的角度来批判这种分析（例如，没有充分重视与酷刑相关的长期社会危害），④ 也可以运用一种不同的道德推理模式来批判这种分析，比如康德关于尊重人本身就是目的的观点。这些观点的重要之处在于，它们通过引用将道德推理纳入法律领域。

我们可以通过考虑适用于律师咨询职能的法律，以及它的一些奇特的变化，来进一步说明标准律师论点的失败。在大多数司法管辖区生效的州律师纪律规则，规定了律师在客户咨询方面的角色：

> 规则2.1：律师在提供咨询意见时，不仅可以参考法律，也可参考其他可能与客户情况有关的因素，如道德、经济、社会和政治因素。⑤

这条规则虽然建议法律和道德分离，但仍然允许律师参考与客户情况相关的道德因素。然而，它并没有解决这种分离是否必要的法理问题。通过考察这一规则的两种假设，法律和道德之间是否存在严格分离问题快速成为焦点：

> 假设规则2.1的变体A：在提供建议时，律师只能参考法律，而不能参考诸如道德、经济、社会和政治等其他因素。
> 假设规则2.1的变体B：在提供建议时，律师可以参考诸如道德、经济、社会和政治等因素，但仅限于法律解释范围内。

---

① Aug. 1 OLC Memo, supra note 1, at 208 – 09.
② This scenario will be revisited in Part V when the "ticking bomb" hypothetical is discussed.
③ See, e. g., Thomas Nagel, "War and Massacre," *Mortal Questions* 53, 55 (1979) (discussing the utilitarian approach to analyzing torture).
④ See id. ("An exceptional measure which seems to be justified by its results in a particular conflict may create a precedent with disastrous long-term effects").
⑤ Model Rules of Prof'L Conduct R. 2. 1 (2002).

只有当排他性实证主义是正确的时候，也就是说，如果可以在不参考诸如道德理由等"其他因素"的情况下提供法律建议，变体 A 才是合理的。如果排他性实证主义不是正确的，那么变体 A 就变得不连贯，因为它要求律师去做一些不可能的事情，也就是说，在解释法律时不参照与法律解释本身有关的那些因素。因此，变体 B 是对包容性实证主义的让步。它允许律师提供涉及道德考量的建议，只要这些考量与法律解释有关，而不仅仅是律师认为是重要的法外道德理由。变体 B 禁止律师提供"独立的"建议，即就与法律规则适用于客户情况无关的道德、经济、社会和政治因素提供建议。

前面对必要性辩护的讨论表明，只有变体 B 可以解释律师实际如何提供法律建议。还可以举出更多的例子，例如关于警察调查的规则规定，如果搜查程序"触动良知"，① 则搜查可能是不合理的。这一规则反映了行动中的包容性实证主义。虽然这条法律中包含一个道德概念来充实不合理搜查的概念，但仍然是实证性的，因为它可以用非道德标准来识别。当今被要求就警察的行为是否触动良心作出裁决的法官，不会仅仅利用他作为深思熟虑的道德主体的能力来进行任何独立的道德评价。相反，法官会参考解释"触动良知"的许多判决，这些判决很可能会被提炼成一系列具有法律地位的原则或标准，因为这些原则或标准通常被当作法律判决中的正当理由。从法官或律师的角度出发，对相关法律标准的分析涉及已被纳入法律的道德观念。道德并没有被挤出法律之外，而是法律不可分割的一部分。因此，在罗纳德·德沃金所称的"适合"（fit）维度上，包容性实证主义（和变体 B）更合理地解释了律师如何提供法律建议以及法官如何作出法律裁判。②

为了从描述性的"是"推导出规范性的"应当"，有必要证明，包容

---

① *Rochin v. California*, 342 U. S. 165, 172 (1952).

② Ronald Dworkin, *Law's Empire* 228, 230 (1985). Parenthetically, I do not contend that all "departments" of law incorporate morality to the same extent-in other words, inclusive positivism does not imply a strongly transsubstantive thesis about the moral content of law. There are numerous dryly technical domains of law which are relatively insulated from moral considerations. Even these domains can incorporate standards-not necessarily moral-from outside the law to the extent necessary to give them sense and structure. The law of taxation, for example, is often regarded as quintessentially amoral, but the interpretation of tax legislation and regulations often makes use of economic concepts (such as whether there is a business purpose for a particular transaction) in order to determine whether the tax treatment sought by the taxpayer will be upheld by the IRS. See Wendel, *Interpretation*, supra note 10, at 1212 – 15.

性实证主义与其竞争对手（如排他性实证主义或自然法解释）相比，是一种更好的法学方法。这一观点适用于德沃金的"正当性"维度，① 表明包容性实证主义更倾向于与法律相关的价值，而不是一种不同的社会控制体系。② 这些价值不仅包括人们所熟悉的可预测性和稳定性等优点，而且证明法律是一种有价值的社会实践，能够实现一些有用的目的。③ 由此引申，法律伦理范围内的争论将试图表明，就聘请律师的理由而言，包含道德价值的法律咨询是更好的。显然，如果拥有律师的一个目的是客户能够围绕可能的法律制裁来规划其行为，就必须允许律师参考在法官的决策过程中发挥作用的价值。但律师的作用可以与法律的作用进一步联系起来。如果法律的目标之一是尽管存在持续的道德冲突但也要使公民作为一个社会整体共同行动，那么律师的职责必须被理解为促进法律的这一目标实现。因此，就律师解释和适用法律来解决客户的问题而言，他们被要求不干涉法律的协调活动。

在标准律师的辩护中，几乎有足够的理由拒绝排他性实证主义的前提，但还有一个障碍。基于第二章法律权威中给出的图景，约瑟夫·拉兹为排他性实证主义做出了强有力的概念性（也可能是规范性）辩护，在接受包容性实证主义作为更好的方法之前，我们必须考虑这一观点。④ 拉兹的论点以概念上的主张开始，即法律就其本质而言对受其支配的人具有实际权威。⑤ 此外，就性质而言，任何权力机构的指示都不能简单地与其他行动理由放在一起，供行动者评价和权衡；相反，权威指令取代了它们所依赖的理由。⑥ 举个例子，如果我和一位乘客对从伊萨卡（Ithaca）到纽约市（New York City）的某条路是不是捷径意见不一致，我们可以通过查

---

① Dworkin, supra note 131, at 231.
② See Jeremy Waldron, "Normative (or Ethical) Positivism," Coleman, *Hart's Postscript*, supra note 114, at 411.
③ Id. at 424.
④ Raz, *Authority*, *Law*, *and Morality*, supra note 114. It is not clear whether Raz's argument is purely conceptual or whether it contains an implicit normative dimension-i. e., that it is a good thing to have an institution called law that has authority in the way he describes. See Waldron, supra note 132, at 432 n. 66. I have made an extended Razian-style argument that is both conceptual and normative, so I think there is a great deal of normative significance in Raz's theory of authority. See Wendel, *Obedience*, supra note 13. If Raz insists that he is offering a purely conceptual argument, my position should simply be understood as working out a normative view that I believe is consistent with Raz's theory.
⑤ Raz, *Authority*, *Law*, *and Morality*, supra note 114, at 215.
⑥ Id. at 212 – 13.

看地图来解决分歧。地图以图形形式传达的信息不仅仅是另一个理由，更重要的是有利于我的立场或乘客的立场。相反，地图成为我们行动的唯一理由。这是一个关于权威意味着什么的观点——承认某物是权威的唯一方法是把它当作行动的理由，以取代潜在的理由，拉兹称之为"依赖的"理由。① 无论是乘客因为它向南去而认为这条路是捷径，还是因为他过去曾走过这条路，都无关紧要。如果我们在查阅地图之后继续考虑这些理由，就是把地图视为一种权威以外的东西。

此外，对于支持法律权威主张的拉兹式论证来说，最重要的是，必须能够在不涉及以前支持或反对竞争立场的潜在理由的情况下确定一项权威性指令。② 同样，这是将一个人或机构视为权威的必要方面。为了使权威的指令有用（如拉兹所说的"可用"），权威的主体必须能够确定该指令的内容，而无须考虑在没有该指令的情况下他们可能采取行动的所有竞争理由。③

从这些关于权威逻辑前提的观点中，拉兹引出了他关于反对使用道德理由来确定法律指令内容的论证。举一个简单的例子：假设一个土地所有者试图确认法律是否要求他在自己院子周围设置一道栅栏，以防止孩子们进入可能被他那只脾气暴躁的狗伤害的地方。知道侵权法的目的是阻止社会上不合理的行为，并防止对他人利益的不合理干涉，而在这样做的时候尽量减少对行为人自主权的干涉，并不是特别有帮助。④ 这些都是构成侵权行为法基础的道德理由，但它们在适用于任何特定的事实上，可能存在相当大的不确定性。此外，在下面的抽象层次上，这些非常普遍的道德考量是指向不同方向的更具体的政策。一方面，与孩子相比，土地所有者在防止狗的伤害方面更具优势。另一方面，立起栅栏是昂贵的，而且会妨碍土地所有者自由地使用他认为合适的土地。⑤ 如果法律只说"不要无理干涉他人权利"，那么它在指导行动方面毫无用处。⑥ 但假设在做了一些法律研究之后，土地所有者发现了一项法令，规定"狗的主人对因狗伤或对

---

① Id. at 212.

② Id. at 218.

③ Id. at 219.

④ W. Page Keeton et al. , *Prosser and Keeton on the Law of Torts* 6 (5th ed. 1984).

⑤ Id. at 399 – 400.

⑥ Cf Raz, *Authority*, *Law*, *and Morality*, supra note 114, at 215 (arguing that the law cannot function as an authority if its subjects must work out what a morally just law would be as part of the process of identifying legal directives).

人造成伤害而导致的全部损失负有责任"。① 这一法规比一般的道德原则更适合指导行动，即人们应该避免不合理地干涉他人利益。虽然土地所有者仍然必须决定是愿意把钱花在栅栏上，还是愿意承担狗咬孩子的风险，但至少现在他的决定所产生的法律后果已经很清楚。这种明确性来自将"法律"与某些来源（如案例和法规）区分开来，这些来源的内容可以仅由社会事实来决定，而无须诉诸道德论证。②

拉兹质疑包容性实证主义是否能够满足法律成功主张合法实践权威的必要条件。③ 在包容性实证主义的"谱系"标准下，法官可以通过明确法律领域的承认规则来纳入道德规范。④ 这种许可是英美法系中的一个偶然事实，但它却是一个社会事实。问题是，这种结合的社会事实是否在某种程度上削弱了法律对权威的主张。回到对从事酷刑行为的刑事责任的必要性辩护，有人可能会认为法律未能为其主体提供指导，因为在关键时刻法律将问题推到道德领域——正是在道德领域，所有的重要问题都是有争议的。但批判地说，构成法律规范谱系的社会事实并不是客观真实的道德判断，而是相关法律官员对道德判断的信念。在必要的情况下，这两种可能的法律渊源之间存在差异：

（A）鉴于被羁押者掌握有价值信息的不确定性，以及通过酷刑获得的信息的不可靠性，与折磨恐怖嫌疑人有关的伤害超过了审讯可能带来的预期好处。

（B）在类似的案件中，法官解释必要性辩护的裁决表明，法院很可能得出结论，即鉴于被羁押者掌握有价值信息的不确定性，以及通过酷刑所获得信息的不可靠性，与折磨恐怖嫌疑人有关的伤害超过了审讯可能带来的预期好处。

拉兹的权威论证假设纳入道德标准总是采取（A）的形式，其中道德

---

① This text is taken from Wis. STAT. § 174.02（1）（a）（2004）, although many jurisdictions have similar statutes imposing strict liability on dogowners.
② Raz, *Authority*, *Law*, *and Morality*, supra note 114, at 195, 215.
③ See Kenneth Einar Himma, "Law's Claim of Legitimate Authority," Coleman, *Hart's Postcript*, supra note 114, at 271, 274–75（"Raz concludes that for law to be capable of legitimate authority, it must be possible to identify the existence and content of a legal norm without recourse to the dependent reasons justifying it"）.
④ See Hart, *Postscript*, supra note 120, at 247, 264–65; Philip Soper, "Searching for Positivism," 94 *MICH. L. REV.* 1739, 1752–54（1996）（book review）.

判断的有效性是该判断作为法律命题的一个条件。就像土地所有者被要求自己弄清楚一个没有围栏的院子是不是对他人权利不合理干涉的案件一样，如果受法律约束的人能够重新审视根本的道德争议，并在特定案件中再次介入关于酷刑必要性的争论，法律的权威确实会被削弱。① 但是，（B）中的斜体文本认为法律的来源不是关于酷刑必要性的真正道德判断，而是法官发表他们认为酷刑必要性意见时的信仰和做法。正如朱尔斯·科尔曼（Jules Coleman）所言，相关的承认规则可能包含一个条款，涉及"道德原则的某些非本质特征"。② 至少如果我们从认识论的角度理解承认规则，将道德真理作为合法性标准的承认规则将削弱法律的权威，因为我们对道德真理的分歧将导致官员无法可靠地识别法律。③

不过，在某种程度上，法官的裁判肯定是基于道德本身，而不是基于先前的道德判断。司法裁决的链条必须在某个地方结束，在你融入社会的那一刻，法官没有提到其他法官的信念（这是社会事实），而是提到了他自己对道德的信念，如果这些裁决被广泛地作为常规法律解释的一部分，那么它们恰恰会削弱法律的权威。对于这些边缘案例，哈特会说法官从事的是立法工作（他称之为自由裁量权的行使）而不是法律解释工作，在司法创制之前，根本就没有相关问题的法律。④ 在这种情况下，法官的职责是做出他所能做出的最好的道德判断，并坦率地承认他是在扮演准立法者的角色。法官的判决并没有"因此将道德转化为既存的法律"，⑤ 但它填补了之前法律不存在的空白。然而，从这一点开始就有了相关的法律，随后的法官就会求助于前任法官判决的社会事实（而不是前任法官道德推理

---

① See Raz, *Authority*, *Law*, *and Morality*, supra note 114, at 203 – 04.

② Coleman, *Negative and Positive*, supra note 114, at 16.

③ Id. at 20. For this reason, the incorporation of morality into law cannot take the form of principles as Dworkin understands the term, for the somewhat idiosyncratic reason that identifying a Dworkinian principle requires determining whether it is required by the best constructive interpretation of political acts by a community. There are good reasons to think there is no such thing as legal norms that are identified as such on the basis of both content and pedigree considerations. See Andrei Marmor, "The Separation Thesis and the Limits of Interpretation," 12 *CAN. J. L. & JURIS.* 135, 144 – 47 (1999). I have written elsewhere about principles incorporating moral norms that are conventionally made a part of the practice of legal argument. See Wendel, *Interpretation*, supra note 10, at 1204 – 05. It is worth emphasizing that I do not understand the ground of principles in precisely the same way Dworkin does, because I agree with Hart in thinking that pedigree criteria are sufficient to identify principles as part of the law.

④ Hart, *Postscript*, supra note 120, at 254, 272 – 73.

⑤ Id. at 254.

的合理性），来支持他们的结论，即相关的法律如此。因此，法律实现了任何实践权威所特有的行为指导功能。

第二节　道德帝国主义的前提

如果法律明确规定 X 是非法的，而客户想要做 X，那么律师的义务是明确的——律师不得为客户的违法行为提供咨询或协助。① 当然，在大多数有趣的案例中，法律并没有"明确地"说什么，需要作出解释以确定法律规范的内容。在某些情况下，这种解释可能涉及道德原则。第三章第一节证实，为客户提供"X 是合法的，但这是一件糟糕的事情"这种咨询的律师，与为法律官员的决策提供诸如"为了弄清楚 X 是否合法，我们必须处理法官肯定会想到的道德问题，这些问题将影响他对（法规、条约等）的解释方式"这种建议的律师，二者之间存在天壤之别。第二种情况涉及律师就法律作为法律提供咨询，就其性质而言，法律在某些情况下包含道德考量。在道德理由可能成为法律官员对法律的解释时，律师的建议取决于道德理由。相比之下，在第一种情况下，律师提供的是我所谓的"独立的"道德建议，在这个意义上，道德考量与解释适用的法律无关。②

道德帝国主义的前提断言，独立的道德建议会以某种方式干扰律师与客户的关系。在不同的背景下，这种干扰可能产生于不同的原因。也许客户感到被律师吓到了，可能会被劝说放弃一项在合法权利范围内更愿意采取的行动，律师认为其在道德上是错误的。如此，道德咨询可能会干扰客户行使自主权，而客户的自主权既作为一种道德价值又作为代理法基础的核心政策之一受到保护。③ 然而，重要的是，不能把客户决定代理目的的权利，等同于假定的免受道德批评的"权利"。除非律师欺侮或欺骗客户，使其改变关于代理目的的想法，否则劝说客户放弃一项计划好的行动是没有错的。在普通道德生活中，人们可以自由地寻求改变彼此的想法。当以专业身份行事时，他们不会放弃这种许可，只要他们尊重其客户作为当事人做出最终决定的权威。类似地，客户保留决定是否解决民事案件的权

---

① Model Rules of Prof'l Conduct R. 1. 2 (d) (1992).

② See supra notes 131–32 and accompanying text.

③ See Model Rrules of Prof'L Conduct R. 1. 2 (a) (1992); Restatement (Third) of The Law Governing Lawyers § 16 cmts. b – c (2000).

力，① 但这并不意味着律师被禁止去说服客户，不要接受律师认为可以通过进一步的诉讼改善的和解方案。显然，只要律师不超越他们的法律权限，律师与客户的关系就被设计成包含各种独立的建议。

另一种不同的批评是，独立的道德建议只有在一种非常不同的关系（比如友谊）中才合适；在这种关系中，谈话的参与者共享一套丰富的价值。② 多元社会中律师与客户关系的特点是，就共同的价值基础而言，或者"用罗尔斯的话来说就是美好生活的'综合性学说'（comprehensive doctrines）"，③ 道德对话的参与者实际上可能没有什么共同之处。多元主义的事实不能被用来从律师－委托人关系中排除独立的道德建议，因为律师在以专业身份行事时仍然是道德主体。因此，如果普通道德主体就另一个人行为的道德后果提出建议是强制性的或被允许的，那么律师这样做也是强制性的或被允许的，除非会妨碍客户的权利。④ 多元主义可能使道德咨询更加困难。然而，只要对可用于实践推理的共同价值存在共识，这就不是不可能的。在任何情况下，即使多元主义意味着独立的道德建议可能不会被客户接受，但这并不是说它在律师与客户关系中是不适当的。

值得注意的是，管理律师的法律承认给予独立道德建议的合法性。如上所述，关于律师咨询职能的最普遍的州律师纪律规则，允许律师在提供咨询时参考"诸如道德、经济、社会和政治因素等其他因素"。⑤ 这条规则允许提供道德建议，但有人可能会强烈主张，一些律师角色需要提供道德建议。⑥ 在私人律师的背景下，公司律师伊莱休·鲁特（Elihu Root）有一句著名格言："一位得体的律师有一半做法是告诉潜在客户，他们是该死的傻瓜，应该停止。"⑦ 在民主国家，在律师与客户关系中，法律和道

---

① Restatement（Third）of the Law Governing Lawyers § 22（1）（2000）.

② See Jack L. Sammons，"Rank Strangers to Me: Shaffer and Cochran's Friendship Model of Moral Counseling in the Law Office," 18 *U. ARK. LIrLE ROCK L. REV.* 1，5（1995）.

③ See Thomas D. Morgan & Robert W. Tuttle，"Legal Representation in a Pluralist Society," 63 *GEO. WASH. L. REV.* 984，984（1995）.

④ See id. at 1001 – 02.

⑤ Model Rules of Prof'L Conduct R. 2. 1（2002）.

⑥ See，e. g.，Richard B. Bilder & Detlev F. Vagts，"Speaking Law to Power: Lawyers and Torture," 98 *AM. J. INT'L L.* 689，693（2004）；Larry O. Natt Gantt，II，"More than Lawyers: The Legal and Ethical Implications of Counseling Clients on Nonlegal Considerations," 18 *GEO. J. LEGAL ETHICS* 365，365（2005）.

⑦ See Philip C. Jessup，*Elihu Root* 133（1938）（internal quotations omitted）.

德价值之间的关系是一个复杂的问题，因为律师与客户关系本身是一个更大制度结构的一部分，这个制度结构在民主政治秩序中发挥某些功能。未经选举产生的官员企图破坏选举的成果，这可能会损害法律的民主合法性。① 然而，由于政府律师服务于公共利益的义务，他们也常常被认为需要独立的道德建议。②

在酷刑备忘录争议中，律师的特殊角色——司法部法律顾问办公室的律师顾问——与提供公正的法律建议的强大传统有关，这并不一定是为了提升现任政府的地位。③ 评论家批评司法部法律顾问办公室的律师用"冷静的法律抽象概念"（cool legal abstractions）来分析酷刑，他们认为律师们提供了坦率的道德和政策建议，即使这违背了政府的利益。④ 一份由几位前负责人以及许多副手和律师顾问签署的司法部法律顾问办公室最佳实践声明强调，司法部法律顾问办公室提供的法律建议应该是"准确而诚实的"，即使其"会限制政府对所期望政策的追求"。⑤ 不出所料，这并不是司法部法律顾问办公室的前律师对办公室角色的唯一看法。一些人批评该办公室过于谨慎和保守，因为更激进的法律解释本可以推进政府的政治议程。⑥ 另一些人认为，至少就律师在担任顾问时所承担的伦理义务而言，司法部法律顾问办公室的律师和行政部门官员之间的关系与私人律师和客

① Indeed, this is the usual argument against "activist" judges; democratic majorities may oppose, for example, legalized abortion, school desegregation, or same-sex marriage, butjudges can override that will through "creative" lawmaking under the guise of impartial interpretation of the Constitution.

② See, e. g., Steven K. Berenson, "The Duty Defined: Specific Obligations That Follow from Civil Government Lawyers' General Duty To Serve the Public Interest," 42 *BRANDEIS L. J.* 13, 16 (2003); Bruce A. Green, "Must Government Lawyers 'Seek Justice' in *Civil Litigation?*," 9 *WIDENER J. PUB. L.* 235, 239 (2000). But see *ABA Comm. on Ethics and Profl Responsibility*, *Formal Op.* 94 - 387 (1994) (rejecting suggestion that government lawyers have heightened duties of candor and fairness, as compared with private lawyers, in noncriminal contexts).

③ See, e. g., Michael C. Doff, "The Justice Department's Change of Heart Regarding Torture: A Fair-Minded and Praiseworthy Analysis That Could Have Gone Still Further," *WRIT*, Jan. 5, 2005, http://writ. findlaw. com/dorf/20050105. html.

④ The critical comment quoted in the text is from the distinguished legal journalist Anthony Lewis. See Lewis, supra note 110, at 6.

⑤ See Walter E. Dellinger et al., Principles to Guide the Office of Legal Counsel 1 (2004), available at http://www. americanconstitutionsociety. org/OLCGuidelines Memo. pdf.

⑥ See, e. g., Douglas W. Kmiec, "OLC's Opinion Writing Function: The Legal Adhesive for a Unitary Executive," 15 *CARDOZO L. REV.* 337, 353 - 54 (1993).

户的关系相同。①

解决这一关于律师角色规范的争论，类似于确定正确的法律理论——这是一个与现有实践相适应的问题，也是基于实践背后价值的正当性问题。在适合维度方面，不可否认，我们关于律师的神话颂扬了那些受道德原则驱使而抵制政治官员行使权力的律师。阿奇博尔德·考克斯（Archibald Cox）因为拒绝解雇寻求尼克松录音带的特别检察官，至今仍被认为是一个具有典型职业品格的人。更具戏剧性的是，那些因建议俄罗斯囚犯应得到人道待遇而被处决的纳粹律师如今成了英雄，对于"那些不采纳他们的法律建议后来在纽伦堡被绞死的人，则没有人去祭拜他们的坟墓"。②似乎没有一个类似的说法颂扬律师为不道德的工具主义者。对适合性的考虑，将倾向于接受向客户提供坦率建议的要求，除非在排除独立道德建议的正当理由方面有强有力的论据。这一正当理由必须支持这样一种观点，即保持律师与客户之间的关系是一件好事。

我倾向于相信，大多数赞同道德帝国主义前提的律师并没有拒绝道德本身，而是对律师角色持有一种强烈的对抗性道德观点。在政府律师职业的背景下，争论的焦点可能是道德劳动的分工，其中当选和任命的官员做出广泛的道德和政策判断，而律师（出于道德理由）成为政府政策的拥护者。作为提倡者，律师不应该被对政府政策的道德疑虑所束缚，因为那些政策层面的决定是由不同的机构参与者做出的。③ 这一描述有很大的合理性，但它忽视了律师作为法律看守人的特殊制度作用，以及法律在对抗那些寻求扩大政府权力的官员能量方面的作用。正如苏特法官（Justice Sout-

① See Nelson Lund, "Rational Choice at the Office of Legal Counsel," 15 *CARDOZO L. REV.* 437, 448–459 (1993) ("Nor does the Attorney General's role as legal advisor to the heads of other departments require abandoning the analogy with a private lawyer").

② Bilder & Vagts, supra note 160, at 695. Strictly speaking, von Molkte and other German lawyers who attempted to defend the laws of war were not executed for giving legal advice, but for being associated with Claus von Stauffenberg, who attempted to assassinate Hitler. I am grateful to Detlev Vagts for clarifying this point. Nonetheless, the import of this comparison remains: Speaking truth to power can be a heroic and dangerous act for lawyers.

③ Toby Heytens suggested a related reason to prohibit freestanding moral advice by executive ranch lawyers: It is perfectly reasonable to permit the President to select advisers on the basis of their expertise and seek their assistance in formulating and implementing policy. One may grant that lawyers, economists, scientists, and so on have expertise that may be useful to the President, but it is less plausible to believe that there are experts in moral decision-making, whose advice the President should consult. Even if one believes that there are moral experts—ministers, rabbis, or (doubtfully) Randy Cohen from the *New York Times*—there is no reason to believe that government lawyers are among these moral experts.

er）在哈姆迪诉拉姆斯菲尔德案（*Hamdi v. Rumsfeld*）中所言："在一个分权的政府中，最终决定什么是合理程度的自由保障……没有很好地委托给政府的行政部门，其具体责任是维护安全。"① 向政府提供错误建议的律师，本身就是一个强有力的行政机构的支持者，不受立法和司法部门的制约，这并非巧合。无论强势的行政人员在政治上有多大吸引力，都很难将这种权力分立的概念与允许这种权力分立的法律理论相统一。原因在于，要想使一项决定被视为合法，而不仅仅是出于执法者的利益，它必须符合某些内部标准，比如一般性、公开性、一致性和明确性。② 如果政府寻求依法行事（因为它寻求合法行动的合法性或威望），那么它可能无法像其所希望的那样有活力。

虽然以政府律师伦理理论批评司法部法律顾问办公室的律师是可能的，但我相信对酷刑备忘录的批评是普遍的，适用于所有的律师，无论是公共的还是私人的。原因在于，批评的理由是由法律提供的，而不是由对特定律师角色的考量提供的。举个例子，考虑一下海军法官律师团（Navy JAG Corps）的一位高级律师提出的一个观点：

> 虽然我们可能在（关塔那摩湾）发现了一种独特的情况，在那里《日内瓦公约》的保护、美国的法令甚至宪法都不适用，美国人民是否会发现，我们是只见树木不见森林，纵容那些技术上合法但与我们最基本价值不相符的做法？③

这一观点似乎建立在独立的道德建议之上，即当美国人民发现政府在关塔那摩湾建立了一个无法律限制区时，他们会作何反应。但是，这一观点容易受到另一种解释的影响，即法律如果得到适当的解释，将禁止建立一个无法律限制区。不管这位律师的意图是什么，我们可以得出这样的结论：如果一个合理公正的律师得出结论，认为政府关于关塔那摩湾的观点

---

① 542 U. S. 507，124 S. Ct. 2633，2655（2004）（Souter，J.，concurring）. Justice Souter's argument echoes that of Edward Peters，who notes that historically torture has flourished when its administration was detached from the judiciary and handed over to the executive of a "vastly more energized state whose administrative powers overshadow both legislature and judiciary." Peters，supra note 27，at 130.

② Lon L. Fuller，*The Morality of Law* 33 –94（2d rev. ed. 1969）.

③ JAG Memos，supra note 26.

是错误的，那么律师在伦理上有义务提供这种建议。

通过这种方式，司法部法律顾问办公室律师的伦理批判独立于他们的角色。任何律师都被禁止在法律不允许的情况下向客户提供建议。[①] 当然，法律上的禁令并不总是那么明确，在解释最合理、复杂的法律制度方面存在模糊性和不确定性。然而，有两点值得强调：第一，律师在咨询和建议方面的伦理规范可以在一定程度上根据所提供的建议进行调整。例如，为了让纳税人在美国税务局（IRS）对少报纳税责任的处罚评估中使用"律师建议"辩护，纳税人必须真诚地依赖专业税务顾问的分析，即"明确得出以下结论：如果受到国内税务局（Internal Revenue Service）的质疑，该项目的税务处理有超过 50% 的可能性得到支持"。[②] 第二，正如避税的例子所表明的，这些规范具有适度的跨实质性。税务顾问和政府律师都有伦理义务为有争议的道德问题提供法律建议。司法部法律顾问办公室律师受到道德批评（和潜在的职业纪律）的原因，不是他们误解了具体法律角色的规范，而是他们对法律的解释存在缺陷。

第三节　自由主义前提

关于允许律师对道德上的错误行为提出建议的一个有趣且微妙的观点是，考虑到现实情况，这种行为无论如何都可能发生，但如果将其置于法院的监督之下，其危害就会小一些。这是艾伦·德肖维茨（Alan Dershowitz）提议的关键，即只允许根据在最特殊情况下严格表明具有必要性而签发的逮捕令采取酷刑。[③] 德肖维茨明确表示，他反对将酷刑作为一种规范性问题，并希望尽量减少使用酷刑；但他认为无论我们对酷刑的道德批评如何，其还是会发生。[④] 因此，他认为既然它无论如何都要发生，最好是在透明、标准、具有问责机制的司法审查下，而不是秘密非法地发生。[⑤]

法律职业伦理与法律和道德的分离

107

[①]　See Model Rules of Prof'L Conduct R. 1. 2（d）（2002）（"A lawyer shall not counsel a client to engage, or assist a client, in conduct that the lawyer knows is criminal or fraudulent…"）.

[②]　Treas. Reg. § § 1. 6662 - 4（g）（B）, 1. 6664 - 4（c）.

[③]　See Alan M. Dershowitz, *Shouting Fire: Cvil Liberties in a Turbulent Age* 470 - 77（2002）; Alan M. Dershowitz, *Why Terrorism Works: Understanding the Threat, Responding to the Challenge* 158 - 63（2002）[hereinafter Dershowitz, *Why Terrorism Works*].

[④]　See Alan M. Dershowitz, "The Torture Warrant: A Response to Professor Strauss," 48 *N. Y. L. SCH. L. REV.* 275, 277（2003）[hereinafter Dershowitz, The Torture Warrant].

[⑤]　See id. at 278 - 79.

这样，一个民主国家就可以公开坦诚地面对肮脏之手或邪恶之选，而不是假装问题根本不存在，或者只是几个害群之马负有责任。[1]

正如桑福德·莱文森（Sanford Levinson）在相关背景下所指出的那样，这种方法的优点是听起来务实、现实和固执，而不是天真和"道德主义的"。[2] 法律并没有完全禁止任何可能被视为酷刑的行为，而是在被禁止的行为周围画出明确的界限，对未经批准越界的行为严厉惩罚，只有在极少数情况下才允许从事被禁止的行为。如果这种制度被采用，自由主义的前提就有一定的合理性。客户可能希望寻求法官的许可，以越过界限从事被禁止的行为，并需要知道何时向法官申请授权令。因为发出授权令的法官对是否允许这种行为拥有最终决定权，一名拒绝向客户提供界限之所在的律师，在本质上就扮演了法官的守门人角色。这一批评适用于政府律师，它告诫律师不要用自己的政策偏好代替行政部门主管或总统的政策偏好。即使律师认为自己的行为是为了公众的最大利益，但公众利益是如此不确定，以至于律师实际上是在行使不可复审的自由裁量权。[3]

反对将酷刑合法化并使其受法律约束的建议，其最有力的论据并不是反对自由主义的前提。相反，其论点是任何一种合法的监管制度——包括其程序、官员、标准和先例——往往都有其特有的合理性，而这种合理性并不容易保持在规定的范围内。因此，划清界限并使酷刑变得极为罕见的计划注定要失败。打个比方说，法律制度往往会成为弗兰肯斯坦博士（Dr. Frankenstein）的怪物，并逃脱善意创造者的控制。或者，换一个比喻，只有在非常特殊的情况下，合法的酷刑才有可能转化为普遍的、由国家发起的暴力行为。[4] 例如，在法国殖民官员对阿尔及利亚（Algeria）起义的反应中，酷刑"由作为警察的审讯方法开始，发展成为军事作战方法，最终变成了一个秘密的国家机构，打击国家生活的

---

[1] Id.; see also Ignatieff, supra note 27, at 8（arguing that "necessity may require us to take actions in defense of democracy which will stray from democracy's own foundational commitments to dignity" but insisting that the process be "kept under the adversarial scrutiny of an open democratic system"）.

[2] Sanford Levinson, "'Precommitment' and 'Postcommitment' The Ban on Torture in the Wake of September 11," 81 *TEX. L. REV.* 2013, 2029（2003）（internal citations omitted）.

[3] See Lund, *President as Client*, supra note 9, at 77.

[4] See Shue, supra note 69, at 143.

根本"。①

这种反应来自这样一种见解：使酷刑授权令具有吸引力的正是使其如此危险的原因。通过将如此不道德的东西置于法律程序的约束之下，我们实际上使它合法化了。② 一旦它在狭隘的背景下被合法化，随后的行为人就可以将新的情况类比为允许的不道德行为的核心。③ 通过逐渐的进化，一些曾经被完全禁止的事情可以被接受和成为正常的。④ 参议员丹尼尔·帕特里克·莫伊尼汉（Daniel Patrick Moynihan）的名言是，法律"对越轨行为下了定义"。⑤

德肖维茨的论点来自一个经验假设，即在足够紧急的情况下，一名军事或文职官员可能会做出综合考虑一切的道德判断，基于这种判断他应该对嫌疑人施加酷刑，以获得可以挽救许多人生命的信息。关于合法化的观点表明，即使个人的决定在道德上是合理的（当然，这是有争议的），这种正当理由永远不会延伸到一个希望将酷刑规范化和合法化的国家。刑法理论家桑福德·卡迪什（Sanford Kadish）曾写道："虽然一个人在某些特殊情况下可以合理地使用残忍手段来获取信息，但一个国家应该不能无可非议地在其法律中这样规定，而是必须坚决禁止此类措施。"⑥ 例如，如果事实证明，官员对嫌犯实施酷刑的决定确实使炸弹在时代广场的位置被揭露，那么法律制度毫无疑问会找到某种方法来避免或减轻处罚。检察官可能决定不起诉这名官员，法官可能在技术上驳回指控，陪审团可能宣布指控无效，或者总统可能给予宽大处理。这可能是事后做出的正确决定，

---

① Pierre Vidal-Naquet, *Torture: Cancer of Democracy—France and Algeria 1954 –62*, at 15（Barry Richard trans., 1963）.

② See, e. g., Posner, *Best Offense*, supra note 63, at 28（offering a similar argument regarding the legitimation of torture, noting that "［h］aving been regularized, the practice will become regular"）.

③ See, e. g., id.（"If rules are promulgated permitting torture in defined circumstances, some officials are bound to want to explore the outer bounds of the rules"）.

④ Henry Shue observes that there is "a considerable danger…that whatever necessary conditions were specified, any practice of torture once set in motion would gain enough momentum to burst any bonds and become a standard operating procedure." Shue, supra note 69, at 141. Of course, this is ultimately an empirical question, and those who disagree with Shue argue that the metastasis of torture is more likely if decisions are left to the ad hoc discretion of low-level interrogators, rather than being regularized by the legal process. See Dershowitz, The Torture Warrant, supra note 177, at 290 –91.

⑤ See Daniel P. Moynihan, "Defining Deviancy Down: How We've Become Accustomed to Alarming Levels of Crime and Destructive Behavior," 62 *AM. SCHOLAR* 17（1993）.

⑥ Sanford H. Kadish, "Torture, the State and the Individual," 23 *ISR. L. REV.* 345, 347（1989）.

但并不意味着所依据的原则应纳入事前法律。① 换句话说，根据梅尔·丹－科恩（Meir Dan-Cohen）的著名论文，如果法庭遵循的规则（判决规则）可以与一套截然不同的规则相分离，后者是规范受法律约束者的行为的（行为规则），我们将设计非常不同的规则。② 在这种"声音隔离"（acoustic separation）策略下，法律可以逐案评估行为，而不会产生不良的行为激励。③ 尽管出于政策原因，法律可能会绝对禁止同类相食，但法官还是会对那些在救生艇上待了几周后获救的人表示同情。然而，如果没有声音隔离，人们就很容易从少数正当的不法行为类比推理到其他情况下没有正当理由的不法行为。④ 或许，原谅同类相食的先例可能会诱使潜在的杀人犯以不那么令人信服的理由杀人。此外，在没有声音隔离的情况下，法律惩罚的威胁往往会使人停下来，并非常严肃地考虑他们的行为理由实际上是否足以构成违反法律的理由。

反对自由主义前提的另一种说法直接挑战了这个前提，否认公民与法律之间的关系是这样的，即公民有权走到合法与非法之间的界限，只要他

---

① For this reason it would be extremely dangerous to advise ex ante on the possibility of *ex post* presidential pardon or prosecutorial discretion. The very attempt to play on prosecutorial discretion might be just the factor that convinces a prosecutor not to decline to prosecute. The prosecutor might conclude that discretionary nonprosecution is warranted where the actor believed himself to be faced with a choice of evils, between violating the law against torture and failing to prevent a catastrophic harm. The possibility of legal punishment might make the actor think long and hard about whether this was really a sufficiently serious emergency, and whether torture was really necessary to prevent it. But the actor would not be facing a similar choice of evils if he believed that he would not face prosecution, and might therefore be more cavalier in trying to resolve the dilemma of breaking the law or failing to prevent a serious harm. The ex ante reasoning process from the point of view of the actor, incorporating the assumed ex post reasoning of the prosecutor, would become an infinitely iterated game, resembling the famous "Sicilian logic" fromthe movie, *The Princess Bride.*

Now, a clever man would put the poison into his own goblet, because he would know that only a great fool would reach for what he was given. I am not a great fool, so I can clearly not choose the wine in front of you. But you must have known I was not a great fool, you would have counted on it, so I can clearly not choose the wine in front of me.

THE PRINCESS BRIDE (MGM/UA Studios 1987). I am grateful to Toby Heytens for raising the problem of building in legal advice concerning retrospective discretionary decisions not to punish the conduct.

② See Meir Dan-Cohen, "Decision Rules and Conduct Rules: On Acoustic Separation in Criminal Law," 97 *HARV. L. REV.* 625, 625 – 30 (1984).

③ See id. at 641.

④ See Gaeta, supra note 53, at 792 ("[O]nce it is expressly accepted that necessity does legally justify torture under such extreme situations as those described in the ticking-bomb paradigm, necessity could be successfully pleaded for any act of torture").

不越界。换句话说，当法律在某些领域进行规制时，它恰当地创造了模糊的界限而不是清晰的界限。原因是，人们应该完全避免某些形式的行为，而不是试图根据正式的法律禁令来谨慎地调整行为。杰里米·沃尔德伦提供了一个很好的例子："对某些人来说，重要的问题是'我可以和我的学生调情到什么程度才算骚扰？'就性骚扰法律而言，他已经处于不利地位。"① 我们会说，有人试图直接走到可诉骚扰的边界，他只是误解了遵守反骚扰规则的含义。即使他在某个特定案件中设法避免了法律制裁，他仍然没有真正"遵守"法律。人们对法律的态度与遵守的概念相联系，而正确的态度仅仅是将法律视为潜在的成本，这并不是不证自明的。

认为法律只在对行为施加惩罚的情况下才与实践推理有关的观点，是约翰·奥斯丁（John Austin）所提出的"命令－制裁"法律概念的遗风，哈特彻底否定了这一概念。② 正如哈特的著名论断所说，法律规则有一个"内在方面"（internal aspect），意指受法律要求约束的人对法律表现出批判性反思态度（critical reflective attitude）——公民恰当地将法律对服从的要求视为合法，并将偏离法律标准的批评视为正当。③ 对于酷刑备忘录，政府认为律师应该对法律采取一种"前瞻性"态度，而不是过快地得出法律禁止某些行为的结论。④ 诚然，律师不应该过于谨慎，但在不违背"法治政府，而非人治政府"这一理想的情况下，一个人只能前瞻这么多。正如大卫·鲁班（David Luban）所指出的，酷刑备忘录中的法律推理表明，律师只把法律看作是一块遮羞布，或者是为那些已经决定了自己做什么的政府官员提供一种掩护方式。⑤ 此外，如果我对法律权威的主张是正确的，那么对法律的前瞻性态度就变成了对道德的前瞻性态度，因为法律只有在公民能够就一些有争议的道德问题达成临时共识的情况下才是合法的。这是一种"非道德主义者"的态度，非道德主义者要求知道他为什么应该关心道德。⑥ 自由主义的前提不是一种尊重自治的道德价值的方式，而是系统性地不尊重道德的反映。

---

① Jeremy Waldron, "Vagueness in Law and Language: Some Philosophical Issues," 82 *CAL. L. REV.* 509, 535 – 36 n. 66 (1994).

② See Hart, supra note 14, at 18 – 25.

③ See id. at 55 – 57.

④ See supra note 23 and accompanying discussion.

⑤ See David Luban, Liberalism and the Unpleasant Question of Torture 37 (2005) (unpublished manuscript, on file with author).

⑥ See Bernard Williams, *Morality. An Introduction to Ethics* 3 (1972).

我的观点并不是说律师必须总是提供最保守的法律建议，换个说法，就是小心谨慎地处理法律问题。在法律范围内存在许多扩大边界或寻求改变的机制。在诉讼中，律师可以对法律采取激进的立场，但前提是这种立场不得轻率，必须披露任何相反的权威，而且律师不能对法律或事实做出错误陈述。[1] 因为对抗制中内置检查机制，例如公正的裁判、证据和程序规则，当然还有一个准备充分的对手，在诉讼中允许某种程度的攻击性。类似地，某些类型的行政诉讼，比如美国证券交易委员会（SEC）的备案，也伴随着程序审查，以确保不受律师过度创造的影响。然而，在交易代理中，这种制衡是不存在的，就其客户的合法权益而言，律师实际上扮演着法官和立法者的角色。例如，如果一位政府律师说，总统作为总司令有权中止美国根据各种国际条约所承担的义务，那么就该法案而言律师的建议就是法律。如果律师的建议是错误的，政府所面对的后果可能就是灾难性的，但只有在被发现的情况下才会如此。保密再加上对法律积极的"前瞻性"立场，本质上在行政部门内创造了一个不负责任的立法机构。[2]在这个案例中，政府律师完全抛弃了合规的理想，取而代之的是他们自己量身定做的法律制度，而不是协助客户遵守法律。

第四章　回避问题：定时炸弹和无效折磨

关于法律和道德之间的关系，对酷刑备忘录的争论揭示了一个有

---

[1] See Model Rules of Prof'L Conduct R. 3. 1 (2002) (stating that a lawyer shall not take positions that lack an adequate basis in law and fact); id. R. 3. 3 (a) (2) (stating that a lawyer shall not knowingly fail to disclose adverse authority); id. R. 3. 3 (a) (1) (stating that a lawyer shall not knowingly make misstatements of law or fact).

[2] As a kind of normative heuristic for evaluating interpretation, one might ask whether a lawyer would have taken the same position if he knew that the legal advice would become public. It is significant that the details of many of the structured finance transactions employed by Enron were obfuscated to the point that it was impossible for investors and analysts to figure out exactly what was going on. See Wendel, *Interpretation*, supra note 10, at 1224. As a result, no impartial observer could subject the transactions to the kind of critical scrutiny they received at the hands of the bankruptcy examiner. In an ideal world, the lawyers might have evaluated the legality of the transactions using this hypothetical standpoint: Assume a bankruptcy court will order an independent examination of these transactions-are we still committed to our conclusions? Similarly, the OLC lawyers might have asked themselves whether they would give the same advice if they knew their memos would be published on the Office's website (or leaked to the press) and picked apart by scholars with expertise in the relevant areas of law. If they had proceeded with that attitude, I suspect the analysis would look much different.

趣的逃避策略。该策略否认了所有酷刑的不道德性。在此，我们遇到了那个老套的比喻，定时炸弹的假设。① 在这个离奇的案件中，警方拘留了恐怖组织的一名成员，该组织在曼哈顿或其他大城市的某个地方安放了一个核装置。该囚犯知道炸弹的位置，重要的是，警察知道他知道这一点。该武器将在短时间内引爆，除非它的位置被揭露，并有拆弹小组前往将其拆除。这个例子通过产生"当然，在这种情况下对俘虏施加酷刑在道德上是允许的"这种直觉来发挥作用，从这个直觉出发可以得出一个更普遍的原则。这个假设也产生了一种元直觉（meta-intuition），那就是我们不应该天真地认为，在打击恐怖主义时永远都不需要采取赤裸裸的战术。②

但请注意这一假设的修辞效果：因为我们在定时炸弹案中承认酷刑是被允许的，所以我们承诺支持其他做法，例如将俘虏运送到埃及和巴基斯坦等国遭受酷刑，③ 使用诸如"水刑"和剥夺睡眠等严重胁迫手段，免除对俘虏的正当程序保护。这个论点显然是在某种程度上起作用的：我们离真正的定时炸弹场景越远，美国官员对直接使用酷刑的许可就越不安全。但只要案件与定时炸弹的假设相似，我们就有理由进行"刑讯逼供"，将囚犯移交给不那么严格的警察部队等。

考虑到酷刑众所周知的局限性，定时炸弹事件的持续存在是关于酷刑的辩论中令人惊讶的一个方面。定时炸弹案显然是非同寻常的，一方面是它所威胁破坏的规模（数十万人死亡），另一方面是所有行为者能查看他们所拥有的信息的确定性。④ 亨利·苏（Henry Shue）的评论很经典：

> 酷刑的受害者并不是我们所怀疑的安放装置的人：他才是凶手。

---

① See, e. g., Dershowitz, *Why Terrorism Works*, supra note 176, at 140 – 42; Winfried Brugger, "May Government Ever Use Torture? Two Responses from German Law," 48 *AM. J. COMP. L.* 661 (2000). The Schlesinger report actually frames its ethical analysis (tucked away in an appendix) around the ticking-bomb hypothetical. See Schlesinger Report, supra note 4, app. H.

② See, e. g., Oren Gross, "The Prohibition on Torture and the Limits of the Law," *Torture: A Collection*, supra note 61, at 229, 230.

③ As discussed above, this practice of "rendition" is a clear violation of international humanitarian law. See supra note 60.

④ See, e. g., Oren Gross, "Are Torture Warrants Warranted? Pragmatic Absolutism and Official Disobedience," 88 *MINN. L. REV.* 1481, 1497 n.58, 1501 – 03 (2004); Richard H. Weisberg, "Loose Professionalism, or Why Lawyers Take the Lead on Torture," *Torture: A Collection*, supra note 61, at 299, 304.

他并不是一个可怜的精神病患者，只是为了引起人们的注意才使出最后一招：他确实安装了这个装置。电线没有倒着，机械装置没有卡住：这个装置如果不关闭，就会摧毁这座城市。

……酷刑不会在某些省份小镇监狱的地下室里由当地暴徒嗑药进行；总理和首席法官都被告知此事；而且牧师和医生也在场。受害者不会被强奸或被强迫吃粪便，不会因心脏病发作而崩溃，也不会在说话前精神错乱；为了避免不可弥补的损害，消毒的疼痛会小心地增加，直到必要的信息被泄露，然后医生会立即使用抗生素和镇静剂。①

这一描述不仅没有涵盖绝大多数（如果有的话）实际已知的酷刑案件，而且它还与其他执法实践完全隔离。它不会渗透到地方警察部队，不会对过去的罪行进行调查，不会试图防止相对不那么严重的伤害，也不会基于对威胁行为的推测对嫌疑人进行讯问。它否认了最可能导致伤害的情况，即一种"酷刑文化"，在这种文化中官僚理性努力消除任何个人作为道德责任的所在。②

最重要的是，定时炸弹的假设没有考虑到政府工作人员经常使用的不完全信息。许多被羁押者最终都被关进了警察局，他们对恐怖主义阴谋的了解程度和参与程度各不相同，其中许多只是处于初步计划阶段。消息现在才开始从无辜的人那里传出，这些人被卷入了政府毫无止境的"反恐战争"。③ 在这些案件中，酷刑的受害者并不是那些手指放在核弹启动装置上的同谋者，而是那些恰好在错误的时间出现在错误地点的人。例如，一个叙利亚裔加拿大公民在肯尼迪机场（JFK Airport）被捕，仅仅是因为他被列入（显然没有正当理由）恐怖嫌疑分子的观察名单。④ 在美国接受了几天审讯后，作为秘密和非法的"特别引渡"计划的一部分，他被立即运往叙利亚。⑤ 在叙利亚，他被打得痛不欲生。在加拿大政府的压力下，他终于被释放。有见识的观察者估计，大约有 150 人可能被送到叙利亚、埃

---

① Shue, supra note 69, at 142.

② Luban, supra note 197, at 26.

③ In some estimates, between seventy and ninety percent of persons detained in Iraq were arrested by mistake. See ICRC REPORT, supra note 4, at 388.

④ See Mayer, supra note 21. The Canadian government has established a Commission of Inquiry to investigate this incident, with which the U. S. government has refused to cooperate. See Commission of Inquiry into the Actions of Canadian Officials in Relation to Maher Arar, http://www. ararcommission. ca/eng/index. htm（last visited Oct. 2, 2005）.

⑤ Mayer, supra note 21. For discussion of the（il）legality of rendition, see supra note 60.

及、摩洛哥、约旦和乌兹别克斯坦等国家，这些国家都被认为使用酷刑。①

有些人试图用定时炸弹的假设来证明酷刑是可以被允许的，他们举出了一些例子，比如基地组织的一个小组试图在太平洋上空轰炸西方航班未遂事件。② 但在对这名被捕嫌犯进行审讯时，菲律宾情报官员并不知道这一阴谋，也不知道这名被捕者掌握了可以阻止这一阴谋的信息。③ 他们只是因为他被认为是基地组织的成员而对他施以酷刑，而且他们偶然发现的一些信息，使他们得以解除爆炸阴谋。即使酷刑使这一信息被揭露，该案中施行酷刑的正当理由也完全是事后的，因此在大多数事先不知道某一被羁押者是否掌握有用信息的情况下，酷刑的理由是不适用的。以真实案例而不是定时炸弹假设作为我们的出发点，会得出一个完全不同的结论，一个几乎没有人愿意接受的结论，即任何有可能掌握预防恐怖袭击信息的人都可能遭受酷刑。真实的案件也会带来现实世界的其他复杂情况，例如，酷刑通常不会在司法部部长和医生站在旁边的情况下进行；相反，实际上是军警预备队未经训练的野蛮人在没有监督的情况下进行审讯。正是由于排除了现实中这些不方便的因素，定时炸弹假设作为一种进行规范分析的工具非常令人不满。这也是强烈禁止任何与酷刑有关行为的一个独立理由：“为了有一个可信的案例或道德上允许的酷刑而必须编造的情况与实际发生的情况之间的距离，如果有的话，是现有的酷刑禁令应该继续存在的另一个理由……”④

虽然这个定时炸弹假设被用来反驳酷刑永远不能被接受这一观点，但酷刑的反对者也有他们自己的说辞来回避棘手的道德问题：谨慎的观点认为酷刑不应该被实施，因为它不会产生有用的信息。⑤ 这种观点的问题在于，它可能并非在所有情况下都是正确的；在某些情况下，对嫌疑人施以酷刑确实能获得情报，使当局能够挫败恐怖袭击。记者马克·鲍登（Mark Bowden）在《大西洋月刊》（*Atlantic Monthly*）的一篇挑衅性文章中描述

① Peter Beinart, "Outsourcing," *NEW REPUBLIC*, May 31, 2004, at 6, 6; Mayer, supra note 21.

② See Posner, Best Offense, supra note 63, at 28; Doug Struck et al., "Borderless Network of Terror: Bin Laden Followers Reach Across Globe," *WASH. POST*, Sept. 23, 2001, at A1.

③ Additionally, two Philippine journalists who investigated the case reported that the information on the plot was actually recovered from a computer in the suspect's apartment, not divulged under torture. See Meek, supra note 64 (citing the report of Marites Vitug and Glenda Gloria).

④ Shue, supra note 69, at 143.

⑤ See, e. g., Michael Ratner, "Moving Away from the Rule of Law: Military Tribunals, Executive Detentions and Torture," 24 *CARDOZO L. REV.* 1513, 1521 (2003).

了一个来自以色列的案例，在这个案例中，"逼问"（coercive interroga-tion）使一名嫌疑人揭露了在一所宗教学校绑架学生的阴谋；安全部队抓获了这些可能成为恐怖分子的人，并救出了孩子。① 同样地，西摩·赫什（Seymour Hersh）在其《指挥链》（*Chain of Command*）一书中，讲述了约旦秘密警察如何设法压制曾威胁过侯赛因国王（King Hussein）的阿布·尼达尔（Abu Nidal）组织的故事；约旦人威胁要杀死阿布·尼达尔嫌疑同伙的家人，这导致该组织变得四分五裂，效率低下。② 另一方面，许多有经验的审讯人员会同意一名联邦调查局（FBI）前调查员的说法，他在"9·11"事件后对基地组织成员进行了一些早期审讯，之后就从联邦调查局退休了。他说，美国调查人员从一名嫌疑人那里得到了错误信息，因为"他们是从他那里逼供出来的。你永远不会这样从某人那里得到正确信息"。③ 此外，随着被拘留者人数的增加，通过任何手段从任何给定的审讯对象那里获得有用信息的可能性降低了。

虽然我批评了定时炸弹假设和酷刑无效的说法，但值得强调的是，关于酷刑的道德辩论并非完全不确定的，甚至不是明显不确定的，在很多问题上有很大的道德共识。完全随机地把小孩子聚集起来，仅仅为了好玩而折磨他们，这种做法的道德性是没什么问题的，除非这是由疯子所为。另一方面，理性的人在例子被改变时可能会对一个行为的道德性产生异议，也可能会对在道德分析得出不同结论之前必须做出多少改变产生异议。设想提出如下问题：

如果当局扣押了 A，并且根据 C 确定的可靠信息了解了 B，认为对被拘留者使用 D 技术有可能防止对 E 造成伤害，那么这种行为是被允许的吗？

变量 A 的范围从"在阿富汗错误的时间出现在错误地点的某一可怜的施努克人（Schnook）"，一直到像哈立德·谢赫·穆罕默德（Khalid Sheikh Mohammed）这样的人；变量 C 和 E 根据被拘留者的身份可以有很大的变化；变量 D 包括一切，从无害的技术，如唱红脸白脸或将被羁押者置于"妙美客"主题中，到设计出的最残暴的酷刑；变量 B 可以包括可

---

① See Mark Bowden, "The Dark Art ofInterrogation," *ATLANTIC MONTHLY*, Oct. 2003, at 51, 65 – 66.

② Seymour Hersh, *Chain of Command: The Road to Abu Ghraib* 83 – 84 (2004).

③ Mayer, supra note 21; see also David Ignatius, "'Rendition' Realities," *WASH. POST*, Mar. 9, 2005, at A21 ("[I]n 30 years of writing about intelligence, I've never encountered a spook who didn't realize that torture is usually counterproductive").

能有助于美国指挥官与伊拉克叛乱分子作战的战场情报，甚至还包括众所周知的定时炸弹在时代广场的位置。①

一旦引入这些变量，问题就变得更加复杂，仅靠推理很难达成一致。从一个公民的角度来看，他受到道德约束而做出一个经过全面考虑的决定，除了参与这个推理过程之外别无选择。但是，涉及整个社会应遵循的规范的政治问题，并不涉及公民独立于他人的推理。不是在想"我应该做什么？"，一个社会成员在考虑一个政治问题时会思考："（1）我认为我们应该做什么？以及（2）我们应该做什么？"有良知的公民对第一个问题有自己的看法，也就是说，我认为我们应该对这样那样的事情做些什么，但这种观点并不排除其他人在公开辩论中的看法。第一个问题的多个答案之间可能存在冲突，这意味着第二个问题的答案不能直接从第一个问题推导出来。公民在慎思第二个问题时必须考虑并充分尊重他人的意见。可以说，"用一个脑袋"进行推理是不可能的。或者，至少很可能的情况是，有一些程序可以更有效地考虑他人的利益，而不是一个独立的公民试图通过自己的政治决策来推理。基于这些原因，第二部分所呈现的关于法律权威的描述，不能通过诉诸善意分歧的理由来回避。

结　论

从根本上说，酷刑备忘录的弊端是律师的伦理唯我主义，他们真诚地相信自己是正确的，尽管法律权威与他们的立场相悖。行政当局的学术捍卫者引用了"有活力的年轻宪法学者"的著作，他们的观点比那些在最高

---

① The contrary situation is not the precise mirror image, in terms of the moral wrongfulness of action. Suppose the law flatly prohibits making physical contact with detainees, but a lawyer advises the officer the he can kick a chair out from under a prisoner, reasoning that because the physical contact was not direct it is not prohibited by law. Any first-year torts student would recognize this reasoning as erroneous, on the authority of *Garratt v. Dailey*, 279 P. 2d 1091 (Wash. 1955), so the lawyer violated her second-order moral obligation to treat the law with respect and not exploit apparent loopholes. In addition to this violation, the lawyer can be charged with the first-order moral violation inherent in assisting the commission of a violation of the detainee's rights. Thus, where lawyers willfully manipulate legal norms to create an apparent permission for their clients to commit morally wrongful conduct, the complete moral evaluation of the lawyer's actions may vary depending on the seriousness of the first-order moral values that would be replaced bythe law, if the law had been properly interpreted. I am grateful to Steve Shiffrin for pointing out this possibility.

法院、国会和国际条约谈判论坛中获胜人的观点要好。① 不管这些学者有多聪明，他们的观点也不是律法。道德问题的解决办法没有被社会按照公平程序采纳。具有代表身份的律师在依据基于全面考虑的道德判断行事时，其权力并不比他们的当事人大。如果当事人受法律约束，那么律师就有义务根据法律为他们提供建议，而不是根据律师自己对最佳"前瞻性"社会政策的判断。批评政府的律师缺乏对法律的忠诚，并不是在逃避对酷刑的道德恐惧。这是对尊重法律的道德权利的承认，也是对否认法律权威的律师所犯下的个别错误的批判。

尽管定时炸弹假设非常不可信，但最后问一个可能最难的问题才公平：② 假设一个联邦调查局特工在 2001 年 9 月 11 日之前抓获了穆罕默德·阿塔，他对所有相关事实都了如指掌，并且知道阿塔掌握了可以让安全官员揭露恐怖阴谋的信息。对阿塔施刑或者把他送到另一个国家去受刑，这是被允许的吗？当然是。即使是像亨利·苏这样对酷刑持强烈批评态度的人也表示，"没有办法否认酷刑在定时炸弹这样的案件中的可接受性"。③ 然而，如果一个实际案例与定时炸弹假设有所不同，那么使用酷刑的正当理由就必须是一个类比论证，其基础是定时炸弹案中的伤害平衡，以及对从该案中进行归纳的合理程度的论证。换句话说，定时炸弹假设中的道德问题变成了酷刑行为的合法性问题。根据现行法律，酷刑是不可能合法的。如果在真正紧急的情况下，一个政府官员决定对穆罕默德·阿塔实施酷刑——这个决定拯救了数千人的生命——我们应该把这种行为视为正当的不服从。在这种情况下，法律机构无疑会设法避免起诉或减轻惩罚。然而，重要的是，我们继续认为该行为是非法的，尽管在极端胁迫的情况下，这种行为是可以被原谅的。在一个离奇的案件中，酷刑的可接受性并不能说明什么普遍性。政府律师在所谓的反恐战争中提出的不合乎伦理的建议，是寻求将酷刑纳入法律，而不是通过正确地解释法律来捍卫法律，认为酷刑总是在法律之外。

---

① Posner & Vermeule, supra note 111. One lesson of history is that intelligence alone is no guarantee against catastrophically flawed decision-making. President Kennedy's top advisers were renowned for their brilliance, yet they blundered into the Bay of Pigs debacle and, when many of them carried over into the Johnson administration, grossly miscalculated the risks of escalating U. S. intervention in Vietnam. See Janis, supra note 7, at 35 – 36, 109 – 20.

② Ignatius, supra note 217.

③ Shue, supra note 69, at 141.

论法律职业从业者的职业人格及养成

李小红*

摘　要：法律职业从业者职业人格是其外呈于社会的职业形象，对其职业发展有重要价值，更对法治事业发展有重要影响。法律职业从业者在履职过程中应呈现自律、审慎、担当、民主、公正、理性等职业人格。型构法律职业从业者的职业人格应以法官为核心主体、以法治职业共同体建构为依托、以规范职业行为为基本内容、以规范职业言论为重点。法学教育、法律职业资格考试、法治职业培训是法律职业从业者职业人格养成的基本路径：法治人才的职业人格素养在法学教育中，应主要依托博雅教育模块培养；在法律职业资格考试中，应将职业人格素养列入考核范围；在法律职业从业者的职业生涯中，应长期坚持职业人格专项培训。

关键词：法治职业　职业人格　法治工作队伍　法律职业伦理

法治的关键在于人，法律职业从业者的职业素养既影响法治建设水平，也影响法治职业共同体整合社会价值的水平。法律职业从业者职业素养之高低以及职业素养是否与职位匹配，是能否充分发挥其推进法治建设人力价值的关键所在。对此，习近平总书记说过，法治人才培养上不去，法治领域不能人才辈出，全面依法治国就不可能做好。[①] 近年来，中央一贯倡导法律职业从业者要政治、业务、责任、纪律、作风"五个过硬"，在规范化、专业化、职业化建设基本要求上，法律职业从业者的思想政治和纪律作风建设一直摆在首要位置，强调法治人才要立德树人、德法兼修。依此，法律职业从业者的职业素养至少应包括专业的法知识技能、科学的法思维理念、正当的法职业伦理道德。其中，外在的法职业人格和内在的法职业道德是法职业伦理道德的重要构成模块，也是法职业群体综合

---

* 李小红，法学博士、社会学博士后，江苏省社会科学院副教授，江苏高校区域法治发展协同创新中心研究员。

① 转引自马怀德《贯彻习近平法治思想　培养高素质法治人才》，http://www.jyb.cn/rmtz-gjyb/202012/t20201217-382787.html。

素养的重要内容。

从目前的研究成果来看，学术界对法职业道德的研究较为深入，对法职业人格的研究则非常薄弱，只有少数文章关注了警察类职业群体的职业人格。在一些关于法职业伦理的研究中，对法职业人格问题略有提及，但并未对法职业伦理、法职业人格和法职业道德的关系作出详细析分，更未对法律职业从业者的职业人格对法治工作的独特价值进行剖析。基于此，本文即从职业人格的基本理论出发，结合我国对法律职业从业者的素养要求，重点探讨了法律职业从业者的职业人格基本内容、型构模式以及具体养成路径等问题。

一 法律职业从业者的职业人格

（一）人格与职业的关系

本文语境下的"人格"，主要指人外呈于社会关系中的相对稳定的性格、气质、能力等特征总和，一个人长期的社会行为和人际交往状态会呈现出其个体的人格特征。有研究者认为，"人格特征的种类是人类共有的，但每一种特质在量上是因人而异的，这就造成了人与人之间在人格上的差异"，人格特征表现为"跨情境时个体的一致性、普遍性和跨时间的稳定性、持续性"。[①] 人格特征受制于个体内在的情绪控制，却只有外化为行为时才有研究的可能和必要，同时，相似人格特征的人又表现出大致相似的行为特征。依托心理学家对人格特征度量方式的研究成果，人格经济学研究者开始关注劳动者的职业人格与职业相关问题的关联性，如职业人格对工作效率、劳动者收入的影响等。[②] 这些研究成果丰富了人才管理的方式，有的用人单位在进行人才引进和人力资源管理时，会使用人格评价法去测评人力资源的质量。

基于职业人格对劳动者职业行为的影响已为理论关注、实践证实，在研究中国法律职业从业者相关问题时，有必要深入探讨法律职业从业者的职业人格与法治职业行为之间的关系。一般说来，外在的职业人格是从业

---

① 朱作燕：《大五人格对工作绩效评价的影响——自我监控的调节作用》，上海交通大学，硕士学位论文，2012，第 10 页。

② 程虹、李唐：《人格特征对于劳动力工资的影响效应——基于中国企业—员工匹配调查（CEES）的实证研究》，《经济研究》2017 年第 2 期。

者内在职业素养的反映，思想与行为不断结合、固化，促使职业人格逐渐成熟、定型；反之亦然，职业人格影响从业者的职业行为，进而会影响其所从事的职业。法律职业从业者的职业人格既影响其个体的职业发展，也影响法治职业共同体外呈于社会的群体职业形象，以及法治的治理效能和法治文化的影响力。职业共同体的基本构成单位是独立的职业人，个体的职业人格会影响群体的职业人格，或者说，职业共同体是基于共同体成员职业状况与职业精神而呈现和凝聚的社会共同体。法律职业从业者健全的职业人格，可优化其职业行为，促进其职业目标实现，同理，良好的群体职业人格，可保证法治职业共同体在从事立法、司法、执法、释法等具体法治工作时，形成良性互动机制，进而推动法治事业健康发展。因此，讨论法律职业从业者及其共同体的职业人格，既要关注法律职业从业者个体的职业人格，也要关注个体职业人格对职业共同体职业人格的影响。

研究表明，"人格特征不仅是一种心理特质因素，也是劳动力进行人力资本积累的重要技能要素。作为重要的非认知能力，人格特征通过教育干预不仅可以实现自身的有效积累，并将显著提升受教育程度、技能状况等认知能力投资的边际收益"。① 由此可知，职业人格可通过后天教育、培训的干预产生变化；职业人格的正向有效积累可推动劳动者其他职业能力的有效积累，并最终影响人力资源的职业价值。所以在确知法律职业从业者及其共同体职业人格对法治职业行为的价值后，需要进一步思考，倡导何种职业人格最有利于法治职业及法治事业发展，通过何种方式、路径去培育法律职业从业者具备这种最有利的职业人格等问题。

（二）法律职业从业者的普遍职业人格

法律职业从业者的普遍职业人格，是指法律职业从业者应具备的基本的、相似的气质形象。主要有以下几种：一是自律。自律意指自我约束，就法律职业从业者个体而言，自律表现为不管有无强制性约束规范，其行为举止均应外化呈现出与法治职业相称的妥当性、得体性，应符合一般大众对法律职业从业者的期望。就法治职业共同体而言，自律意味着群体自治，通过群体有效自治，向社会展现出契合法治精神的群体职业人格，进而增强社会主体对法律职业从业者职业行为，以及由其行为而产生的法治

---

① 程虹、李唐：《人格特征对于劳动力工资的影响效应——基于中国企业—员工匹配调查（CEES）的实证研究》，《经济研究》2017 年第 2 期。

结果的认同。二是审慎。审慎意指周密而谨慎，审慎的法律职业从业者讲逻辑，有理性，有大局观、全局观，不冒进、不冲动，职业目标清晰，工作条理严谨，团队合作能力良好。三是担当。"担当"作为职业人格描述词汇，意指"接受并负起责任"。担当的职业人格应表现为勇于、善于担负工作责任，有担当的法律职业从业者表现为可尽职尽责地完成本职工作，善于思考总结，提优工作效能，还注重与共同体其他成员良性互动，发挥群体优势，彰显职业合力，坚守法治底线，从而稳步推进法治事业。

（三）法律职业从业者的岗位职业人格

法治职业共同体内部存在有机互动、相互依存的多个职业群体，各职业群体应各司其职，完成其共同体内部的职业分工任务，由此，各职业群体在履职过程中，应呈现出鲜明的岗位职业人格。第一，对于法律制度建构者来说，其职业行为应彰显出兼收并蓄的特征。因为立法的过程是一个价值选择的过程，立法的科学性、民主性要求，立法者必须听取多方建议和意见，以使所立之法能兼顾各方利益。第二，对于法律纠纷裁判者来说，其职业行为应表现为衡平中立。裁判法律纠纷时裁判者行为风貌只有表现为不偏不倚、权衡持平，才能充分彰显裁判者公平正义的职业形象，进而影响人们对其裁判结果的认同度。第三，对于法律事务代理者来说，最重要的是做到尽职尽责。因为该类法律职业从业者的代理权，有的系国家法律明确规定，法定授权不可不为，如果代理者渎职，就意味着被代理主体权益受损；有的系通过与他人建立合同关系而获得，双方对权利义务有明确约定，不积极履行义务则要承担相应的合同责任。第四，对法学理论阐释者来说，则应追求权威超然的职业形象。法学理论阐释者除归属于法治职业共同体外，还可归属于知识分子群体，在法治事业推进过程中，他们应展示知识分子睿智、理性、淡泊名利、执着于志业、富有批判精神等职业人格，以实现群体对法治事业贡献的最大化。①

二 法律职业从业者职业人格的型构模式

法律职业从业者个体的职业人格，影响其职业行为效能，也影响群体职业形象，进而影响法治事业的发展水平。法治职业又包括立法、司法、

---

① 李小红：《法学学者的知识权力问题研究》，《南京社会科学》2016 年第 12 期。

执法、释法等诸多工种，因此型构法律职业从业者的职业人格是一个系统工程，总体框架、重点工种、具体导向、基本依托等问题应通盘考量。无论是建设不同种类法治工作队伍，还是构建抽象的法治职业共同体，只有确立了科学、合理的养成模式，才能做到有的放矢，协同推进，并产生综合效应。

（一）型构法律职业从业者职业人格应以法官为核心主体

确定型构法律职业从业者职业人格的核心主体，主要考虑两个因素，一是该类主体对法治事业的影响力，二是该类主体对法治职业共同体职业形象的影响力。法官的主要岗位职责是裁判具体法律纠纷，在解决个案的同时普及法律知识，传播法治文化，培育法治精神。因其对法律纠纷有终极裁判权，故对当事人权益影响重大，又因裁判案例具有很强的示范效应，故对其他不特定当事人也会产生制约力，可见法官作为裁判者以及规则的隐性制定者，对法治事业有很强的影响力。同时，法官作为法律帝国的王侯，手握司法权，是公平正义的象征，如果法官职业人格不鲜明、不妥当，甚至异化，则对法治职业共同体的人格形塑冲击最大，法官的职业行为与其该有的职业人格不相称，会"伤及社会公平正义、司法权威"，"受损的不只是当事人或受害者的利益，更主要的是伤及司法正义和对法治的信心"。[①]

衡平中立是法官的典型职业人格，也是法治职业共同体中法官该当的职业角色定位，但具体来说，现代法治的理念变迁，以及中国当前裁判工作的复杂性，导致法官的职业人格呈现出多元特征。廉洁公正、不惧权贵、铁面无私、神秘威严是中国古典小说中塑造的包公式法官形象；马锡五式法官骑自行车、骑马，翻山越岭、田间地头巡回审判，这是极具亲民色彩的职业形象；之后头顶国徽、大檐帽的军事化、行政化法官形象也很突出。当下法官着法袍，执卷执槌，高踞法庭问案，具备了权威中立裁判的职业外部形象，但实践中，由法官职业行为所呈现的职业人格则存在"多重、复杂、矛盾"的特征，"历史的、现实的、中国的、西方的夹杂在一起，单一的形象已经无法准确描述"：基层法院法官要塑造"人情练达、经验丰富、务实勤奋、善做群众工作，能真正解决纠纷的基层法官民间形象"；中、高级人民法院法官，要塑造"知识渊博、勇于创新、明谋

---

① 郑小楼：《法官腐败报告》，《财经》2013 年第 15 期。

善断、公正高效的法官职业形象";刑事法官要"威严庄重、不徇私情";民事法官要"中立客观、细致亲和";商事法官要"业务精湛、办事高效";行政法官要"公正不阿、关注民生、保护弱势";少年法官要"和蔼可亲,慈祥善良";等等。①

当前,型构法官的职业人格,应着重坚持两点,一是以不冲击"衡平中立"这一特征性岗位人格为基本原则。法官个体外化的职业形象是亲和还是威严并不重要,重要的是其具体职业行为与法官衡平中立的职业形象不能冲突。二是通过职业行为,具体呈现衡平中立。在处理纠纷的程序中,注意保证双方当事人的权利平等且充分实施,对纠纷最后的裁判、决定应以正义、公正为基本原则,以情理、法理为内心理念,以有效法律为依据,以实现和体现公平、定纷止争为主要任务。特别是在刑事案件审判过程中,因为业务往来和单位性质,社会公众,甚至在这些用人单位内任职的一小部分从业者自身都有"公检法一家亲"的内心预设,作为裁判者的法官在案件处理过程中,更应注意对被告人及其辩护人调查权、举证权、辩论权等权益的平衡。

(二) 型构法律职业从业者职业人格应以法治职业共同体建构为依托

研究法律职业从业者职业人格的终极目的是推动法治建设,而法治是治国理政的模式,也是一种价值追求、文化样态,当一项事业已经向文化理念、精神文明层面发展时,必须依托一个知识、技术、理念、思维等高度统一的职业和文化共同体去推动。法治职业共同体就是这样的共同体,因其是职业共同体,故可通过共同体内部的良性职业互动协作,推动法治建设;又因其是文化共同体,在法治事业推进过程中,共同体可持续发挥文化的辐射效能,改变人们的生活方式、行为模式、交往范式,最终实现法治文化对社会价值的整合。

型构法治职业共同体的群体职业人格,重点从两方面着手,一是加强群体自治。只有借助良好的群体自治基础,才可能实现法治职业共同体内部的良性互动。共同体群体要有自治的意识、目标、行动、能力,并在持续不断探寻如何自治的过程中,向社会公众呈现出群体自律、审慎等职业人格特征。二是推进社会共治。共治强调多元主体对社会的共同治理,法

---

① 田成有:《法官的信仰:一切为了法治》,中国法制出版社,2015,第10、11页。

治语境下的共治，必然包含社会治理"法治化"之义，法治职业共同体可发挥群体优势，将最接近法治精神，最有利于法治建设的价值判断固化为制度，并严格推行，以树立法律权威；也可发挥共同体的法律文化阐释者作用，为社会公众识别、剔除、矫正非法治文化因子，普及法治理念，向社会公众呈现出群体有智力、勇担当等职业人格特征。

（三）型构法律职业从业者职业人格应以职业行为规范建设为基本内容

职业行为是型构职业人格的基本载体，法律职业从业者的职业形象主要通过处理各种涉法事务得以彰显，其职业行为符合该当的行为规范，则外呈的职业人格就是适宜的，反之则有损其职业人格，从而影响其职业行为的实质效力。

法律职业从业者的职业行为主要是立法、执法、司法、释法等，每一种职业行为必然有大量具体的行为规范，但从型构法律职业从业者职业人格角度考量，严格做到两点即可：一是规范处理法律事务。规范主要指处理具体法律事务时，必须遵循法定程序。随着我国制度体系的完善，法治职业共同体中各职业群体所处理的事务，几乎都有严格的程序性规定。这些程序性规定会对何时、何地，哪类法律职业从业者以何种方式承担何种工作做出规范。法律职业从业者是在各用人单位，具体落实和推进各项法治事务的直接行为者，在处理岗位职责所该当的法治事务时，必须严格遵循程序规范，以通过直观的、看得见的公正来彰显法治事务处理过程和结果的妥当性。二是合理行使职业权力（利）。合理是指遵循法律程序处理事务的同时，还应致力于实现正当程序价值。法律职业从业者处理法律事务时，如果行为对象是普通社会公众，则应充分释明程序要求和价值，确保当事人程序利益不受损；如果行为对象是共同体成员，则要在程序中排除"一切意气用事，所有的喜怒哀乐的情绪、情节、情况，通过形式化、专门化的法言法语，统统凝结为程序中的论辩、推理、证明和决定"。[1]

（四）型构法律职业从业者职业人格应以规范法治职业言论为重点

一言而兴邦，一论而丧邦，法律职业从业者的职业言论能最直观地呈

---

[1] 姚建宗：《法律程序》，张文显主编《法理学》（第二版），高等教育出版社、北京大学出版社，2003，第161页。

现出其职业人格。此处言论取广义，包括动态交互言论，如主持庭审、法庭质证、发表公诉意见等，也包括静态言论，如裁判意见、代理词、辩护词等。通过交互言论，相关方可直接感受法律职业从业者的性格、气质、处事能力等，通过研读书面言论，他人也可间接识别法律职业从业者处理法律事务的专业能力、价值取向等。为保证法律职业从业者的职业言论不损害其职业人格，在为职务言论时，一要做到理据充分且逻辑自洽，二要坚持理性严谨，就事论事，避免冒进冲动、虚言妄言。

三　法律职业从业者职业人格的养成路径

法学教育、法律职业资格考试、法治职业培训是法治人才的基本养成路径，自然也是法律职业从业者职业人格的养成路径。三条路径在实践中多有交叠，但为方便研究，此处只针对纯粹的路径类型进行分析。从具体事务来看，法律职业从业者职业人格的养成，重点应着手完善法治职业行为规范制度、推进法治职业社团组织建设、充实法治职业人格培养内容等，这些重点培养模块应在各类养成路径中体现，但各模块在不同路径中的侧重应有所区别。简言之，法律职业从业者职业人格的养成应凸显路径价值，形成分工协同。

（一）法学教育：应依托博雅教育培育法学专业学生职业人格

法学专业学生是法律职业从业者的主要储备人才，此处的法学教育，主要指针对未任职法学专业学生进行的学历学位教育，法学教育强调基础性、综合性、全面性，可以兼顾职业性，但不应等同于职业培训。职业人格影响从业者在职场中的发展环境、前景等，法学专业学生是法治职业后备人才，有必要在法学教育中能动地渗透法律职业从业者人格养成内容。职业人格奠基于人格，人格养成与个体的学识水平、生活经历有关，正所谓腹有诗书气自华，人情练达即文章。法律职业从业者自律、审慎、担当、兼收并蓄、衡平中立、尽职尽责、权威超然等各类性格、气质与法学专业知识和技能有关联但并不密切。这些气质、品性的养成需要学生对人类、人性、人世、人生等各种抽象命题有充分的体悟，洞明世事则气质自成。这部分教育从中小学开始，到本科阶段接续完成，教育路径正是博雅教育。

博雅教育是培养广博知识、文雅气质、思维方式的教育。大学中博雅教育理念与中小学的"三好学生""四有青年"等基础教育理念，均意在提升学生的综合素养，只不过在大学，这种素养的养成开始与专业知识相结合，力度和针对性加大，比如大学会开设"职业生涯规划""就业指导"类课程，专业课程也会兼顾职业能力培育等。中小学期间，由于"应付各种各样的高利害关系考试，教师、家长和学生在其中投入了大量的时间和精力，使基础教育事实上变成了一种功利性极强的高负荷应试教育"，① 这使得学生的博雅素养养成不足，由此带来的弊端，在进入大学特别是从大学再走向职场时就会凸显。故法学学历学位教育应通过设置文史哲、社会学、心理学等对未来从事法治职业有益的人文类课程，培养法学专业学生成为"能够自由地对新的变化境遇做出自己正确的和独立判断的人"，具有"理性思维能力"的人，"博雅教育强调知识学习对于一个人心智发展的作用，强调教育应当具有与功利或职业考虑无关的塑造心智的价值，这与当代人们对基础教育的理解是一致的"。②

法治职业与人的社会关系、人的思想等紧密关联，故对从业者综合素养要求更高。本科层次的法学专业学生位于学历教育起始阶段，人格尚不稳定，博雅教育理应加强。该类内容应在本科低年级学生的教学大纲、课程设置中科学规划。换言之，笔者认为，在研究生的法学教育中，博雅教育无须作为必设教学内容，可由学生选修或自学强化这部分教育内容。同时法学专业学生的专业课程本身就是很好的博雅教育内容，法学课程与其他人文类课程可以很自然地整合为一体，作用于学生心智。对此有学者甚至认为，"真正的专业法学教育并不教授实务技能，并不仅教授法条"，"真正的专业法学教育是素质教育"。③ 在一定意义上，对于法学专业学生来说，博雅教育与专业教育是混同开展的，甚至即使如"法律职业伦理"这类有专门的法律职业从业者人格养成知识模块的课程，其总体上依然是侧重博雅教育的。正因为此，本科阶段法学专业课程开设的面一定要广泛，要能让学生综合了解学科体系，对专业知识、体系、精神等有基本的、全面的认知。2018 年 4 月教育部颁布的《普通高等学校本科专业教学质量国家标准（法学类）》，将"法律职业伦理"课列为法学专业学生的专业必修课，

---

① 陈建华：《论基础教育、素质教育与博雅教育的内在关系》，《南京社会科学》2013 年第9 期。

② 陈建华：《论基础教育、素质教育与博雅教育的内在关系》，《南京社会科学》2013 年第9 期。

③ 何美欢：《论当代中国的普通法教育》（第二版），中国政法大学出版社，2011，第 82 页。

对法学专业人才的"职业人格"素养提出明确的养成要求。应当说，这为法律职业从业者职业人格养成的法学教育路径如何走，指明了方向。

（二）法律职业资格考试：应将职业人格素养列入考核范围

职业资格制度本质上属许可类制度，目的是国家要对特定职业从业者的资格、能力等进行管控，以储备或选择适格的从业者。法律职业资格考试的目的是为法治职业选拔、培养准从业者，考试以职业化为目的，则将职业人格素养列入考核范围是题中之义。为达此目的，以下两点殊为重要：第一，法律职业资格考试的内容中应有"职业人格"模块。国家在法律职业资格考试中通过对考试内容的控制，可实现理念与知识的权力引导。换言之，如果我们要求法律职业从业者有"健全的职业人格"，那么考试内容中即应有相关知识模块，考试是教育的一个环节，对培养人才有特殊价值，为应对考试，应试者在压力或利益的驱动下，对考试内容学习的专注度远高于科班学习，也就是说，应试者为通过考试而系统学习法律职业从业者职业人格专业知识，本身也有助于其职业人格素养的养成。第二，法律职业资格考试的形式应有利于考核职业人格素养。考试应有限开卷，允许应试者使用包含全部法律法规数据库的电子设备和一定的计算设备，以减轻应试者完全没必要的记忆性投入，从而将精力投入搜索材料、分析判断、阐述说理能力等的应试准备上。考核方式应能够更好地检视出应试者的职业能力和职业素养。检视职业人格素养，分析类主观题的考查效果要优于选择类客观题，考查应试者运用法学理论、法律知识、法律思维等判断、分析、论辩、说明的能力，比对其进行形式类专业技能的考核更为重要。

（三）法治职业培训：应长期坚持法律职业从业者职业人格素养专项培训

职业培训包括任职前培训和在职培训，该路径专注于提升从业者的人力资源价值，法律职业从业者的职业人格对人力资源价值有重要促进作用，因此应长期坚持针对法律职业从业者职业人格素养开展专项培训。"精神的东西，会按精神的方式行进，而获得这一精神最好的办法就是崇尚它，只有崇尚才能根植于心，为灵魂所拥有。"[1] 职业生涯中长期的理

---

[1] 〔美〕罗伯特·N.威尔金：《法律职业的精神》，王俊峰译，北京大学出版社，2013，第152页。

念灌输以及法律和职业纪律的硬性制约，是法律职业从业者职业人格养成的重要手段。根据中央关于法治工作队伍建构的各项部署，我国法治职业培训坚持的是"统一标准、分系统实施"原则。笔者认为，"统一"的内涵可不断丰富，在一定区域内，时间、地点、培训内容、培训团队等都可统一。在统一的职业培训中，可着重培养法律职业从业者的普遍性、国别性职业人格，在"分系统"培训时，则可重点培养法律职业从业者的岗位职业人格。

作为方法的法律职业伦理

温　荣*

摘　要：法律职业伦理是法律方法实现的必然要素，是法律方法形成的规范背景，塑造了法律方法的基本风格和价值倾向；法律职业伦理还是法律方法的思维伦理基础，可以应用于法律发现、法律解释、法律论证、法律修辞等法律方法实施过程，提高和增强法律方法的效率和正当性；当法律方法运用出现争议时，法律职业伦理还可以作为评估标准。法律方法研究应该观照职业伦理因素，法律职业伦理研究也应更多回应法律方法的应用场景和具体设计问题。

关键词：法律方法　法律论证　法律职业伦理

一　问题的提出

2019 年张扣扣案的司法过程引发了巨大的社会争议，包含情法之争、体制缺憾、社会问题等。但更值得关注的是，控辩双方提供的法律主张在法律方法论意义上的争议。公诉意见极力否定张扣扣的杀人动机是复仇，甚至明示杀人动机是其个人心理失衡。辩护意见则一方面认为张扣扣存在精神障碍可能，一方面认为张扣扣为复仇而杀人，从历史传统和社会情感来说，均有可宽宥余地。在这个举国关注的焦点案件中，控辩双方都努力展现自己的职业素养，对事实和法律的娴熟把握，以及对法律逻辑的贯彻。但双方的法律主张都遭遇到严肃的批评，例如公诉方不仅寻求对张扣扣的肉体消灭，而且还在形塑一种福柯意义上的"不正常的人"，进行人格上的否定和谋杀。而针对辩护意见的批评是，复仇动机和精神障碍的主张不能并存，在立基上自我矛盾，而且论证过程又援引了大量非现行法律因素，有违以法律为中心的专业要求。

---

* 温荣，法学博士，浙江师范大学法学系讲师。

很少有人去质疑控辩双方的认真态度和扎实功力，主要的争议和批评并不是从论证技术出发，而是基于价值诉求，即作为专业的法律人，什么样的法律方法运用姿态才符合法律职业的要求，才能不被质疑违背法律职业伦理①。法律方法在此遭遇到的，不只是一个职业知识和职业技能问题，而且是一个职业规范和职业伦理问题。

在法律方法和法律职业伦理之间建立关联，有以下几个可能路径：一是法律职业伦理中的法律方法，即法律职业伦理实现过程中的法律方法运用，例如陈金钊教授就较早地对法官和律师法律忠诚的实现方法进行专门阐述②；二是作为法律方法的法律职业伦理，即把法律职业伦理当作法律方法的基本成分，如焦宝乾就提出职业伦理应该与法律知识、法律技能等一起作为法律方法的具体构成要素③。前者的后续研究已不多见，后者则更是缺乏具体展开，在主流法律方法论学科体系和研究框架中，法律职业伦理的角色和踪影仍属少见。④ 这无疑是个不小的缺憾。

法律方法论是一门"元学科"，"方法论的选择，是其中的政治选择，也是最相关的选择。它们通过设定游戏规则，决定知识的产生"⑤。极端一点来说，法律方法决定了"法律"的真正样貌。它太重要了，重要到必须避免"一种根本性误识，即认为法律方法（法学方法论）只是一种价值中立的工具、一种技术或一套操作步骤"⑥。法律方法研究不能仅仅在认识论、方法论上进行延伸，要观照伦理论问题。法律方法本身需要一种内在约束和合法性基础，或者说，需要一种对"证成"逻辑的"证成"，以回应以下问题：为什么法律方法是，而且应该是现在普遍认同的这个样貌？具体来说，为什么要以法律特别是法律的文义为中心的同时又要考虑法律的外部因素？为什么应该在乎逻辑，而非常识与直觉？

本文将论证的是，法律职业伦理可以为这些问题提供部分重要答案。法律职业伦理是，而且也应当是法律方法的价值和规范基础，是法律方法的内在理由，对发挥法律方法实质功用有不可或缺的支撑作用。

---

① 苏力：《是非与曲直：个案中的法理》，北京大学出版社，2019，第9~10页。
② 陈金钊：《法治与法律方法》，山东人民出版社，2003，第149~196页。
③ 焦宝乾：《"法律方法"的用语及概念解析》，《甘肃政法学院学报》2008年第1期。
④ 参见陈金钊等《法律方法论研究》，山东人民出版社，2010。
⑤ 海塞林克，转引自〔奥〕恩斯特·A.克莱默《法律方法论》，周万里译，法律出版社，2019，第7页。
⑥ 雷磊：《法律体系、法律方法与法治》，中国政法大学出版社，2016，第268页。

二 作为法律方法前提的法律职业伦理

法律方法与其他专业方法的一个核心差异就是，法律方法是制度化的方法。除却它的目标是解决制度性问题外，更重要的是其制度贯彻的色彩大大强于智力实践，不同国家都有许多关于法律方法操作规则的明确规定，因此，法律方法不仅是知识性的，更是制度性的[①]。存在一系列"方法的法"，约束着法律问题的识别和法律判断的形成过程。但是，"方法的法"不是法律方法的最终答案，解释规则本身也需要解释。关于这些解释规则的解释规则，或者说法律方法的元规则，又应当从何处寻找？[②]

学术认识、实践习惯、操作便利都可能是这种元规则的来源。但问题在于，如果是学术认识，不同的学术认识是如何取得竞争优势成为主流的？如果是实践习惯，这种习惯又是如何形成的？如果是操作便利，现有法律方法真的是唯一便利和技术优势吗？一般化规则和演绎逻辑确实具有信息费用节省和决策误差减少的优势[③]，但这些优势不是绝对的，否则很难理解陪审制或参审制这种带有"黑箱式"常识化的法律判断方式为何仍然存续并保有重要地位。实验研究也表明，陪审团在事实认定方面并不逊色于法学专业人士。我们进一步发现，陪审员个体在证据证明力的认知以及罪名是否成立的判断方面，与法学专业人士的差距也不大。[④] 再比如据实务界反馈，刑法理论中关于盗窃罪和诈骗罪要件区分连篇累牍的论证，实际操作意义并没有那么大，尽管在写作各种法律意见时，实务人士仍然会遵守这种要件分析法。

另一个关于法律方法的证成路径，来自波斯纳的法律专门化理论。法律方法，或者对法的客观性的追求，是取得独立地位的法律职业权力限制

---

① 《德国民法典》第133、157条规定了意思表示、合同条款的解释规则；《奥地利民法典》第6~8条则更明确规定了法律条文解释的一般规则；我国《合同法》第125条，《民法典》第142、466条，《最高人民法院〈关于审理行政案件适用法律规范问题的座谈会纪要〉》也分别规定了不同情形下的解释规则。在普通法系中，*First National Bank v. DeBerriz*, 87 W. Va. 477（1921）等一系列判例，确立了更为详尽的解释规则，比如一部法律不得超越其文本。

② 〔奥〕恩斯特·A. 克莱默：《法律方法论》，周万里译，法律出版社，2019，第13页。

③ 桑本谦：《"法律人思维"是怎样形成的——一个生态竞争的视角》，《法律与社会科学》2014年第1期。

④ 吴旭阳：《陪审团模式之行为实验比较研究》，《学术月刊》2017年第1期。

和合法化的需要。① 也就是说，法律方法的发生和必要性，来自法律职业及其自我正当化的需求。法律方法及其特性，不仅是一个事实问题，更多是一个职业规范问题，一个职业伦理问题。②

这仍然只是一个思想实验或理论假设。我们需要回到法律职业和法律方法的发生、演变过程，去验证法律职业伦理与法律方法之间的相关性。

周知的是，法律职业和法律方法的出现显著晚于法律活动。社会分工的局限、法律混同的状况，特别是法律活动在伦理正当性上的欠缺，都会显著压抑法律职业和法律方法的发生。如古希腊雄辩家使用的论辩术和修辞学，与后来成长的法律方法之间有着隐秘的关联，但仍然很难具有法律方法的规范意味。

罗马共和与帝制时期法律的世俗化和法学专业化程度的提高，修正了雄辩术的命运。作为著名的政治学家和雄辩家，西塞罗建立了一系列法律论辩的逻辑思路。③ 古罗马时期逐渐形成的专业法学家阶层，尤其是法学家地位的提高，引发了法律科学和技术的显著成长。到了 2 世纪末和 3 世纪初，法学家之间的门户之别逐渐消失，法学教育相应变得系统化、专业化了，一种有关解释和适用法律的技术也得到发展和传递。④ 除了固定的工作分工和从业人员，还具有了职业感和职业标准。特别是，由于法学家作为权威顾问甚至执政官的地位，罗马法学逐渐脱离日常生活中的法律实务和具体技术，继承了雅典学派和斯多葛的思辨理性取向，去思考抽象问题，更关注普遍的、稳定的、抽象的概念、规则与正义。⑤ 这种貌似"不食人间烟火"的法律职业和法律方法风格，成为大陆法系的特点。

中世纪的文化断裂，使得即便是重拾罗马法传统的注释法学和评论法学，特别是其解释技术，有一段时间也重新回到了具体技术问题上，而非普遍正义与逻辑。但法学和经院哲学在教育体制上的连接，部分中和了这一效果，并使释义学逐渐成为一种基于权威、预先确定条件和基本语句的

① 〔美〕理查德·波斯纳：《法理学问题》，苏力译，中国政法大学出版社，2002，第 5 ~ 11 页。

② 苏力部分指出了这一点，但他过分轻蔑这种规范伦理的价值，参见苏力《法律人思维?》，《北大法律评论》2013 年第 2 期。

③ 参见〔古罗马〕西塞罗《论演说家》，王焕生译，中国政法大学出版社，2003；〔美〕约翰·威格摩尔：《世界法系概览》，何勤华、李秀清、郭光东等译，上海人民出版社，2004，第 323 ~ 327 页。

④ 〔美〕罗斯科·庞德：《法理学》第 1 卷，余履雪译，法律出版社，2007，第 27 ~ 29 页。

⑤ 〔德〕马克斯·韦伯：《论经济与社会中的法律》，张乃根译，中国大百科全书出版社，1998，第 207 页。

认识程序。而此后数百年间法律家们培养的这种专业人才，伴随着官僚制的成长，逐渐占据了重要的行政和司法岗位，不仅推动了欧洲公共生活的理性化，也使注重法律及法律解答的法律职业伦理和专业技能得以巩固。①

经过罗马法复兴和启蒙运动的铺陈，19世纪的法学重新恢复了宏大愿景。尽管萨维尼抵制了普遍理性，在民族精神的基础上形成了一套法学方法论。但必须指出的是，对于萨维尼和历史学派而言，从前的法存在于整个民众意识中，而现在的法以一种更为科学的方式，存在于代表民众的法学家的意识中。② 承认法源是法学的法，承认法学是民众信念的有机组成部分，承认法学家是民众信念的代表，是萨维尼法源学说的实质。③ 这种理论见解有着强大的现实支撑。17至19世纪，所有大学法律系都有审判委员会，并承接法院移送的疑难案件。法学教授还充任法律鉴定人和法官。④ 不仅法的创制是特定法学家阶层的专利⑤，法律实务也乐于接受学术主导。一个以法学为中心的法律职业形成了，其关键的守则，关注的不是职业行为中的程序细节，而是对普遍理性、规范体系及其物质载体——法典的尊重。法律方法的风格，自然也是高度理论化的，法律分析和论证都倾向于在抽象规范体系和学术概念基础上进行逻辑推演。在这一方法架构之下，立法处于中心地位，法学则掌握了立法的表达路径，而法官的解释权和裁量权受到严格限制。⑥ 这一点甚至远超古罗马时期。

与大陆法系很不同的是，普通法系的法律职业从一开始就是建立在实务基础上的。王室司法的确立，判例法体系的复杂化，提升了法律实务的技术需求。但技术却并非法律行业最重要的要素，贵族身份、垄断性的教育和职业生涯才是核心要素。至少自13世纪开始，英格兰的法律界就以

---

① 〔德〕弗朗茨·维亚克尔：《近代私法史》，陈爱娥、黄建辉译，三联书店，2006，第140页。

② 〔德〕萨维尼：《论立法与法学的当代使命》，许章润译，中国法制出版社，2001，第88页。

③ 〔德〕霍尔斯特·海因里希·雅科布斯：《十九世纪德国民法科学与立法》，王娜译，法律出版社，2003，第34页。

④ 〔德〕施罗德：《19世纪的德国法律科学：理论及其与法律实务的联系》，傅广宇译，米健主编《中德法学学术论文集》第2辑，中国政法大学出版社，2006。

⑤ 〔美〕罗杰·伯科威茨：《科学的馈赠：现代法律是如何演变为实在法的》，田夫、徐丽丽译，法律出版社，2011，第191页。

⑥ 这种取向部分由于对保守势力代表的法院的革命。参见陈颐《立法主权与近代国家的建构》，法律出版社，2008；〔法〕伏尔泰《巴黎高等法院史》，吴模信译，商务印书馆，2015。

行会化组织、学徒式训练、封闭的职业体系为特色①，以会馆为代表的职业组织化色彩更为浓厚。② 职业活动围绕诉讼程序展开，法官和律师是核心角色，成员间的彼此认同被制度所强化。③ 职业伦理并非像大陆法系一样以智识为核心，而是职业认同、宗教良知和贵族荣誉感。高级律师与法官掌握着法律职业中的精英话语，力图不断净化和提升"共同学识"，客观上刺激了英格兰法律技术的日益精密与复杂。只是这套法律方法并不注重学术概念和抽象体系，而是聚焦于先例识别、个案类比与区分技术，形成了另一种风格的法律方法范式。并且这种看似琐碎的技术理性建立起的专业门槛，进一步强化了职业荣誉感。追求专业理性，而非普遍理性，成为普通法系法律方法的主要目标。这在后来的政治斗争中，不小心成为贵族化法律职业抵制王权的助力。

尽管布莱克斯通对普通法进行了体系化整理，提升了系统化和概念化水平，边沁更是强烈建议在分析法学基础上用立法替代普通法，而兰德尔在美国的研究和教育实验进一步突出了法律的科学和形式主义色彩，但在普通法系，学者始终不是法律职业的中心，学术和理论也始终不是法律方法的首要因素。随后，由于美国律师在政治生活中的关键角色，以及工具性法律观念越来越大的影响④，法律职业的领域越来越大，现实主义和社会法学思维重要性与日俱增，在法律职业深化对商业、政治事务介入的同时，商业、政治思维也在深化对法律思维和法律方法的介入。原先强调专业理性及职业认同的法律方法取向，甚至法律方法的正当性本身，受到了巨大挑战。

大陆法系和普通法系的法律职业和法律方法虽然有所不同，但至少在重视法律和职业化方面是有共性的。传统中国一方面有着大量的成文法以及在此基础上的官僚行政风格，另一方面以儒家为主导的意识形态又是贬抑法律，甚至也是贬抑职业化的⑤。因此，尽管官员的法律素养未必真有那么不堪，也存在许多供科举出身官员学习的案狱手册，以及专门的律学

---

① 参见〔英〕保罗·布兰德《英格兰律师职业的起源》，李红海译，北京大学出版社，2009；〔英〕塞西尔·黑德勒姆《律师会馆》，张芝梅编译，三联书店，2006。

② 〔美〕罗伯特·威尔金：《法律职业的精神》，王俊峰译，北京大学出版社，2013，第38页。

③ John P. Dawson, *The Oracles of the Law*, Michigan: The University of Michigan Press, 1968, pp. 11–33.

④ 参见〔美〕莫顿·霍维茨《美国法的变迁》，谢鸿飞译，中国政法大学出版社，2005。

⑤ 〔美〕约瑟夫·列文森：《儒教中国及其现代命运》，郑大华、任菁等译，广西师范大学出版社，2009，第18页。

和讼学研究作品①，其中部分不乏理论水准，甚至发展了自己的法律解释和适用技术，但法律活动和行业始终是卑微的，缺乏伦理正当性。官员遵从儒家伦理，追求"无讼"，胥吏、幕友、讼师无论是外部还是自我评价都不高，更不会有职业感和职业意识。具体的司法实践，是高度情感化的、非规则化的，或者用韦伯的话来说，是实质非理性的。如果说有法律职业伦理的话，恰恰是反职业、反法律的。而法律方法取向，自然是以人伦和情理为核心，以群体性的道德自律和对伦理目标实现的追求，作为其裁判依据确立的一致性和裁判结果相对确定性的保障。② 这一风格，在暴力与非暴力共同推动的现代转型过程中逐渐淡化，但潜在的影响力仍可察见。

近代以后的日本，也通过司法考试制度等，形成有特色的法务卡特尔结构和学识性很强的法律解释共同体；通过强化对判决理由的学术研究和导入法官的反对意见表示制度，促进了法律决定的科学化。③

无须再多举证了。我们大致可以确认前面的假设，法律方法的发生和演变是依托于法律职业及法律职业伦理取向的。不是法律方法确定了法律职业，而是法律职业及其伦理取向确定了法律方法的必要性和独特性。

三　作为法律方法内在理由的法律职业伦理

随着法治社会的确立，现代法律职业聚焦于对专业性、自治性、公共性的追求④。专业性指对法律专业知识、专业思维和专业技术的强调；自治性指对独立判断和职业自律机制的强调；公共性则是指法律职业在法律密集型社会需要担负特殊使命。"法律人之治"和"法律人的城邦"，正是对这种职业定位的形象表达。与这种职业定位相对应的法律职业伦理要求：认真对待法律、捍卫职业认同、维护公正和法治。我接下来要论证的是，这些法律职业伦理要求是如何成为当下主流法律方法风格的决定因素和内在理由的。

---

① 参见何勤华《律学考》，商务印书馆，2005；龚汝富《明清讼学研究》，商务印书馆，2008。
② 贺卫方：《中国古代司法判决的风格与精神——以宋代判决为基本依据兼与英国比较》，《中国社会科学》1990 年第 6 期；管伟：《试论中国古代法律发现的原则和方法》，《法律方法》第 8 卷，山东人民出版社，2009，第 255～265 页。
③ 季卫东：《法律职业的定位》，《中国社会科学》1994 年第 2 期。
④ 李学尧：《法律职业主义》，中国政法大学出版社，2007，第 79～80 页。

1. 法律职业伦理与现代法律方法的基本风格

大致来说，现代主流法律方法主要包括以下特性：对象上的实在法中心主义，思维上的逻辑主义，过程上的审慎论辩方式，目标上的法安定性和可接受性。[①] 这些特性正是现代法律职业核心伦理要求的映射。

实在法中心主义是强调专业性和认真对待法律的要求。法律方法以实在法的发现和适用为中心，基于现代社会实在法在量上的压倒性优势，但更重要的是体现了法律职业的谦抑品格。职业自治的权力也要求建立在法律职业的知识和专长是独特的观念之上，法律职业的业务能够清楚地区别于其他职业的业务。[②] 将目光聚焦在实在法之上，除了能有效地适应高度分工的社会需求，展现专业独特性，强化专业知识的积累，提高职业的专业化和自治性水平，同时也与道德或政治疑难保持距离，承认自身在这些问题上的局限，本身也是一种道德。认真对待法律，认真对待与外部因素有所隔离的实在法，推动法律分析的某种"去伦理"化，维护法律本身一定的"纯粹度"和清晰度，恰恰是现代法律职业伦理的要求。

逻辑主义是专业性要求和认真对待法律的另一侧面。正如拉伦茨指出的，法律方法关注的"法"，是规范性意义中的"现行法"，是所有规范的整体。[③] 实在法并不是也不应该是凌乱的、破碎的条文或判例堆积，而应该是一个规范整体。认真对待法律，意味着必须深度把握这个规范整体。法律职业的专业知识不是个别知识的堆积，而是对规范体系的把握。也恰恰在这个意义上，法律职业的专业性才能得以与非职业的浮光掠影般的学习真正区分开。法律方法的逻辑主义，首先建立在概念基础上。这些概念在语言形式上常常由专业术语来呈现。其最主要的功用，是将大量彼此不同的、本身极度复杂的生活事件，以相对精确明了的方式予以归类和描述，建立由法律拟制的同一性，[④] 为逻辑推演和法律体系呈现奠定基础。除此之外，概念化、术语化，也是法律职业实现自我强化的要求。法律术语在将法律世界从生活世界中抽象出来之后，也把法律活动与其他活动、

---

① 参见张传新《法律方法的普遍智力品格及其限度》，《求是学刊》2008 年第 5 期；陈金钊《法律方法的概念及其意义》，《求是学刊》2008 年第 5 期；陈金钊《探究法学思维的基本姿态》，《浙江社会科学》2020 年第 7 期。

② 〔英〕罗杰·科特威尔：《法律社会学导论》，潘大松等译，华夏出版社，1989，第 224 页。

③ 〔德〕拉伦茨：《法学方法论》，陈爱娥译，商务印书馆，2003，第 84 页。

④ 〔德〕拉伦茨：《法学方法论》，陈爱娥译，商务印书馆，2003，第 319 页。

法律人与其他群体区分开来，成为法律人的一种身份标识①，这是法律职业同质化的第一步，也是获得职业权威的途径。② 因此，尽管概念主义受到各种批评，但抛弃概念的法律方法是难以想象的。其次，逻辑主义强调基于概念的逻辑推理。逻辑推理是概念与概念间建立关联的方式，因而也是规范体系的发现方式。并且，尽管法律领域内的逻辑分析会遭遇指称和涵摄上的永恒困难，但它仍然是最能体现理性态度的法律发现方案③，也因此是巩固法律职业的方案。

138　　　审慎论辩的态度则符合了几乎所有法律职业伦理的要求。法律的规范整体是抽象的，发现是有难度的，需要一个严谨的思辨过程。这种严谨性不能仅仅体现在逻辑推理上，还必须包括辩驳程序，以校正补足可能的错漏。更何况，尽管法律在规范意义上是整体性和体系性的，但映射的利益却常常是冲突的。缺乏审慎论辩的态度，囿于己见仓促判定，谈不上认真对待法律，也谈不上尊重法律专业性和职业认同。因此，法律职业需要有兼听则明的长处、论辩的习惯④，要具备认识上慷慨、公正与宽容的德性⑤，必须有能力去倾听各方哪怕是令人厌烦或荒谬的意见，并对其中可能包含的真理保持开放的心态。这是一种法律职业的规矩，也因此发展为一种文化：重视论辩形式、引证类型、法律渊源等。⑥ 法律程序设计因而带有浓厚的对抗性色彩。

　　　安定性和可接受性，是法律职业伦理诉求的延伸。法的安定性包括法的明确性和透明性、法的稳定性、行为导向的安定性。⑦ 法的安定性既是一般生活的要求，也是规范体系自身的要求。法的安定性被削弱，法的规

---

① 〔美〕约翰·吉本斯：《法律语言学导论》，程朝阳、毛凤凡、秦明译，法律出版社，2007，第43页。
② 孙笑侠等：《法律人之治——法律职业的中国思考》，中国政法大学出版社，2005，第83页。同质性是法律职业本身的内在要求，也是法律职业专业性的外在表现，参见谭世贵等《法律职业良性互动研究：以法官、检察官、律师、法学教师为对象》，中国政法大学出版社，2016，第7页。
③ 〔英〕尼尔·麦考密克：《法律推理与法律理论》，姜峰译，法律出版社，2005，第45页；另参见雷磊《法律逻辑研究什么？》，《清华法学》2017年第4期。
④ 季卫东：《法律职业的定位》，《中国社会科学》1994年第2期。
⑤ 〔美〕琳达·扎格泽博斯基：《认识的价值与我们所在意的东西》，方环非译，中国人民大学出版社，2019，第98~99页。
⑥ Charles Fried, "A Mediationonthe First Principlesof Judicial Ethics," 32 *HofstraL. Rev.* 1227, 1230 (2004).
⑦ 〔德〕莱茵荷德·齐佩里乌斯：《法哲学》，金珍豹译，北京大学出版社，2013，第187~195页。

范价值和权威就被削弱了，人们的生活秩序就陷入混乱。需要注意的是，法的安定性并非天然存在的，也不只是立法的结果，而且是一个认识的结果。受过训练的法律人、专业司法职位、司法保障与诚实、在法律发现和法律适用过程中运用适当的法律方法，保障法的明确性和透明性，强化法及其结果的一致性和稳定性。① 因此，法律职业伦理对法律的认真对待，对权利的注重，对法治的捍卫，对职业价值的认同，首先要求捍卫法的安定性。其次，法律方法还必须以可接受性为目标，除却满足法律本身必须保持与生活世界沟通的要求以外，也是法律职业对过度专业性和封闭性弊端的校正。现代法律职业不再是不食人间烟火或贵族式的，法律的权威必须仰赖民众的认同和接受，法律职业的荣誉也必须依赖公众的认可。如果失去了可接受性，专业就沦为专断，方法形同刑罚，法治变成暴政，职业就成强盗团伙。

自此，我们可以认识到，法律职业伦理的核心要求是给现代法律方法基本风格提供正当性支撑，尽管并非所有理由。如果说法律方法是思维上的正当程序，那么法律职业伦理为这些程序的正当性提供支持理由。

不仅如此，法律职业伦理对法律方法的内在支持，还由于其可以直接渗透于法律方法的法律发现、法律解释与论证等法律方法流程，并强化其品质。

2. 法律方法实施中的职业伦理角色

法律方法实施包括法律发现、法律解释、法律推理、法律论证、法律修辞等诸多环节。其中法律发现是其起点，而渊源检索和识别又是法律发现的起点。在庞大的法律体系和规范丛林中找寻个案的法律依据，需要穿过层层面纱，拨开重重迷雾。

渊源检索不仅是个技术问题，而且是一个职业伦理问题。对法律职业伦理关于认真对待法律的要求，保持敬业精神和对法律忠诚要求的遵从，可以提高法律渊源检索、识别的效率和准确度。相反，可能出现明显的低级错误。②

渊源识别是个更大的难题。法律渊源学说属于宪法问题。③ 但诚如宪法本身具有隐藏形态一样，法律渊源也有很多身份未明的情况。在缺乏明

---

① 〔美〕卢埃林：《普通法传统》，陈绪纲等译，中国政法大学出版社，2002，第 18 页。
② 蒋一凡：《多地法院正引用一个不存在的规定下判决》，微信公众号"民商争议解决"，2020 年 7 月 26 日。
③ 〔德〕魏德士：《法理学》，丁晓春、吴越译，法律出版社，2005，第 98 页。

确的宪法依据时，正式渊源和非正式渊源如何区分，各包含哪些类型？未见诸条文或先例的法律原则又有哪些？法理是否以及在何种条件下可以作为渊源使用？其中哪些可以适用于本案？遭遇到这些疑难问题时，法律职业伦理可以提供方向性的指引。例如，实在法当为优先渊源，对于法律原则、法理等非实在法的规范形式，应当从法律职业的内部视角出发，检验它是否得到法律职业的共同认可，以识别其是否具备渊源潜力。并且，无论正式渊源还是非正式渊源，都必须经由专业认知过程和法律程序的转化，确认其效力强度和呈现形式，才能最终作为个案适用的依据。法律渊源识别是个游戏规则探索的过程，需要游戏参与者，特别是职业参与者的认可和接受。在这个过程中，法律人要加以区别地确信通过已经发挥作用的条件和某种程度受过训练的有意识的运用，认真观察和评估，也就是说，不是作为大街上的张三，而是作为一个法官或一个特定法律成员来行事。① 也就是说，法律渊源的识别，应当寻求职业伦理上的正当化。

甚至，有时法律职业伦理本身也可以作为潜在渊源，为相关案件的解决提供依据。② 当然，其正当性本身同样要经过上述的识别和检验程序。

在事实发现过程中，法律职业伦理的重要性依然突出。对事实的认真探究是职业伦理的应然之义。尽职调查（due diligence）在字面意义上已经带有了职业伦理的意味。作为法律人，无论是法官还是执业律师，都是在始终保持自己的品质和职业道德的同时，力求还原事实真相。③ 同时，鉴于真相无法完全还原，案件事实始终具有某种建构和修辞的色彩④，更有必要强调在不可避免的事实建构过程中恪守诚实的职业德性要求，既不

---

① 〔美〕卢埃林：《普通法传统》，陈绪纲等译，中国政法大学出版社，2002，第 242～243 页。

② "当他人陷入悲痛中时，作为法律人应当做的是雪中送炭，而非在伤口上撒盐，以所谓法律的名义向他人主张权利时，还应想到这种行为是否符合通常的道义与良心。弘扬社会主义核心价值观是我国所倡导的，作为为老百姓提供法律服务的律师事务所在遵循法律的基本原则时，还应以社会主义核心价值观为导向，在进一步规范自身管理的同时，以更精准的法律水平、更高的道德水准处理法律事务，维护他人与自身的合法权益。"参见《任素香等与石胜华重庆市惠通汽车租赁有限公司等追偿权纠纷再审民事判决书》，(2018) 渝 04 民再 15 号。

③ 《王曦与张锦民间借贷纠纷一审民事判决书》，(2019) 晋 0123 民初 292 号；另有判决意见称，"众所周知，法律事实以客观事实为基础，尽量地还原客观事实，以法律人的角度和法律人应有的职业操守、公平正义将客观事实转为法律事实，是法官的天职"。参见《上海泓为通信科技有限公司与陆焕英劳动合同纠纷一审民事判决书》，(2017) 沪 0104 民初 10595 号。

④ 参见刘燕《法庭上的修辞：案件事实叙事研究》，光明日报出版社，2013。

得故意误导、歪曲、捏造事实①，或者违背法律逻辑和审慎思维的要求，对事实进行过度的猜想②，也不得放任对事实认定责任③。

在法律发现和事实发现仍有空缺之时，法律解释、法律论证和法律修辞等就成为必需，法律职业伦理在其中仍然扮演关键角色。

就法律解释而言，最显著的困难是解释方法类型限定和位阶设计。普遍被认可的文义、体系、原意、功能解释，其正当性基础何在？解释方法是否应当有一个位阶次序？如果有，位阶次序的排列理由源自何处？很少有一个确定的答案。魏德士直接将其归于宪法规定下的权力分配问题。④而更为彻底的做法，是认为不必执着于这个伪命题，在探求法律之真时，解释方法本来就应当灵活使用。⑤但这一姿态，仍然会遇到深层障碍，如何确证已经找到"法律之真"？

法律论证也会遭遇同样的辩难。论证是否充分，融贯性、可接受性最终要以什么标准来衡量？会不会有一个确定的答案？上场操演的理论范式多种多样，分歧迭出。

我也认为绝对的、客观的理由很难找到，有时必须接受某种"未完全合理化的协议"⑥。但法律职业伦理可以提供一个特别思路。

职业伦理是一种典型的角色伦理。⑦法律解释、法律推理、法律论证的"正确性"，需要建立在不同法律职业主体所处的职业系统生态位置及其伦理要求基础上。但这并不是如某些学者主张的，法律方法只是策略性的临机决断⑧，而是基于角色和情境的伦理正当性考虑。因此，一个解释结论究竟是灵光一现，还是对解释方法的误用或滥用，需要考虑解释主体

---

① 《律师执业行为规范》第 63 条规定，律师不得向司法机关或者仲裁机构提交明知是虚假的证据。

② 张继成：《小案件 大影响——对南京"彭宇案"一审判决的法逻辑分析》，《中国政法大学学报》2008 年第 2 期。

③ "根据相关法律规定，审判人员可以运用日常生活经验对证据进行审核，而本案完全可以根据日常生活经验准确地判断卢兴已经死亡，绝无生存可能。……本案一审承办法官没有任何担当意识和缺乏以人为本的法律人文情怀。"参见《陈纪与中国太平洋财产保险股份有限公司阳江中心支公司责任保险合同纠纷上诉案》，（2016）粤 17 民终 1057 号。

④ 〔德〕魏德士：《法理学》，丁晓春、吴越译，法律出版社，2005，第 306～309 页。

⑤ 陈金钊等：《法律方法论研究》，山东人民出版社，2010，第 325～330 页。

⑥ 参见〔美〕凯斯·孙斯坦《法律推理与政治冲突》，金朝武等译，法律出版社，2004，第二章。

⑦ 参见〔美〕戴维·鲁本《律师与正义——一个伦理学研究》，戴锐译，中国政法大学出版社，2010，第六、七章。

⑧ 桑本谦：《法律解释的困境》，《法学研究》2004 年第 5 期。

的角色。例如，尽管法律职业伦理总体上要求，不能故意提一个错误的法律意见，不能故意忽视相反意见，不能提一个明显荒谬的观点①，但鉴于律师解释结论并非终局性的，以及它对当事人忠诚义务的存在，他的解释自由度超过法官。② 更进一步地，法律界限不明确时，律师的解释行为的合理性取决于他是作为诉讼代理律师还是作为法律顾问。在对抗性诉讼中律师对法律采取积极的"偏袒性"解释，只要不是极端荒谬的观点，就是正当的。③ 同样地，尽管一般而言，裁判职业伦理要求法官保持更高的中立性和客观性，在事实认定和规则解释过程中尽可能减少个人价值假定，最小化偏见④，但这项要求对基层法院法官和高级法官的约束力是不同的。对基层法院法官来说，司法人员最主要的职业道德，就是要表达对法律的忠诚与服从，为了体现这种职业道德要求，个人意见应该受到更大约束，文义解释就应该处于优先考虑的位置⑤。因此，基层法院法官在解释、推理、论证上的自我限制，更有"正当性"，也就更为"正确"。相反，高级法官则必须在祛除偏见的前提下，运用更为灵活的解释方法，只有这样，得出的结论才更"正确"。法律解释和法律论证的正当性被情境化了。

这样，法律职业的角色和情境伦理观，为法律解释和法律论证的选择和运用提供了更精确的指引。但是，承认角色区分对法律方法选择的影响，不等于说法律方法将失去对统一答案的追寻。法律职业是一个，也应当是一个解释共同体，并且对共同性的强调要远远高于其他解释群体。所有基于角色差异所作出的方法选择差别，都应该建立在巩固这一解释共同体的目标之上。首先，这意味着所有的方法选择，都需要在职业内部得到认可，在职业外部不会降低法律职业的声誉和法律权威；其次，在案件的终局性论证中，可以根据不同角色在职业伦理中的不同价值，对其作出的判断结论进行权重赋值⑥。

这种角色伦理的构造方式，同样有助于进一步精确指引法律修辞方

---

① Linda H. Edwards, *Legal Writing: Process, Analysis, and Organization*, 7ᵗʰ ed., Wolters Kluwer, 2018, pp. 203 – 204.

② 〔美〕W. 布拉德利·温德尔：《法律人与法律忠诚》，尹超译，中国人民大学出版社，2014，第59～60页。

③ ABA, Model Rules of Professional Conduct (2018), Rule 3.1.

④ 〔澳〕汤姆·坎贝尔：《法律与伦理实证主义》，刘坤轮译，中国人民大学出版社，2014，第54页。

⑤ 陈金钊：《法治反对解释的原则》，《法律科学》2007年第3期。

⑥ 〔美〕大卫·莱昂斯：《伦理学与法治》，葛四友译，商务印书馆，2016，第104～105页。

式。与佩雷尔曼的"普泛听众"[1] 理论不同的是，职业伦理要求修辞时关注言说者和听众之间的具体伦理关系。尽管法律修辞总体上倾向于消极修辞风格，但法律职业群体内部的法律言说修辞与对外言说修辞方式应有所不同，公职和非公职法律从业者的修辞方式也应有所不同。但无论如何，这种修辞的差异，仍然不能损及法律职业伦理对专业、法治、职业荣誉的底线要求，否则就是失败的修辞。

哈特认为，法律规则中虽有空缺结构，却明确得足以限制（虽不排除）法院的自由裁量，这最终取决于对规则的非预测方面的领会，以及关于规则的内在观点。[2] 在哈特那里，内在观点是一个社会事实。但如果把内在观点拓展到职业伦理方面，其覆盖面和有效性将大为扩大和加强。关于规则的内在观点不再仅是消极的默契，还带有角色感和情境感的职业伦理支持下的价值追求，这将为渊源识别、法律解释、法律论证、法律修辞等方面提供更有说服力的解决方案。法律职业伦理因此具有了法律方法的品质。

四 作为法律方法评估标准的法律职业伦理

一般认为，法律方法评估标准主要有形式标准，包括逻辑有效性和融贯性；实质标准，包括主观的可接受性和客观的功利衡量。

然而，既然法律职业伦理可以作为法律方法的内在理由，那么有关个案中法律方法使用的争议，就有机会从法律职业伦理的角度为法律方法提供另一种评估标准。相较而言，法律职业伦理更多是一种实质标准，但它既非主观认同，也非客观利害，而是诉诸客观的伦理准则。[3]

那么，首先要回答的问题是，这种评估标准和评估方式，对于法律方法而言，是否有价值呢？

现实个案中的法律方法争议，有些通过通常的形式标准和实质标准就可以识别和评估。但有些方法争议，却很难单纯据此获知答案。例如张扣扣案中，辩护意见中对张扣扣主观状态相互矛盾的假定，就是一个明显的

---

① 雷磊：《新修辞学理论的基本立场——以佩雷尔曼的"普泛听众"概念为中心》，《政法论坛》2013 年第 2 期。

② 〔英〕哈特：《法律的概念》，张文显等译，中国大百科全书出版社，1996，第 146 页。

③ 参见王申《法官道德必须满足司法伦理的客观需要》，《政治与法律》2016 年第 7 期；《司法责任伦理是法官存在的必要条件》，《江海学刊》2016 年第 4 期。

逻辑悖谬造成的法律方法失误。但是，其中对中国传统法律文化观念的援引，色彩鲜明的文论修辞风格，在法律方法上的对错优劣，可能就没那么容易判断了。形式的逻辑有效性和融贯性派不上大用场，功利比较难有结论，即便用可接受性的标准来看，由于不同群体的可接受状态不同，也很难有一个统一的结论。此时，如果以法律职业伦理为视角，可能发现关键的症结所在，比如这种法律论证风格是否符合前述律师职业伦理支配下对法律方法运用的规范要求，辩护人在职业伦理上紧守常规论证思路？王振华猥亵儿童案的辩护思路，同样可以遵循类似检验进路。

不仅律师的法律方法运用能否适用法律职业伦理评估有事例，裁判方法的事例也是有的。彭宇案的一审判决除却可以从逻辑上进行质疑外，也可以再问，判决的过度"说理"，是否有违一审法官尽量保守的职业伦理要求？天津赵春华非法持有、私藏枪支弹药案的一审判决①，可以引发一个相反的疑问，判决的教条主义，在伦理上是否恰恰符合对一审法官的职业伦理要求？

这些事例的存在证明，法律职业伦理作为法律方法的评估标准，至少具有明显的补充价值。

如果确认需要法律职业伦理介入法律方法评估，法律职业伦理本身的层次和指标就成为关键了。法律职业伦理兼具德性伦理和角色伦理的特征，应当包含以下四个层次：个人德性要求、敬业要求、职业责任要求、社会责任要求。个人德性要求是对法律人自我人格价值的要求②，敬业要求、职业责任要求、社会责任要求则分别回应法律职业的专业性、自治性和公共性特征。

接下来的问题是，应该采取什么样的具体方式和步骤，用法律职业伦理来评估法律方法呢？参考行政伦理学的决策框架③，大致可以分为以下几个阶段。

第一，识别法律方法争议的伦理性质。争议焦点处于哪个环节，是法律发现、事实发现，还是法律解释或法律修辞？这些焦点对应的职业伦理争议的性质是什么，是职业内部伦理争议还是外部伦理争议，是单一层次的伦理问题还是多层次的伦理冲突问题？继续以张扣扣案为例，该辩护意

① （2016）津 0105 刑初 442 字。
② 参见王申《司法职业与法官德性伦理的建构》，《法学》2016 年第 10 期。
③ 参见〔美〕特里·L. 库珀《行政伦理学：实现行政责任的途径》（第五版），张秀琴译，中国人民大学出版社，2010。

见所使用的法律方法是否满足律师德性的要求？如果满足，是否符合对当事人的忠诚义务？如果符合，非常规的法律修辞实践，对法律职业荣誉是否构成损害？如果没有，那是否有违更上层的对法律的忠诚义务？

第二，判断职业伦理问题产生的原因。是源于法律职业天然的角色冲突，如律师的个案义务与公共责任存在矛盾①，法官个人德性要求与所处职业生态结构对法律方法使用的制约之间的冲突，还是主体角色错位导致对法律方法的错误使用，例如身为基层法官却过度修辞？

第三，评估伦理争议的烈度。只有较高烈度的伦理争议才值得进一步关注和处理。需要注意的是，争议烈度不能以舆论强度为准，而应该从客观伦理准则出发，以对职业伦理要求的实质违背或伤害为准。例如基于前述的法律方法使用伦理的标准，张扣扣案和王振华案辩护意见并没有特别违背作为律师的职业伦理要求，而彭宇案则显然是更强烈度的伦理争议。

第四，寻找和评估替代方法。寻找尽量弥合法律职业伦理四层次要求的替代法律方法，并评估其潜在效果。

无法否认的是，职业伦理争议的论辩过程和解决方法，与法律方法特别是法律论证不无类似之处。这样，一个麻烦的无限循环论证产生了，解决法律方法争议需要动用伦理学方法，伦理争议方法又贴近法律方法。论辩继续陷入明希豪森困境。但即便如此，只要这种新的评估思路能提供多一些可能方案，就不是没有价值的。

结　语

法律方法是法律职业正式知识的制度化体现。② 法律职业伦理对法律方法的规训是这种制度化的体现之一。当法律方法和法律思维被批评需要为古老而高贵的法律职业理想衰落负责③，甚至被指责为只是一个职业秩序的锻造过程，以方便学人自我扮演一个法律人的样子④时，发掘和强调

① 参见宋远升《刑辩律师职业伦理冲突及解决机制》，《山东社会科学》2015 年第 4 期。

② 参见 Eliot Freidson, *Professional Powers: A Study of the Institutionalization of Formal Knowledge*, Chicago: University of Chicago Press, 1986。

③ 参见〔美〕克罗曼《迷失的律师》，田凤常译，法律出版社，2010，第四章。

④ Duncan Kennedy, *Legal Education as Training for Hierarchy*, https://duncankennedy. net/documents/Legal%20Education%20as%20Training%20for%20Hierarchy_Politics%20of%20Law. pdf, p. 62. 另参见〔美〕邓肯·肯尼迪《法律教育与等级制度的再生产：法学院教育体系的批评》，蔡琳译，中国政法大学出版社，2012。

法律职业伦理在法律方法设计和实施中的角色和价值，也许是一个缓解的途径。法律方法可以从法律职业伦理中挖掘更多的有效性、正当性资源，法律职业伦理在关注法律人的品格操守以外，也应当扩大自己的视野，去关注法律人在法律实践中运用法律技术的方法及其伦理规范①，去拓展自身的应用场景。

　　法律职业伦理和法律方法之间的连接加深，可能会让我们发现，法律方法的选择困难，常常不过是法律职业伦理困境的投影而已。在转型期的中国，这种困境又具有别样的特点。我们的法律方法设计，也许需要予以回应。中国式的法律方法，会呈现出一种什么样的姿态？

---

　　① 屈茂辉：《论法律职业伦理教育的知识性与素养性》，《中国法学教育研究》2017 年第 3 辑。

法治建设专题

粤港澳大湾区经贸合作争端解决机制的优化研究*

——基于大湾区法律冲突的视角

宣 頔 吴溢陈**

摘 要： 随着《粤港澳大湾区发展规划纲要》及其系列协议深入落实，创新要素便捷流动，基础设施互联互通，湾区合作机制、模式不断创新，粤港澳经贸合作稳步推进。然而，粤港澳大湾区各自法治环境存在较大差异，经贸合作争端解决机制仍有改善空间。应从立法、司法、执法等层面，健全粤港澳区域在经济技术合作中的纠纷处理制度，包括明确界定粤港澳区域管辖权范围和确定法律效力，以形成整体性法制规则系统，并建立统一的区际司法冲突示范法；结合粤港澳三地差异回应大湾区司法需求，建立常态化争端解决机构，综合多种手段促进争端解决；加强区际信息沟通和共享，促进区际联合执法的深入等。

关键词： 粤港澳大湾区 争端解决机制 法律冲突

一 引言

在粤港澳大湾区建立起一套切实而可行的经贸合作争端解决机制，是在"一国两制"前提下对多种法域之间争端解决模式的探索，对内地、对国际上各国家和地区之间的争端解决机制都有重要影响。这是在经贸合作争端解决机制方面，对"一国两制"的重大突破。面对"一国两制"三法域的制度差异，以及法律法规、诉讼程序、法治理念、法律文化等方面的差异，必须探索适当的争端解决机制，不仅要确保一个国家的统一，还

---

* 基金项目：国家社会科学基金青年项目"系统性金融风险治理的公私合作法律机制研究"（17CFX032）。

** 宣頔，法学博士，常州大学史良法学院副教授、硕士生导师，上海交通大学凯原法学院博士后，研究方向为金融法；吴溢陈，常州大学史良法学院硕士研究生，研究方向为经济法。

要协调大湾区各方的利益，充分考虑不同地区的不同思想和认同感，为将来我国面对来自不同国家、地区的不同法域、不同法律文化的经贸合作奠定坚实的法律基础和构建争端解决模式，弥补我国在冲突法规范方面的不足。

对粤港澳大湾区经贸合作争端解决机制的不断探索和深入研究，有利于促进粤港澳大湾区的经济建设和发展以及为平衡各方利益奠定法律基础。粤港澳大湾区的建设既是推动改革开放的全新要求，也是促进"一国两制"方针发展的重要突破。

因此，在粤港澳地区建立切实可行的争端解决机制，是基于国家长远发展和构建全面对外开放新格局的重要战略部署需要。经贸合作争端解决机制的建立能相对公平、有效地解决区际争端，维护各方合法利益，实现稳定发展，推动大湾区建设，促进三地法律制度的协调合作、可持续繁荣稳定发展。

二 粤港澳大湾区经贸合作争端解决机制的现状与问题

在世界级大湾区共建时代，除了形成"经济利益共同体"，还要破除法律制度壁垒，促进区域内法律保障制度的形成，构建完善的争端解决机制。

（一）粤港澳大湾区经贸合作争端解决机制的现状

1. 粤港澳大湾区经贸合作争端解决的立法

中国甚至全世界高度重视粤港澳大湾区的发展。我国为了保障粤港澳大湾区的发展，通过立法等手段，初步建立起一套法律保障体系。

首先，宪法作为国家根本大法，具有最高的法律效力，任何法律都不能与宪法相冲突。法律保障体系的构成前提，就是不能违反宪法。其次，政府部门相继出台多项相关文件，如中共中央、国务院印发的《粤港澳大湾区发展规划纲要》《全面深化前海深港现代服务业合作区改革开放方案》，广东省委、省政府印发的《关于贯彻落实〈粤港澳大湾区发展规划纲要〉的实施意见》，以及地方政府间签署的《粤港合作框架协议》《粤澳合作框架协议》等，构成了由政策性文件组成的相对系统的法律保障体系。

粤港澳大湾区的现有经贸合作争端解决机制主要是以此前内地与港澳地区签订的 CEPA 服务协议为核心构建的。其主要构成是 CEPA 协议第 19 条中的机构安排部分。① 这是目前香港澳门地区与内地最主要的贸易合作协定，在解决两岸经贸合作争端方面发挥重要作用。应该说，从性质上来讲，它是一个主权国家下，不同法域之间在"一国两制"的特殊背景下订立的经贸合作协议，在此前的发展中起到积极作用。

2. 粤港澳大湾区经贸合作争端解决的司法

粤港澳大湾区，由于处在"一国两制"的特殊背景下，两岸司法合作在很大程度上受到《香港特别行政区基本法》和《澳门特别行政区基本法》的影响和制约。自中央政府恢复对香港和澳门行使主权以来，香港和澳门享有高度自治权。② 这一点和作为内地省一级行政单位的广东差异甚大。三地分别代表了三种不同的法律制度。继而表现在行政执法救济方面，广东省代表了内地的主要救济途径，手段是行政复议、行政诉讼和国家赔偿；香港为上诉、申诉和诉讼内救济；澳门主要有申诉、上诉和行政诉讼。

3. 粤港澳大湾区经贸合作争端解决的执法

粤港澳三地由于有不同的历史和法律，在执法制度方面存在显著差异。内地省级行政区的行政权力来自国务院，也受国务院领导和监督。而在香港的行政执法体制下，行政机关无自主立法权，在大多数情况下，需要司法机关对处罚进行复核。在澳门，由行政长官和行政法院分管行政的执行和监督。

（二）粤港澳大湾区经贸合作争端解决机制的问题

1. 粤港澳大湾区经贸合作争端解决的立法

（1）整体性法律规范缺失

粤港澳大湾区目前主要的经贸合作法律体系支持仍然停留在合作协议

---

① 《内地与香港关于建立更紧密经贸关系的安排》第 19 条规定："双方成立联合指导委员会（以下简称'委员会'）。委员会由双方高层代表或指定的官员组成。委员会设立联络办公室，并可根据需要设立工作组。联络办公室分别设在中央人民政府商务部及香港特别行政区政府工商及科技局。"

② 《香港特别行政区基本法》第 2 条规定："全国人民代表大会授权香港特别行政区依照本法的规定实行高度自治，享有行政管理权、立法权、独立的司法权和终审权。"《澳门特别行政区基本法》第 2 条规定："中华人民共和国全国人民代表大会授权澳门特别行政区依照本法的规定实行高度自治，享有行政管理权、立法权、独立的司法权和终审权。"

和政策构成的状态，而系统化、整体性的法律规范构成的法律体系还未真正建成。真正意义上整体性、系统性法律规范的缺乏，导致粤港澳大湾区内部没有建立有效而常态化的保障机制和冲突解决机制，实践中三地为了地方利益而产生纠纷无法得到有效的协调。粤港澳大湾区政府合作的形式多为区际合作协议，缺乏正式的有关粤港澳大湾区经贸合作的整体性法律文件指导，整个粤港澳大湾区的经贸合作争端解决机制仍然存在不系统的问题。

（2）区际协调渠道不完善

当前关于粤港澳大湾区发展的法律体系并不完善，制度化、体系化的争端解决机制和常态化的区际协调沟通渠道的缺失致使大量的纠纷和争议不能通过明确的司法途径来解决，由此在粤港澳大湾区经贸合作中必定会产生诸多争议与冲突。

2. 粤港澳大湾区经贸合作争端解决的司法

粤港澳大湾区处于"一国两制"的特殊背景下，香港、澳门特别行政区相较于内地省份的特殊地位，给在司法上继续寻求粤港澳大湾区的合作和沟通造成了很大的阻碍。两地是"一国两制"方针指导下的特别行政区，法律体系和法律制度与内地都有很大不同。

3. 粤港澳大湾区经贸合作争端解决的执法

就粤港澳大湾区发展的具体方面而言，最重要、最基础的，同时也是当下紧迫的不是抹平三地法律制度的差异，而是应该意识到三地之间缺乏沟通和协作的平台。就行政执法而言，当下最要紧的是建立区际信息交流渠道，求同存异地在执法领域共同发展。当前粤港澳大湾区就互相交流层面，在很大程度上未能完全建立信息共享渠道，致使三地在执法协同合作上一直得不到突破性的进展。

4. 粤港澳经贸合作的争端解决机制构建

在大多数情况下，在区际经济湾区出现区际法律冲突时，在争端解决机制设置中，应当有一个最高的统筹协调机关或机构，在司法实践中统筹协调由不同法律体系和法律制度导致的争端和纠纷。然而，在当前的粤港澳大湾区，粤港澳经贸合作的争端解决机制主要由 CEPA 协议构成。这意味着港澳两地享有高度的自治权，在粤港澳大湾区缺少一个真正意义上的司法机关能统一管辖和协调区际法律冲突。而且，粤港澳大湾区经贸合作争端解决机制的构建方面依然存在以下几大问题。

（1）现有机制不完善

CEPA 并不是从法律角度缔结的内地与特别行政区协议，它设立的联合指导委员会也没有能力真正对争端解决进行直接干预或者统筹管理。在现有制度下，调解和仲裁等方式是主要的争端解决方式。就调解而言，在前海成立的粤港澳商事调解联盟，[①] 与珠港澳商事争议联合调解中心和广东的南沙国际仲裁中心，大体构成了粤港澳大湾区的经贸合作争端调解机制。但现有的仅仅是一个松散的联盟，并非一个系统的解决机制；同时，大量集中在商事领域，在其他方向上还有待继续深入和探索。而在仲裁方面，机构的管理、涉及境外机构的仲裁协议效力、仲裁结果的承认和执行方式都是亟待解决的问题。[②] 因此，现有制度下的粤港澳大湾区争端解决机制仍然不完善。

（2）机构职能混杂

联合指导委员会并非常设机关，且在组成上缺乏细致的程序规范。同时，它也并非为处理经贸冲突专门设立的部门。其主要工作是促进 CEPA 协议的实行。因此，委员会本身的职能使得它无法在争端解决中发挥最大作用。

（3）缺乏强制力保障

友好协商是 CEPA 协议的宗旨，无疑有利于促进粤港澳大湾区的经贸合作。但是，友好协商的同时，争端解决机制也无法离开强制力的保障。没有保障的机制如同一纸空文。而粤港澳大湾区的争端解决机制恰缺少真正意义上的强制力保障，缺乏争端解决方案提出后的强制实施机制。

三 粤港澳大湾区经贸合作争端解决机制问题的成因分析

（一）法律体系和法律制度的冲突

在法律方面，粤港澳大湾区具有"一国两制"三法域的特殊背景，并由这一方面产生法律适用矛盾和制度差异，其集中体现为三地的法律冲突

153

---

① 深圳国际仲裁院以该院调解中心为平台，联合深圳证券期货业纠纷调解中心、香港国际仲裁中心香港调解会等粤港澳地区主要商事调解机构共同创立粤港澳商事调解联盟，参见《深圳前海成立"粤港澳商事调解联盟"》，新华网，http://www.locpg.gov.cn/ldjl/2013 - 12/09/c_118817465.htm。

② 参见刘晓红、王徽《论中国引入国际商事仲裁机构的法律障碍与突破进路——基于中国自贸区多元化争议解决机制构建的几点思考》，《苏州大学学报》（法学版）2016 年第 3 期，第 15 页。

和法制壁垒。① 我国近代出现的一系列历史遗留问题，导致了在粤港澳地区的法律冲突，尤其是一国多法域的现实状况。香港、澳门法律制度与内地相比，由于产生的历史背景和法律文化不同，存在显著差异。

香港地区由于历史上曾受英国管辖，法律整体上呈现为英美法系。香港的基本法律体系仍然带有显著的英美法系色彩。澳门地区的法律继承自葡萄牙，属于大陆法系。内地的法律制度虽然与澳门同属大陆法系，但相较于澳门还是存在显著差异。依据香港、澳门基本法的规定，香港、澳门特别行政区除对国防、外交等国家行为无管辖权外享有独立的司法权和终审权、行政管理权以及立法权。

这三个法域间不仅存在实体性差异，更在管辖权、送达和证据收集、法律发现、相互承认和执行判决和仲裁裁决等程序上存在差异。在这些问题上，不仅要遵循一些区域间体制安排，还要遵循它们自己的法律、法规和规则。② 因此，内地与港澳在法律体系和制度上的差异性，极大地影响了大湾区司法合作的深入发展和法治的统一。

认识到港澳与内地法律制度的差异，积极推进多边磋商，寻求跨司法管辖区合作，是寻求解决中国多司法管辖区法律冲突问题的关键。③ 在建设粤港澳大湾区方面，不仅要求更大的规则改革，同时要求粤港澳采取更加积极主动的措施，在具体的经营规则和发展策略上进一步协调开放，促进湾区区域经济一体化发展。④

（二）法治建设程度上存在差异

一方面，在法治认同方面存在差异。法治认同是新时代推进"一国两制"前提下湾区经济建设和法治建设必须面对的问题。如香港修例，在香港地区不同阶层的不同影响和反馈，反映出部分香港民众在法治认同上与内地民众有诸多不同，这必将冲击湾区法治建设。基于不同法律观念与历史，粤港澳三地在法律价值理念、法治文化等方面都可能出现认同差异。

---

① 参见李霞《粤港澳大湾区法制融合：基础、挑战和前景》，《中国发展观察》2021年第23期，第74页。

② 宋锡祥、张贻博：《论粤港澳大湾区多元纠纷解决机制的构建》，《上海大学学报》（社会科学版）2020年第2期，第90页。

③ 荆洪文《区域示范法：作为湾区民商事法律冲突解决路径的追问》，《暨南学报》（哲学社会科学版）2019年第12期，第58页。

④ 毛艳华、杨思维：《粤港澳大湾区建设的理论基础与制度创新》，《中山大学学报》（社会科学版）2019年第2期，第172页。

而粤港澳地区由于现实情况复杂，在经贸合作中的法治矛盾与冲突更加复杂多样，从而增加了大湾区凝聚法治共识的难度。

另一方面，粤港澳大湾区内的城市法治发展水平存在差异。香港、澳门、广州、深圳、珠海相对而言开放更早，法治建设更加完善。而一些开放较晚的城市，法治水平和法治建设与这些开放较早的城市存在明显差异。这种梯度差异或法治发展分层将阻碍湾区城市群协同建设，不利于增进大湾区城市融合，也会增加法律法规、政策协调、区域规划等实施成本。

（三）三地合作的法律机制不完善

粤港澳三地的立法机关在立法权限上存在显著不同。在"一国两制"的特殊背景下，香港、澳门地区在全国人大的授权下，享有高度自治权。而相比之下，广东省并没有特别行政区地位，没有高度自治权。因此，广东省立法主体享有的立法权限相较于香港、澳门有明显差异。这种情况导致没有能够凌驾于三个法域之上的行政机构，也没有能够凌驾于三个法域之上的法律体系来规范和协调三个法域之间的法律冲突。[1] 显然，广东省及珠三角九市立法创新空间非常狭小。三地立法权限的不同以及香港、澳门特别行政区的特殊地位，使得大湾区法治协同建设难以推进。[2]

另外，目前大湾区建设多采用联席会议、合作协议等方式，合作主体通常是广东省政府和港澳特别行政区。但合作协议并未明确规定各方权利义务，也很难确立完整的责任追究制度。这种分散化合作模式在实践中容易造成粤港澳相应部门的职能冲突。当一方不履行合作协议时，另一方也无法强制对方执行，主体间互相推诿、责任不明或责任转嫁的潜在风险较大，由此导致"破窗现象"甚至合作失败。[3]

（四）法律体系融合的相关法律依据缺失

造成粤港澳大湾区法治现状的很大一部分原因是现有法律规定的缺失。到目前为止，三地还没有统一的民商事诉讼法和冲突法规范。因此，

155

① 荆洪文：《区域示范法：作为湾区民商事法律冲突解决路径的追问》，《暨南学报》（哲学社会科学版）2019 年第 12 期，第 58 页。
② 参见邱佛梅《粤港澳大湾区法治建设的协同困境与路径》，《特区经济》2021 年第 12 期，第 23 页。
③ 参见邱佛梅《粤港澳大湾区法治建设的协同困境与路径》，《特区经济》2021 年第 12 期，第 23 ~ 24 页。

当交易和纠纷频繁发生，需要进行法律调整时，没有统一的合同法和冲突法适用规则。①

但问题在于，广东省相比香港和澳门特别行政区有所不同，并不是独立法域。广东省的地方规章不能单独认为是内地的法律制度。在立法方面，广东并没有如香港、澳门特别行政区的特殊地位，它的法律制度是作为全国法律制度的下位法存在的。据此，整个内地构成一个法域，广东省是内地法域的一个构成部分，本身不构成独立法域。港澳在宪制地位和管治权力上相比广东拥有特殊地位。可以说，粤港澳合作是在宪制地位和管治权力不对称的行政区域之间开展的，是不同法系之间的异质区域法律合作。

因此，作为内地法域下部分管辖区域的广东省，要推进与港澳的规则衔接、机制对接，开展跨法域合作，需要立法方面的保障。尝试争取全国人大及其常委会以及国务院的特别授权，根据粤港澳法制融合的需要，就特定事项在一定期限内在试点合作区暂时调整或者作出特别规定，以逐步构建民商事规则相衔接、与国际接轨的制度体系。

由于立法程序复杂，争取"中央特别授权"可能是当前较为现实的、缓和及化解法制融合中可能出现的法律争议、更好地为法制衔接和创新扫清上位法障碍、为大湾区建设提供坚实法制保障的重要措施。②

四　国内外区域经贸合作争端解决机制

世界主要国家都积极建立经济湾区和自由贸易区，以求在经济上实现区际共同发展。而世界经济湾区和自由贸易区的法律协调争端解决机制，显然对粤港澳大湾区有着借鉴和指导作用。本文简介北美自由贸易区、欧盟自由贸易区、中国－东盟自由贸易区的法律制度和争端解决机制，将其与粤港澳大湾区进行对比，以求在粤港澳大湾区法治建设上起到作用。

（一）北美自由贸易区法律争端解决机制分析借鉴

北美自由贸易区争端解决机制的特点主要在于其希望做到法律手段和

---

① 参见荆洪文《区域示范法：作为湾区民商事法律冲突解决路径的追问》，《暨南学报》（哲学社会科学版）2019年第12期，第58页。
② 李霞：《粤港澳大湾区法制融合：基础、挑战和前景》，《中国发展观察》2021年第23期，第75页。

政治手段之间有机结合。通过先协商解决争端，后通过政治外交手段保证实施的方式，促进自贸区经贸合作维持健康运转。当然，这样的争端解决机制对于美国这样的发达国家更加有利，而墨西哥这样的发展中国家显然处于不利地位。因此，其他经济区在借鉴经验时应该注意与本国国情和实际情况相结合。相对来说，北美自贸区仍有以下特点值得借鉴。

1. 数套争端解决机制并存

北美自贸区共设立了 9 套不同的争端解决机制以应对不同形式和内容的经贸合作争端。在这套争端解决机制中，包含一般争端解决机制、投资争端解决机制、反倾销反补贴税事项的审查与争端解决机制等多套应对方针，同时各自机制的程序和理念各不相同又能很好地兼容，体现出明显的针对性和灵活性，照顾到了部分争端的特殊性，兼顾了公平和效率。

2. 受案范围广泛

北美自由贸易区的纠纷解决机制受案范围广泛。传统的商品和金融服务贸易属于 NAFTA 协定的受案范围。这一点弥补了传统争端解决机制的不足，具有鲜明的时代性。

3. 注重私人利益的保护

北美自由贸易区的争端解决机制不同于传统争端解决机制仅仅适用于主权国家间，它广泛适用于主权成员国家间和个人间贸易，即将民事平等主体间的利益纳入北美自贸区的争端解决机制的保护范围。这主要是因为，实践证明，当国家作为一方参与争端解决过程时，并不一定能实现个人、法人或其他组织利益的最大化，甚至有时可能致使私人利益难以真正实现。因此，这样的设计充分保护私人利益，调动了市场活力。①

（二）欧盟自由贸易区法律争端解决机制分析借鉴

1. 欧盟经贸争端解决机构的设立

欧盟采取分权分立的监管模式，即立法和决策机构的理事会、构成行政机构的委员会、作为咨询机构的议会、作为解释和执行机构的欧洲法院共同构成争端解决机制。这样的设计相较于粤港澳大湾区的争端解决机制，显得更加紧凑，沟通更加便利。

---

① 参见曹平、尹少成《北美自由贸易区经贸争端解决机制研究——兼论对中国 – 东盟自贸区经贸争端解决的启示》，《广西警官高等专科学校学报》2013 年第 6 期，第 65 页。

2. 投资法院争端解决机制

投资法院机制已被纳入欧盟与贸易伙伴之间的许多国际投资协定或自由贸易协定的争端解决条款中。与传统的国际投资仲裁相比，投资法院机制的重点在于建立一个包括上诉机制在内的常设机构。其一般模式是两阶段投资法庭机制，包括初审法院和上诉法院。在 CETA 协议文本中，规定了磋商和调解两种替代性争端解决方式。

磋商机制是在协议中明确约定的前置程序。协议希望在将争议提交法院审理之前，通过磋商更有效地解决争议，缓解双方之间的冲突。调解程序不同于强制性谈判程序。在 CETA 协议中，争议双方可以自愿选择调解，并随时提出和进行调解。

若在磋商程序中未能解决争端，争议方可以将诉请提交初审法院。一般来说，仲裁庭任命的仲裁员由双方指定，再由仲裁庭指定首席仲裁员。然而，投资法院是一个常设机构，不同于一般的国际投资仲裁机制。初审法院由 15 位成员组成，参与审理各个案件的分庭成员由初审法院庭长从争议双方和第三方指定，并保证每一位成员享有平等机会审理案件。这种机制的特点在于模仿国际法院的模式，通过缔约国选任长期的裁判员，并且长期轮换参与案件审理，避免了裁判员的人选问题导致的裁决争议。

投资法院的新颖之处在于上诉机制，并建立了常设的上诉法院。根据 CETA 协议，其与初审法院的设置和规则基本一致，而且程序更加简单。这样的设置更好地保护了当事人的利益，使得整个争端解决更加具有效率。[1]

但粤港澳大湾区的内部经济体在经济、文化方面存在差异，与欧盟的情况存在本质差别，因此各方的区域性贸易争端解决机制并不完全适用，对于诸如欧盟那样高效率的区域性法院应当选择性适用，不可盲目照搬。[2]

（三）中国-东盟自由贸易区法律协调机制分析借鉴

东盟的全称是"东南亚国家联盟"。中国与东盟建立的自由贸易区，是世界上人口最多的自由贸易区，其发展模式是发展中国家间的经济合作，这在世界上具有很大影响力。

---

[1] 参见秦晓静《投资法院机制维护欧盟法律自主性的制度设计及中国应对》，《法学杂志》2021 年第 1 期，第 112～115 页。

[2] 宋丽颖、王琰：《"一带一路"沿线国家涉税现状、争端类型与解决机制》，《经济体制改革》2021 年第 4 期，第 149 页。

中国－东盟自由贸易区在争端解决机制的构建上，吸纳了政府间解决机制、民间解决机制、仲裁解决机制和司法解决机制等不同种类的方式，广泛采用法律途径和外交途径解决纠纷，构成多元化的争端解决机制。

政府间解决机制主要目的在于用政府间协商的手段追求在政治方面解决争端。这种解决方式存在程序不明确、不严谨，环节不严密、不紧凑的问题，能够应对临时性的灵活问题，但是不利于常态化、系统化争端解决机制的建立。

民间解决机制具有很大的灵活性和自由性，能够应对复杂的争端形式和权利矛盾。其主要是社会成员参与共建的社会组织，为实现共同意愿进行争端解决。

CAFTA 争端解决机制中的仲裁程序设置十分灵活又方便快捷，在 CAFTA 协议中并没有规定仲裁的常设机构，一般是临时设立，又在案件处理完后自行撤销。不仅尊重当事人意愿，更避免了环节烦琐的问题。

五 粤港澳经贸合作争端解决机制的优化建议

对于当下的粤港澳来说，最重要的是正视三地客观差异，结合我国国情和实际情况，在"一国两制"的特殊背景下，立足现实，基于现在已经建成的机制，在立法、司法、执法等多层面，逐渐建成并且不断完善体系化、常态化、多元化、高效率、符合当下时代需求的争端解决机制。具体来说，对粤港澳经贸合作争端解决机制的优化建议可以分为以下几点。

（一）从立法维度完善粤港澳经贸合作的争端解决机制

1. 明确划分粤港澳管辖权并明确法律效力

目前，针对跨行政区划立法和行政管辖的权限，我国的宪法并未明确规定，香港、澳门特别行政区基本法对此也没有专项规定。因而，要从立法维度完善粤港澳大湾区的争端解决机制，首先必须明确粤港澳三地管辖权以明确跨行政区划的行政权限；其次，明确三地联合立法的效力；同时，赋予粤港澳大湾区一定的特殊政策支持，使得粤港澳三地政府在粤港澳大湾区的争端解决机制立法建设方面做出创新。

2. 构建整体性法律规范体系

当前，粤港澳大湾区的治理模式面临强制力不足的问题，缺乏系统性法律规范体系导致粤港澳三地合作缺乏法律保障。为此，笔者设想，由相关部门介入，在条件成熟和多方协商的前提下将当前粤港澳大湾区的大量合作协议上升为地方规章，甚至通过特别行政区立法程序和内地立法程序转化为法律。对于当下的法律规范空白，应当鼓励大湾区各方积极探索，在中央的批准下，在人大的监督下，大胆尝试，做出突破。在当下合作协议基础上建构软硬法混合治理，充分尊重"一国两制"方针，填补法律规范体系的空白。

3. 制定统一的区际法律冲突示范法

由于港澳地区具有高度自治权，因此，内港澳的法律冲突将长期存在。内地与香港、澳门应该互相尊重各自法律体系的独特性，在"一国两制"方针的指导下，面向同一个目标，坚持合作协调，真正建立起一套统一的法律冲突示范法，更好地满足粤港澳大湾区当下发展需求。

在笔者的设想中，可以由三法域有关部门组织，在党的领导下，经过民主评议和表决，参考专家意见在粤港澳地区制定统一的法律冲突示范法，今后也可作为范例向全国推广。

（二）从司法维度完善粤港澳经贸合作的争端解决机制

1. 结合粤港澳三地差异回应大湾区司法需求

建设粤港澳大湾区，需要进一步丰富"一国两制"的实质内涵，充分考虑粤港澳三地在法律制度和法律文化方面的差异，积极进行司法互助交流合作，回应司法需求。争端解决机制的构建应该重视三地法律文化和制度差异，这就要求多元争端解决机制的构建应考虑吸收大湾区各方的争端解决机制，综合考虑各方利益，权衡利弊，回应多方司法需求。[①]

目前，争端解决机制在司法维度的可行改善建议有以下几点。

（1）推动粤港澳三地民商事判决更好地协同和执行

减少重复诉讼、增进司法互信、贯彻"一国两制"方针的精神不仅关乎两地民众和商事主体的切身利益，而且是当前粤港澳大湾区经贸合作中多方关注的焦点。因此，扩大民商事案件的受理范围，对于促进两岸争端解决和司法协同有益。

（2）建立粤港澳大湾区司法合作平台

为了进一步统筹粤港澳三地在争端解决机制方面和司法协同层面的问

---

① 初北平：《"一带一路"多元争端解决中心构建的当下与未来》，《中国法学》2017年第6期，第79页。

题，应当在粤港澳大湾区建立常态化的交流协商机制，确保三地在司法信息上保持沟通交流。①

（3）联系国际规则，建立开放型管理体系

对于粤港澳大湾区的经贸合作争端解决机制建立，应该在司法层面，充分把握管辖制度，和国际民商事管理制度接轨，向国际先进经验学习。做到既充分尊重国情与现实，又能不断"走出去"，与国际社会连接，将不断开放和"一国两制"的思想进一步落实。

2. 建立常态化争端解决机构

粤港澳大湾区作为一个整体，可考虑构建粤港澳大湾区争端解决中心，作为专门处理粤港澳大湾区内部争端的独立组织。粤港澳大湾区内部的经济发展水平不齐，工业化、商品化程度亦有所差别，故发生的争端相较于其他区域具有明显的复杂性，更考虑到其"一国两制"的独特历史原因，多方之间的争端较难得到圆满的解决。

在建立常态化争端解决机构方面，可以适当借鉴国内外先进经验，在此基础上不断完善。该机构设计如下。

领导层，大致可以分为联合委员会和行政会议。在这样的设计中，联合委员会主要负责区域协同立法工作；行政会议主要分管行政类事务。委员会可以作为常态化机构常设，而行政会议可以作为临时会议存在。

理事层，分为总理事会及其下设的各组或委员会。总理事会及各专门委员会常设，全权负责协调理事会下各部门的工作安排，以及召集委员会会议与行政官会议。同时，可以适当扩大受理范围，如参照欧盟制度，加强对私人利益的保障。

成立粤港澳大湾区争端解决中心，首先应定位为专门解决粤港澳大湾区争端的独立组织。其次，应保持中立的地位，不应受到其他同级机关的架空和操控，保证多方利益平等实现。最后，争端解决中心设立的专家委员会应涵盖来自所有内部利益方的学者和专家，以便为各方提供有关各种争端的建议，帮助企业充分了解事实并积极维护其合法权益。②

当然，构建必须综合考虑多方利益构成，切实保障大湾区内各方的实际情况。因此，应该秉持内部解决理念，建立内部常态化争端解决机构。

---

① 谢雯、丘概欣：《粤港澳大湾区建设中司法合作与司法保障的路径——以涉港澳民商事审判为视角》，《法律适用》2019 年第 9 期，第 56 页。

② 宋丽颖、王琰：《"一带一路"沿线国家涉税现状、争端类型与解决机制》，《经济体制改革》2021 年第 4 期，第 150 页。

即使争端最终仍然可能由当事人约定的其他仲裁机构设在大湾区的分支机构解决，但是依然可以做到弥补我国在多法域争端解决方面的经验缺失和制度缺位，增加和提高我国参与国际化仲裁的经验与能力，同时也可以加强与其他国际仲裁机构的联系与交流。在这一方面，具有不可忽视的价值。①

3. 综合多种手段促进争端解决

争端解决机制的构建应注重体现共同协商、共同建设、互利共享原则。在构建争端解决机制的过程中，要兼顾各方利益，运用多种争端解决方式，充分发挥各种争端解决方式的比较优势，完善争端解决机制，对于各方当事人做到同样保护合法权益，营造公平、公正、稳定、高效的法治环境。②

调查手段作为争端解决的常态化手段，却常常容易被忽略。调查常常作为调解、仲裁、裁判辅助步骤，在很多区域性争端解决机制中，发挥了重要作用。但同时，调查又有其自身的问题，比如调查本身常常作为一些争端解决措施的前置程序，缺乏独立的争端解决手段地位。同时，调查依赖于争端双方对于调查本身的信赖。而在现实情况中，很难达成双方同时对于调查过程的绝对信赖。目前，在国际上，调查手段普遍缺乏强制力已成为不争的事实。但是，不能因此忽略调查的重要性。调查作为最为和平的手段，最符合多方协商的平等交流，最有利于争端客观和平解决，所以在现有的国际法律体系和争端解决方式中，调查委员会的作用是显而易见的。③

调解为谈判和协商提供一种灵活的方式，更加强调商业考虑和合作关系，更加强调法律权利和义务以及证据规则。因此，它更有利于促进争端解决机制的和谐构建，促进粤港澳大湾区内部的合作共赢。

就目前而言，商事仲裁是现下兼具效益和公平的争端解决方式之一。基于大湾区的复杂情况，其争端解决机制的目标是在复杂的政治法律文化背景下，满足湾区经济发展中对公平有效的争端解决机制的迫切需要。因此，仲裁应当成为最常见的争端解决方式。

---

① 初北平：《"一带一路"多元争端解决中心构建的当下与未来》，《中国法学》2017 年第 6 期，第 76 页。

② 廖丽：《"一带一路"争端解决机制创新研究——国际法与比较法的视角》，《法学评论》2018 年第 2 期，第 170 页。

③ 潘俊武：《解析国际争端解决机制及其发展前景》，《法律科学》2009 年第 4 期，第 116 页。

毫无疑问，目前对于商事仲裁，引进仲裁机构是一条捷径。同时，它也能促进我国仲裁行业快速发展，提升我国仲裁的能力与水平。然而，内地对境外知名仲裁、调解机构的吸引并无突出优势。[①]

引进仲裁机构，无疑是大湾区迅速完善争端解决机制中仲裁环节的捷径。同时，对于促进我国仲裁国际化，提高我国仲裁的综合水平，鼓励我国仲裁更早、更好地融入国际竞争，也具有积极的价值。然而，我国现有的仲裁机制与国际相比，在仲裁意识、仲裁观念、仲裁机制等方面还存在许多不足，需要改革和完善。

司法作为维护社会公平正义的最后一道防线，尽管在程序的灵活性上仍有不足，但其所具有的公正性和权威性是其他争端解决机制无法比拟的。

（三）从执法维度完善粤港澳经贸合作的争端解决机制

1. 加强区际信息沟通和共享

区际政府信息沟通和共享不仅是公共资源的共享，更是满足公众知情权等基本权利的要求，是强化政府间行政效率的必然要求。粤港澳大湾区的争端解决机制建设离不开区际信息共享渠道的构建，尤其是府际信息共享。粤港澳三地由于一些历史和法律制度的原因，在司法信息交流方面一直有所欠缺，如果三地能切实构建政府信息交流平台，必将推动粤港澳大湾区争端解决机制的建立，促进大湾区合作互利，减少争端解决成本。

强化区际信息共享，首先就是保证相关法律和政策的透明度。透明度是降低自贸协定争端解决机制运行成本的关键性因素。一般来说，信息透明度越高，信息成本就越低。对争端解决来说，信息成本越低，信息流通越通畅，双方在争端解决上的沟通程度就越深，合作的机会就越大。[②]

2. 加强区际联合执法的深度

粤港澳大湾区发展区际执法合作不足的一个原因是三地的法治差异，另一大原因是三地政府的联合依然不够紧密。此前，粤港澳协同发展在"一国两制"方针的指导下，在区际联合执法方面取得了一些成就，但是主要集中在刑事领域和海关方面，在深度方面还有显著不足，尤其是经贸合作领域。联合执法是争端解决机制的重要保障和支持。因此，如果无法

---

① 卢鹏起：《中国仲裁谋求增强国际竞争力》，《中国贸易报》2017 年第 1 期，第 32 页。

② 参见孙志煜《区域贸易协定争端解决机制中的制度选择：基于交易成本的分析》，《暨南学报》（哲学社会科学版）2014 年第 5 期，第 21 页。

建立起深度联合执法平台，将区际联合执法常态化、深入化，将影响粤港澳大湾区经贸合作的进一步发展。

粤港澳大湾区的实施涉及贸易、投资、金融等多方面，需要各参与方在政策、法律和行政层面进行协调。在当前全球化的态势下，文化、法律等元素对跨境经贸合作非常重要，有时甚至可以决定相关国家和个人是否可以合作、如何合作以及合作是否成功。因此，区级联合势在必行。①

历史经验表明，忽视区域经济发展中的法律文化差异，对区域性经济湾区的发展具有难以磨灭的影响。因此，在构建争端解决机制时应该认识到大湾区内在文化法律等方面的巨大差异，充分认识到该地区政治与法律复杂的现实，粤港澳大湾区并不能机械地照搬之前的争端解决机制，而是应在平衡多方利益的基础上，以灵活的方式和程序制定，推动粤港澳大湾区争端解决机制更贴合区域内各方的现实情况和法律传统。粤港澳大湾区争端解决机制以较大的灵活性满足区域内利益方对争端解决的需求。②

六 结语

粤港澳大湾区作为世界级经济湾区和城市群，其多元化经贸合作纠纷解决机制是整个湾区建设法治保障的核心要素之一，仍然有待完善。由于粤港澳三地之间在法律制度和协同等方面仍然存在问题，系统性、常态化的争端解决机制建立遇到重重挑战和困难。同时，目前来说，粤港澳地理位置特殊，地区发展优越，是我国对外开放的重要窗口之一。围绕粤港澳三地的经济合作和争端解决还处于比较基础的水平。对此，笔者认为可以借鉴国内外同期发展经验，分别从立法、司法、执法方面，从宏观和微观角度提出修改建议，不断革新。

因此，如果能在我国现行法律制度体系和"一国两制"的背景下做出制度创新，批判性地借鉴吸收国内外先进经验，一定能真正建立起具有粤港澳特色的完整的争端解决机制，为整个粤港澳大湾区的法治保障增添新的内涵，为粤港澳大湾区的经贸合作和经济发展保驾护航，进一步与世界接轨，为建设世界级城市群和经济湾区做出新的突破。

---

① 王贵国：《"一带一路"争端解决制度研究》，《中国法学》2017年第6期，第56页。
② 孔庆江：《RCEP争端解决机制：为亚洲打造的自贸区争端解决机制》，《当代法学》2021年第2期，第41页。

"科技向善"理念的专利法律回应

——基于制度伦理研究路径的问题疏解

刘 鑫[*]

摘 要：专利制度作为促进与保护技术创新活动的一项特殊法律安排，虽与伦理分属于不同的学科框架，但其与伦理之间的联系却涉及制度理论与运行实践的方方面面。当前，"科技向善"的基本理念对专利制度的设计与实践提出了更高的伦理要求。然而，科技的急剧变革与产业的迅速革新却使专利制度面临伦理层面的"不能承受之重"，不仅制度在正当性层面的伦理基础不尽明确，制度运行过程中伦理指引不足的实践难题与争议也日渐凸显。从制度伦理框架下制度内在伦理与制度运行伦理的研究路径来看，专利制度的伦理困境可以被归结为正当性层面伦理基础模糊的内在伦理困境和实践过程中伦理指引薄弱的运行伦理困境。因而，为实现对专利制度伦理困境的有效应对，一方面从正当性层面明确专利制度的伦理基础，厘清专利制度正当性证成"道义论"与"功利论"不同伦理面向之间的差异，并在理顺二者的生成诱因与道德效果的基础上，对"道义论"证成与"功利论"证成展开伦理层面的评价与衡量，以克服专利制度的内在伦理困境；另一方面针对专利制度实践中伦理指引薄弱的问题，分别以专利授权审查实践和专利权益分配实践为例，阐释专利制度运行困境的基本表现及其产生原因，并结合制度的实践状况，明确专利制度运行的伦理价值位阶与原则框架，以及破解专利制度运行伦理困境的具体法律选择。

关键词：科技向善 专利制度 制度伦理 专利正当性 专利授权审查 专利权益分配

"科技向善"是当前新技术时代科技创新的重要伦理理念，也是风险社会人们应当共同遵守的伦理准则。[①] 专利制度作为技术成果保护及相关

---

[*] 刘鑫，法学博士，中南财经政法大学知识产权研究中心讲师。

[①] 参见司晓《科技向善应成为数字社会的共同准则》，《学习时报》2019年6月12日，第6版。

产业运营的重要法律保障，也应以"科技向善"的伦理理念为基础价值遵循，充分发挥其对于技术创新与经济增长的推动效用。[①] 在实践中，专利制度运行相关的伦理难题随高新技术成果的不断涌现而日渐增多，从基因工程、人工智能等新兴技术涌现所带来的专利伦理挑战到"专利丛林""专利蟑螂"等新兴市场运营状况所引发的专利伦理风险，科技与产业的巨大变革使专利制度面临严峻的伦理困境。毋庸置疑，科学技术的快速更新与经济社会剧烈变革是这一情况的直接原因，但片面地把专利制度伦理困境的产生诱因直接归结到宏观层面的科学技术进步与经济社会发展却并不适当。唯有将归因范围限制在专利制度的理论框架与实践脉络之内才能真正找到提供事实之理由。[②] 鉴于此，有必要选取制度伦理研究方法，以专利制度的基础理论与运行实践为出发点，探寻专利制度伦理困境的根本诱因，并进一步从中找出专利制度伦理困境的应对策略，实现"科技向善"理念的专利法律因应。

一　专利制度中的伦理困境及其制度伦理映射

通常而言，对于专利制度的伦理分析一般会援引科技伦理与法律伦理的基础原则，并参照科技伦理或法律伦理等应用伦理的规范体系展开。然而，无论是科技伦理还是法律伦理，都只能涵盖专利制度的一种表现形式，并不能将制度中的所有伦理问题予以囊括。[③] 对于诱发专利制度伦理难题的根本理论原因与实施缘由的探究则超出了科技伦理和法律伦理的反省与思辨范畴。由此，若想对专利制度中的伦理困境展开全面分析，势必需要从制度层面出发确立新的应用伦理方法论，而 20 世纪中后期以约翰·罗尔斯《正义论》为起点的制度伦理研究则恰好与之契合。[④] 为此，

---

① 参见刘鑫《"科技向善"倡议下专利伦理评价机制研究》，《中国科技论坛》2021 年第 6 期，第 46 页。

② 参见王一奇《理由与提供理由的事实》，谢世民主编《理由转向：规范性之哲学研究》，台北：台湾大学出版中心，2015，第 105～140 页。

③ 参见刘鑫《专利制度相关的伦理范畴之辨析》，《中国发明与专利》2020 年第 11 期，第 11～17 页。

④ 20 世纪下半叶，约翰·罗尔斯《正义论》的出版是现代伦理研究的一个关键性转折，它使得伦理研究的重点由元伦理学转向规范伦理学，同时也开启了规范伦理学框架下制度伦理的研究进程。参见 Jurgen Habermas, "Reconciliation Through the Public Use of Reason: Remarks on John Rawls's Political Liberalism," 92 *The Journal of Philosophy* 109, 109 – 131 (1995)。

不妨以制度伦理研究路径作为分析方法，厘清专利制度中伦理难题的根本来由，并以此明晰专利制度所面临的伦理困境，发掘相关专利制度伦理困境的应对策略。

（一）制度伦理研究的主要范畴

制度伦理研究于 20 世纪 90 年代在我国骤然兴起，其在本质上是由我国改革开放以来社会迅速转型发展、各项社会制度急剧变迁而造成的伦理危机所诱发。① 经过 10 余年的发展，制度伦理研究不断深入，并逐步成为我国学者论证具体制度伦理问题的分析方法，从和谐社会构建的制度伦理分析②到火车票"实名制"的制度伦理分析③，无论是国家层面的重要制度，还是日常生活中的规章制度，都是制度伦理分析的适用对象，当然，专利制度也并不例外。

所谓制度伦理，即是指以社会制度、结构和秩序的伦理维度为中心主题的社会性伦理价值、规范和体系。④ 学界对于制度伦理的认知，存在"制度伦理化"与"伦理制度化"两种基本思路，前者是以伦理为中心的，强调制度本身的伦理属性与伦理价值；后者则以制度为中心，主张将伦理价值与伦理原则上升为社会制度。⑤ 但是，制度伦理所研究的问题并不仅仅局限于"制度"与"伦理"之间的辩证关系，其主要作用则在于论证现有制度设计是否具有道德上的合理性。⑥ 进而言之，制度伦理的重点即在于对制度的伦理分析，其核心是揭示制度的伦理属性及伦理功能，其主旨指向"什么是善的制度""一个善的制度应当是怎样的""何以可能""有何伦理价值"等问题。⑦ 而这些问题也构成了制度伦理研究的主要内容，涉及"制度的伦理"和"制度中的伦理"两个层面，其中，前

① 参见施惠玲《制度伦理研究述评》，《哲学动态》2000 年第 12 期，第 10 ~ 11 页。
② 参见王淑芹、钱伟《转型期和谐社会构建的制度伦理分析》，《哲学动态》2006 年第 10 期，第 53 ~ 57 页。
③ 参见程秀波、郭献明《火车票"实名制"的制度伦理分析》，《河南师范大学学报》（哲学社会科学版）2010 年第 6 期，第 24 ~ 26 页。
④ 参见万俊人《制度伦理与当代伦理学范式转移——从知识社会学视角看》，《浙江学刊》2002 年第 4 期，第 13 页。
⑤ 参见覃志红《制度伦理研究综述》，《河北师范大学学报》（哲学社会科学版）2002 年第 2 期，第 104 ~ 105 页。
⑥ 参见彭定光《论制度伦理的立论基础》，《哲学研究》2011 年第 2 期，第 113 页。
⑦ 参见高兆明《制度伦理与制度"善"》，《中国社会科学》2007 年第 6 期，第 43 页。

者亦即"制度的内在伦理"，主要体现为对制度的正当、合理与否的伦理评判，而后者则是"制度的运行伦理"，往往呈现为制度中所蕴含的伦理追求、道德原则和价值判断。①

对于专利制度而言，制度伦理的研究也包含"制度的内在伦理"和"制度的运行伦理"两个层面，既涉及制度本身伦理正当性评判的内在伦理阐释，也涵盖了制度实践中伦理价值判断的运行伦理探究。相应地，当前由新技术迸发、新产业涌现所带来的专利制度伦理困境，在"制度的内在伦理"和"制度的运行伦理"两个层面也都有具体映射。如图1所示，专利制度伦理困境在"制度的内在伦理"和"制度的运行伦理"两个研究层面，分别映射为专利制度正当性层面的伦理基础模糊和专利制度实践过程中的伦理指引薄弱两个不同维度的具体问题。由此，在制度伦理研究方法的导引下，有必要分别对专利制度的内在伦理困境和运行伦理困境予以剖析，探寻技术与产业变革中专利制度伦理桎梏的根本来由，从而找出专利制度内在伦理困境的克服之法与运行伦理困境的破解之道，实现专利制度"实然"伦理状况与"应然"伦理形态的有机统一。②

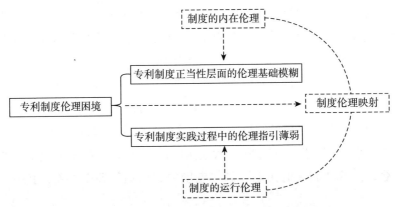

图1 专利制度伦理困境的制度伦理映射

（二）专利制度的内在伦理困境：正当性层面的伦理基础模糊

制度的内在伦理是促使制度产生的最为本质的伦理道德基础，为制度的发展演进提供了正当性层面的伦理证成。专利制度也只有在内在伦理层

---

① 参见方军《制度伦理与制度创新》，《中国社会科学》1997年第3期，第56页。
② 参见〔美〕弗兰克·梯利《伦理学导论》，何意译，广西师范大学出版社，2001，第14页。

面具备了充分的正当性依据后，才能得到大多数社会成员在价值观念上的认可和行动上的支持。① 对于专利制度而言，内在伦理是以其基本架构，以及人们对于专利制度的基本认知为出发点。从商谈伦理来看，人们相互之间就世界中某物所达成理解的对话，都是以他们积极追求且互相承认，并承担相应义务的共识为前提条件的。② 人们对于专利制度内在正当性的理论对话也并不例外，任何涉及制度正当性的伦理商谈都是建立在人们对于专利制度最为根本的伦理共识基础之上的。进一步从专利制度的伦理价值来看，专利制度内在正当性的伦理基点即在于，制度本身应具有"善"的价值，并对社会公共有益。③

然而，在基本的伦理共识之下，专利制度在内在正当性的伦理证成中也存在不同的价值导向与理据立场，它们大致可以划分为"道义论"和"功利论"两种类型。④ 其中，以道德权利、自然权利为起点的"人格财产学说"和"劳动财产学说"，形成了对于专利制度内在正当性的"道义论"伦理证成；而以行为后果、竞争效果为指征的"专利激励学说"和"专利竞赛学说"，则形成了对于专利制度内在正当性的"功利论"伦理证成。⑤ 但由于专利制度本身的伦理争议性，学界在专利制度伦理共识之下至今仍未就其正当性的内在伦理依据形成统一认识。在"道义论"和"功利论"两种不同伦理价值立场下，各个学说对于专利制度内在正当性的伦理证成往往会各有侧重，相应地，人们对专利制度的道德认可程度也会有所差异。也正是这种学说林立且争执不下的局面，直接造成了专利制度正当性层面伦理基础的不明确性。不仅如此，随着新技术革命的不断深化，人们对专利制度的理解逐步发生改变，一些专利制度长期发展中所形成的伦理观念被渐渐打破，甚至颠覆。而这也使专利制度在内在正当性层面伦理基础的确定变得更为困难，并进一步加剧了专利制度的内在伦理困境。

---

① 参见李仁武《制度伦理研究——探寻公共道德理性的生成路径》，人民出版社，2009，第284页。

② 参见〔德〕哈贝马斯《在事实与规范之间：关于法律和民主法治国的商谈理论》，童世骏译，三联书店，2011，第4～5页。

③ 参见王方玉《权利的内在伦理解析——基于新兴权利引发权利泛化现象的反思》，《法商研究》2018年第4期，第82～92页。

④ 参见高兆明《制度伦理研究——一种宪政正义的理解》，商务印书馆，2011，第50页。

⑤ 参见刘鑫《"道义"与"功利"之间：专利制度伦理证成的路径选择与框架设计》，《华中科技大学学报》（社会科学版）2021年第6期，第75～86页。

（三）专利制度的运行伦理困境：实践过程中的伦理指引薄弱

制度运行伦理是保证制度有序实施的基本伦理道德准则，为制度效果的充分发挥提供了必要的伦理指引。在专利制度实践中，正义、秩序、安全、公平、效率等制度价值取向间的不同位阶顺序无疑也会对专利制度运行效果产生不尽相同的道德评判结论与伦理指引面向。其中，正义是包括专利制度在内的所有法律制度，乃至社会制度的首要价值，正像真理是思想体系的首要价值一样，不管法律制度如何有效率和有条理，只要它们不正义，就必须加以改造或废除。① 而其他的制度价值则都是在正义价值的位阶之下的，它们以达到制度正义为目标，受正义价值统领，为正义价值的实现而服务。

但是，在实践中，授权审查、权益分配等专利制度运行环节中也并未呈现出与制度正义相契合的伦理价值取向。② 相应的专利制度运行伦理困境也由此引发，并致使专利制度在授权审查、权益分配等实践运行环节中出现了伦理指引薄弱的问题。③ 与此同时，随着科学技术的飞速进步、社会分工的日益细化，高新技术产业不断涌现，技术创造复杂性与集约化不断增强，专利制度的运行伦理困境愈发凸显，其中，在专利授权审查和权益分配实践中的伦理指引薄弱问题最为突出，也最具代表性。为此，不妨分别以专利授权审查实践和专利权益分配实践为例，进一步对专利制度的运行伦理困境予以阐释。

首先，在专利授权审查实践中，制度运行的伦理困境主要呈现为实用主义导向的道德淡化问题。在科技革命与产业革新双重利益驱动下，犹如"第二次圈地运动"一般的专利授权范围扩张，使专利授权审查机制不断地做出妥协，从商业方法专利授权到生物技术专利授权，专利授权审查的伦理价值基础被一再弱化，并逐步沦为实用主义的法律工具。④ 从表面来看，这种实用主义倾向所导致的专利授权审查工具化无可厚非，其只是新技术、新产业冲击下专利授权审查实践对相关利益诉求的一种适当满足，

① 参见〔美〕罗尔斯《正义论》，何怀宏、何包钢等译，中国社会科学出版社，1988，第3~4页。

② 参见彭定光《制度运行伦理：制度伦理的一个重要方面》，《清华大学学报》（哲学社会科学版）2004年第1期，第27~31页。

③ 参见罗能生《论产权伦理的内涵和构成》，《求索》2003年第2期，第145页。

④ 参见 James Boyle, "The Second Enclosure Movement and the Construction of the Public Domain," 66 *Law & Contemp. Probs.* 33, 33–74 (2003)。

既为专利授权审查提供了一种新的实践模式，也为新兴的技术与产业提供了必要的专利保护与激励。① 但究其根本，这种实用主义的专利授权审查实践背后却潜藏着巨大的伦理风险。因为它打破了专利授权审查中的伦理平衡，使社会公共利益受到了严重的侵袭。一旦权利人以所获专利授权进行技术劫持，势必将制约技术与产业的持续发展。② 不仅如此，这种实用主义观念所主导的专利授权审查更是缺乏伦理理性，其中很多情况甚至会突破专利授权审查的道德底线，严重威胁到专利授权审查最为基本的安全与秩序的伦理价值要求，进而致使专利授权审查实践走向制度正义的伦理对立面。

其次，在专利权益分配实践中，制度运行的伦理困境则具象化为物质投入主导的利益失衡问题。现代发明创造复杂性的不断提升，使其对于物质投入的依赖性与日俱增。而发明创新合作化与集约化的不断加强，则使物质投入在专利技术成果生成中的影响得以进一步增强，并逐步成为主导因素。由此，专利的权益分配实践也当然会受物质因素影响，并由占主导地位的物质投入者决定具体的权益配置。而这也意味着专利权益分配的利益天平向物质投入者倾斜，进而造成专利权益分配实践中出现保证效率却失之公平的道德风险。因为在物质投入者的眼中，只有财富、利润才是目的性价值，包括伦理在内的其他一切只具有工具性意义。③ 虽说这种物质投入主导的专利权益分配模式是"创新者的补偿和创新使用的费用相分离"的"社会化"制度安排的必然结果，④ 但是对于专利制度中分配正义的伦理道德标准而言，却是一种颠覆式的冲击。专利权益的分配并非一道纯计算题，物质主导下完全以经济利益为基准的分配本身就是不合理的，而物质投入者利用自身在初次分配或再次分配中的支配地位对其他参与者的利益倾轧，则更是有失公平、有违伦理的，这对于智力投入者等其他参与者而言，不仅仅是一种利益层面的分配失衡，更多的则是一种由遭受不公而带来的道德痛楚。⑤

---

① 参见 Edmund W. Kitch, "The Nature and Function of the Patent System," 20 *J. L. & Econ.* 265, 275–280 (1977)。

② 参见 Mark A. Lemley & Carl Shapiro, "Patent Holdup and Royalty Stacking," 85 *Tex. L. Rev.* 1991, 1991–2050 (2007)。

③ 参见高兆明《公司社会责任担当与背景性制度安排——以在华跨国公司为例》，单继刚、甘绍平、容敏德主编《应用伦理：经济、科技与文化》，人民出版社，2008，第29~40页。

④ 参见林毅夫《制度、技术与中国农业发展》，格致出版社、上海三联书店、上海人民出版社，2014，第135页。

⑤ 参见〔德〕鲁道夫·冯·耶林《为权利而斗争》，郑永流译，法律出版社，2012，第10~12页。

二　内在伦理困境之克服：专利制度正当性伦理路径的衡量与选择

专利制度的内在伦理困境突出表现为专利制度正当性层面的伦理基础模糊。而之所以会出现制度正当性层面的内在伦理困境，究其根本而言，源自专利制度知识财产化与财产非物质化的本质属性。[①] 也正是由于专利制度对于财产权物质化传统的突破，自其产生以来制度的正当性便饱受质疑。为消除理论阻碍、化解相关疑虑，证成专利制度正当性的学理尝试接踵而至，相应的伦理讨论也从未休止，甚至还形成了不同伦理价值观念下诸多理论路径各自分立且又相互对峙的局面。当下学界普遍认同的专利制度正当性证成的伦理基础主要为"道义论"与"功利论"两种路径。但"道义论"与"功利论"的不同伦理面向也注定了相关理论与学说在价值取向与道德标准层面上的差异性。因而它们对于专利制度正当性的证成便具有了相应的伦理偏向，而这也决定了它们对于专利制度正当性认知的片面性，进而引发了专利制度内在的正当性伦理基础模糊问题。[②] 鉴于此，为明确专利制度正当性的伦理基础，有必要对"道义论"与"功利论"两种不同路径伦理面向的差异展开深入剖析，梳理两种不同的伦理路径的生成诱因与道德效果，并对两种专利制度伦理正当性的证成路径进行道德层面的评价与衡量，从而克服专利制度的内在伦理困境，实现专利制度对于"科技向善"理念的充分贯彻。

（一）专利制度正当性学说的伦理路径差异及成因

在专利制度正当性判定过程中，"道义论"伦理理论和"功利论"伦理理论分别从"制度本身之善"与"制度结果之善"两个面向展开证成。"道义论"伦理理论框架下，"人格财产学说"和"劳动财产学说"是典型的理论学说；而在"功利论"伦理理论框架下，理论学说则主要有"专利激励学说"和"专利竞赛学说"。而之所以在专利制度正当性证成

---

① 参见吴汉东《财产的非物质化革命与革命的非物质财产法》，《中国社会科学》2003 年第 4 期，第 122 ~ 133 页。

② 参见 Mark A. Lemley，"Faith-Based Intellectual Property，" 62 *UCLA L. Rev.* 1328，1328 – 1347 (2015)。

中出现"道义论"伦理与"功利论"伦理所指引的两种路径，则是源于专利制度在不同历史背景下的不同价值追求。

1. 专利制度正当性学说中两种不同的伦理路径选择

"道义论"与"功利论"两种伦理路径下的理论学说虽分别从不同的伦理面向出发，给予专利制度以正当性的伦理证成，但二者之间并非完全是相互矛盾、相互冲突的，它们只是分别从制度设计与制度实施两个不同侧重揭示了专利制度的正当性，却往往会带来人们在两种伦理路径之间抉择的左右为难，造成专利制度的内在伦理困境。① 为此，有必要以"道义论"与"功利论"的规范伦理划分为出发点，展开专利制度正当性基础的内在伦理界定，厘清各种专利制度正当性学说的道德根基，理顺不同正当性理论在伦理面向上的差异，从而科学合理地做出专利制度内在正当性基础的伦理抉择。

"道义论"伦理关注的重点在于规则、权利和行动本身的善，而非最终结果的善。② 这既是"道义论"伦理本质特征的突出表现，同时也是其与"功利论"伦理的根本区别之所在。对于专利制度内在正当性的伦理证成，"道义论"伦理无疑也会从制度本身出发，搜寻制度之"善"的内在伦理基础，并逐步构建起体系性的伦理正当性理论或学说。其中，"人格财产学说"和"劳动财产学说"两种证成财产权正当性的伦理学说，往往被延伸到专利财产权之上，分别以"意志－人格－财产"之"三段论"式伦理架构和以"共有"要素为前提、"劳动"要素为核心、"需求"要素为保障之伦理架构，对专利财产权的内在伦理正当性予以证成，并逐步成为学界普遍认可的专利制度内在伦理正当性通说。

而在"功利论"伦理路径下，对于任何一项行动的赞成或非难，都势必按照增大或减少利益有关者之幸福的倾向。③ 而且，作为"功利论"伦理行为对错标准的"幸福"也并非行为者本人的最大幸福，而是全体社会成员的最大幸福。④ 因而，在"功利论"伦理的指引下，专利制度内在的伦理正当化根据，并不只是实现权利者自身的最大利益于幸福，还应加入

① 参见彭学龙《知识产权：自然权利亦或法定之权》，《电子知识产权》2007 年第 8 期，第 14～17 页。

② 参见 Elizabeth Howe, "Normative Ethics in Planning," 5 *Journal of Planning Literature* 123, 123－124（1990）。

③ 参见〔英〕边沁《道德与立法原理导论》，时殷弘译，商务印书馆，2000，第 59～60 页。

④ 参见〔英〕约翰·穆勒《功利主义》，徐大建译，商务印书馆，2014，第 14、21 页。

有益于更广泛的多数人最大利益于幸福的考虑。① 在此基础上，"专利激励学说"和"专利竞赛学说"相继发轫，二者以"功利论"伦理价值观下"最大多数人的最大幸福"为道德基准，分别从行为结果与竞争效果两个方面入手，展开了对于专利制度内在正当性的伦理证成，并逐步发展为体系化的专利制度正当性学说。

2. 专利制度正当性证成中伦理路径差异的形成原因

在专利制度内在伦理正当性的证成过程中，具有不同伦理面向的两种路径的出现，从表面上看，当然是由于人们选择了不同的伦理价值基础，而深层的原因则是源自不同历史时期、社会环境等理论背景的影响。② 其中，"道义论"的专利制度内在伦理证成是财产权正当性学说的一种理论延伸；而"功利论"的专利制度内在伦理证成则是以专利制度特性为基础的一种理论创新。

"道义论"伦理作为规范伦理的重要范畴，较早地被当作理论基础来证成财产权私有的内在伦理正当性，以黑格尔哲学思想为根基的"人格财产学说"和以洛克哲学思想为根基的"劳动财产学说"便是其中的代表。在"道义论"伦理价值观念之下，无论是"人格财产学说"还是"劳动财产学说"，在对财产权私有的正当性进行证成时关注的重点都在于，财产权私人占有这一情形本身所具有的伦理正当性。此外，由于历史背景的影响，两项学说对财产权私有正当性的有效论证，都是以土地等有形财产作为逻辑起点。而将这两大学说用来证成专利权的内在伦理正当性，则是基于学者们的理论解读，使学说有了更加丰富的内涵。

基于"功利论"伦理而形成"专利激励学说"与"专利竞赛学说"，是与专利制度的发展并肩前行的，对于专利制度内在伦理正当性的证成伴随着专利制度的运行实施而不断丰富。从"专利激励学说"与"专利竞赛学说"的伦理本质来看，专利制度的内在伦理正当性即在于，它给利益有关者带来实惠、好处、快乐、利益或幸福，以及它对利益有关者遭受损害、痛苦、祸患或不幸的防护。③ 而"功利论"伦理理念下的"最大多数人的最大幸福"，则是二者所追求的终极目标及效果。此外，

---

① 参见〔日〕田村善之《田村善之论知识产权》，李扬等译，中国人民大学出版社，2013，第4页。
② 参见刘鑫《专利制度的哲学基础及其正当性分析》，《佛山科学技术学院学报》（社会科学版）2016年第2期，第29~34页。
③ 参见〔英〕边沁《道德与立法原理导论》，时殷弘译，商务印书馆，2000，第59页。

在专利法律制度的设计与实施中，功利性的"专利激励学说"与"专利竞赛学说"也往往被更多地依仗，用于指引制度实践，但与此同时，也引发了专利制度的工具化风险，致使其失去财产权的"道义论"伦理内核。[①]

（二）专利制度正当性证成的伦理抉择与框架设计

事实上，"道义论"伦理与"功利论"伦理面向下的每一个专利制度正当性学说都有自身完备的逻辑结构，但它们却不一定能够为专利制度提供合乎社会发展所要求的正当性伦理基础。[②] 由此，要想科学合理地做出专利制度内在正当性基础的伦理选择，有必要从不同学说的生成背景出发，理顺各个理论学说之间的相互关系，不应拘泥于"道义论"与"功利论"两种路径之间的伦理面向差异，而应将专利制度内在正当性证成的"道义论"伦理路径与"功利论"伦理路径看成一个有机统一体，[③] 并根据"道义论"伦理路径与"功利论"伦理路径的理论层级划分，对不同伦理面向下的两种路径进行综合考量，在两种路径并行的条件下做出专利制度内在正当性证成的伦理基础抉择。

1. 不同伦理面向下各个理论学说的互补关系与层级划分

在专利制度内在伦理正当性的证成中，"道义论"与"功利论"两种路径在理论运行中事实上并不冲突，二者是一种能够并行的互补关系。"道义论"与"功利论"的不同伦理面向实质上只是意味着对于专利制度内在伦理正当性证成的不同理论维度。进一步从"道义论"与"功利论"作为不同面向的规范伦理思想的本质出发，二者对于本身之善与结果之善的不同追求与侧重，并无高低、优劣之分，都只是一种道德评价标准而已。因而，若想厘清学说之间的相互关系，也就需要对"道义论"与"功利论"两种路径下各个理论学说的本质进行更为深入的挖掘，其中"道义论"伦理下的"人格财产学说"与"劳动财产学说"在本质上是从财产哲学的深度来探究专利制度正当性的；[④] 而"功利论"伦理下的"专利激励学说"和"专利竞赛学说"则是从专利制度的运行实践出发来阐

---

① 参见和育东《从权利到功利：知识产权扩张的逻辑转换》，《知识产权》2014 年第 5 期，第 9 ~ 14 页。

② 参见罗能生《产权正义论》，《山东社会科学》2003 年第 2 期，第 19 页。

③ 参见〔英〕G. E. 摩尔《伦理学原理》，陈德中译，商务印书馆，2018，第 40 ~ 41 页。

④ 参见吴汉东《法哲学家对知识产权法的哲学解读》，《法商研究》2003 年第 5 期，第 77 ~ 85 页。

释专利制度正当性的。[①] 因此，就学说的理论本质而言，在专利制度内在伦理正当性的证成中，"道义论"伦理路径相比于"功利论"伦理路径无疑在理论层级上更为基础。

有鉴于此，基于不同伦理面向下两种路径间的互补关系，以及二者之间的理论层级划分，若想实现对专利制度内在伦理正当性的充分证成，则须对"道义论"与"功利论"伦理路径进行综合考虑，立足专利制度所处的现实情况，分别从专利制度本身以及制度效果两个层面展开专利制度内在正当性的伦理衡量，实现对"道义论"伦理路径与"功利论"伦理路径的有机融合。进而言之，在具体的专利制度内在正当性伦理证成过程中，我们不仅要以专利制度设计为基础进行伦理本性的考量，还应以专利制度运行效果为对象展开伦理结果的评判。

2. 不同伦理面向下两种路径并行的运转模式与架构设计

亚里士多德在对法治从制度本身与制度效果两个层面进行双重定义时，突出强调了对制度本身之伦理考量的基础性与优先性，即"已成立的法律获得普遍的服从，而大家所服从的法律又应该本身是制订得良好的法律"。[②] 其中法律制度本身的伦理正当性无疑是其产生良好伦理效果的基础与前提。因而，在专利制度正当性的伦理证成中，立足制度本身伦理正当性考量的"道义论"伦理学说无疑也应优先于进行制度效果层面正当性评判的"功利论"伦理学说。具体而言，在两种伦理路径并行的基本架构下，伦理证成的展开应有先后顺序的步骤划分，其中，"道义论"伦理路径从财产权的哲学基础出发，对于专利制度本身正当性的伦理考量应当被予以率先应用，其次进入"功利论"伦理路径，从专利制度效果着手展开制度内在伦理正当性的最终评判。只有当"道义论"与"功利论"伦理路径都得出肯定答案时，才能真正为专利制度提供全面、周延的正当性依据。

此外，必须格外注意的是，在当下的专利制度实践中，"功利论"伦理路径是专利制度内在伦理正当性的主导标准，而"道义论"伦理层面最为基础的财产标准却往往被忽略，专利制度内在正当性基础的伦理迷失也由此触发。为此，有学者呼吁使"道义论"伦理传统回归到"功利论"伦理路径的价值主导下，明确"道义论"伦理路径在专利制度内在伦理正

---

① 参见 Mark A. Lemley, "Ex Ante versus Ex Post Justifications for Intellectual Property," 71 *U. Chi. L. Rev.* 129, 129–150 (2004)。

② 参见〔古希腊〕亚里士多德《政治学》，吴寿彭译，商务印书馆，1995，第199页。

当性证成中的基础性与优先性地位;①更有学者提出在"功利论"伦理路径中提升对于道德权利、自然权利等"道义论"理念的重视程度,并将这些"道义论"伦理路径中的道德权利、自然权利也纳入"功利论"伦理路径范畴,转化为一种彰显发明人个人天赋与名誉的"表达性激励"。②这虽然是化解专利制度内在正当性伦理迷失问题的一种创造性的理论创新,但并不能从根本上解决问题。只有从"道义论"伦理路径与"功利论"伦理路径的理论层级出发,确立"道义论"伦理路径对于制度本身之伦理考量在专利制度内在伦理正当性证成理论架构上的基础性、优先性地位,按照从制度本身到制度效果的顺序,分步骤地设计两种伦理路径在专利制度内在正当性证成中的并行架构,才能彻底消除专利制度正当性基础不明确的内在伦理困境,从而实现对专利制度内在正当性充分且有效的伦理证成,彰显专利制度"科技向善"的伦理理性。③

三 运行伦理困境之破解:专利制度实践中 伦理难题的检视与因应

专利制度的运行伦理困境源自制度实践过程中的伦理指引薄弱,并在专利授权审查和权益分配实践中表现得尤为突出。进言之,无论是专利授权审查实践中实用主义导向的道德淡化问题,还是专利权益分配实践中物质投入主导的利益失衡问题,专利制度的运行伦理困境都是由伦理指引不足而引发的伦理失范,并致使制度运行实践与制度伦理的正义目标发生偏离。因而,要想破解专利制度的运行伦理困境,谋求专利制度运行实践中的伦理正义,就必须要建构起科学合理的伦理指引,打破原有的不公正、不合理的制度运行体系。④唯有如此,才能保证制度实施的正义性,并遵循"科技向善"的基本理念真正提出有效的解决方案。为此,应以专利授权审查及权益分配等制度运行实践中的现实伦理困境为出发点,首先从价值层面厘清专利制度实施中伦理原则的体系,并以此为基础,探究专利制

---

① 参见胡波《专利法的伦理基础——以生物技术专利问题为例证》,《法制与社会发展》2008 年第 2 期,第 109 ~ 120 页。

② 参见 Jeanne C. Fromer, "Expressive Incentives in Intellectual Property," 98 *Va. L. Rev.* 1745, 1759 – 1761 (2012)。

③ 参见刘鑫《"道义"与"功利"之间:专利制度伦理证成的路径选择与框架设计》,《华中科技大学学报》(社会科学版) 2021 年第 6 期,第 75 ~ 86 页。

④ 参见倪愫襄《制度伦理研究》,人民出版社,2008,第 28 页。

度运行伦理困境的法律破解之法。

（一）专利制度运行实践中伦理原则的体系化建构

在应用伦理领域，对于具体原则的归纳与总结最早源自美国生命医学研究领域，其提出无害（nonmaleficence）、行善（beneficence）、自主（autonomy）、公正（justice）四项基本原则，当前它们已不再局限于生命医学伦理之中，在应用伦理学所有分支领域都有适用，并逐步成为人们所公认的一般性伦理原则。① 在专利制度运行实践中，所应遵循的伦理原则也无出其右，只是各项原则在专利授权审查及专利权益分配等具体的制度运行实践中都有与之相对应的含义。为此，笔者将在此基础上，以专利授权审查实践和专利权益分配实践为例，从专利制度运行实践的特殊场景出发，分别对无害、行善、自主及公正这四项伦理原则进行具体内涵的解读与诠释（见表1），进而实现对于"科技向善"理念的充分贯彻。②

表1　专利制度运行实践中伦理原则的具体内涵总结

伦理原则/制度实践	专利授权审查实践	专利权益分配实践
无害	禁止将有明显危害的发明创造纳入专利授权范畴	避免将有不良使用目的的行为人纳入权利配置范畴
行善	坚守发明创造的实用性要求并对显著用途予以倡导	确保专利权益的配置不对他人或公共利益构成损害
自主	发明成果是否进入专利授权审查程序的自主选择	专利权益如何在各利益相关人之间配置的自主决定
公正	保证所有专利申请及其申请人获得授权的机会均等	推进专利权益配置在各利益相关人之间的实质公平

1. 无害原则在专利制度运行实践中的具体内涵

无害原则作为道德金规则的否定式表述，源自人类基于"不希望被伤害"的本能所形成的基本伦理共识。③ 这一原则是人类社会秩序得以维持的最为基本的前提条件，一旦其被突破，人类社会无疑将会进入霍布斯所称的"战争状态"并与"弱肉强食"的动物世界毫无区别。④ 在专利制度

---

① 参见甘绍平、余涌《应用伦理学教程》（第二版），企业管理出版社，2017，第14页。
② 参见刘鑫《"科技向善"立场下专利文献出版的伦理评价》，《科技与出版》2022年第3期，第122~127页。
③ 参见秋明《道德金规则的行为学原则分析》，《伦理学研究》2012年第1期，第125页。
④ 参见左秋明、何云峰《"道德金规则"的伦理本质、人性基础与道德理想》，《江苏社会科学》2019年第4期，第44页。

运行实践中，无害原则无疑也是必须遵守的基本伦理准则。易言之，专利制度的各项运行实践活动也应以无害原则作为最起码的伦理前提。这就要求我们不仅应当在专利授权审查实践中将对人类有明显危害的发明创造或技术成果剥离出专利授权的范畴以确保专利技术的无害性，还须在专利权益分配实践中尽力避免将重要技术的专利权配置给那些具有不良使用目的的行为人以确保专利权益分配的无害性。唯有如此，才能真正实现对于无害原则在专利制度实施中的充分贯彻，从而有效地保证专利制度在运行实践中的无害性，避免专利制度被不当应用而沦为有害发明成果及利用专利技术实施危害行为的"迷魂药"与"保护伞"。

2. 行善原则在专利制度运行实践中的具体内涵

行善原则则是为道德金规则的肯定式表达，它发源于人的仁慈心理，是基于同情心而给予弱者及苦难者普遍关怀的一种朴素的高尚情感与善良意志。[1] 这一原则也是包括专利制度在内的整个知识产权制度的指导原则，其确保了专利制度能够始终保持以人为本的基本伦理价值取向。[2] 在专利制度运行实践中，我们也应时刻秉持行善原则，使专利制度促进技术革新与普惠的制度"善"得以充分发扬。[3] 具言之，在专利授权审查实践中，坚守发明创造应具有实际应用性的基本要求，并对具有显著或深远效用的发明创造给予高度的伦理支持。虽说专利制度并未在"实用性"标准中要求相关用途必须是显著的或深远的，[4] 但从行善原则出发，对于实用价值更高的发明创造当然应给予更高的伦理评价。而在专利权益分配实践中，则更应与人为善，极力保证权利归属的确定或者权利交易的进行不对他人合法权益或社会公共利益构成损害。这是因为只有充分贯彻行善原则，在给予他人与社会公众以必要关怀基础上展开利益相关人之间专利权益分配，才是真正合乎伦理的权益配置。

3. 自主原则在专利制度运行实践中的具体内涵

自主原则暗含着西方社会对于个体自主权利重视与捍卫的伦理价值判

---

① 参见丁大同《行善原则——读穆勒〈功利主义〉》，《道德与文明》1998 年第 1 期，第 44 ~ 45 页。

② 参见袁泽清《知识产权法律制度的基本伦理原则》，《贵州社会科学》2018 年第 8 期，第 89 页。

③ 参见刘鑫《专利制度安排的伦理映射之阐释》，《中国发明与专利》2020 年第 12 期，第 25 ~ 31 页。

④ 参见〔美〕J. M. 穆勒《专利法》（第三版），沈超、李华等译，知识产权出版社，2013，第 219 页。

断，一般被认为是生命伦理学的首要原则。① 而在更为广泛的应用伦理学领域，这一原则往往也基于开放、民主的程序方法要求而在应用伦理学准则中被列于首位，对人们提出运用自己的理性去进行识别与行动的要求，而不能听任于异在权威或传统诱导。② 在专利制度运行实践中，自主原则同样至关重要，其不仅是对私人财产权利的尊重，也是专利授权与使用的根本要求。虽然，专利授权审查是由国家专利行政机关依据专利制度所设定的授权标准来进行的，但不容否认的是，发明人或其他拥有发明创造的行为人具有是否向国家专利行政机关递交专利申请，使其发明成果进入专利授权审查程序的自主选择权。与此同时，在专利权益的分配过程中，相关行为人也拥有充分的自主性，不仅在初次分配中智力投入者与物质投入者可以通过协商自主确定专利权属，在实现专利交易的再次分配中专利权利人与交易相对人之间专利权转让或许可使用一般也是由双方采用契约机制而自主磋商决定的。

4. 公正原则在专利制度运行实践中的具体内涵

公正原则所体现的是一种在"与利害自己的行为无关，而完全存在于利害他人"的"人际利害相交换"过程中以"善有善报、恶有恶报"为典型表现形式的"等利害交换"。③ 对于专利制度而言，只要能够有效地实现人们以正当的"等利害交换"途径和方式来获取专利财产权，即是与公正原则相契合的。④ 在具体的制度运行实践中，既须保证相关规范的公正运转，同时也要塑造个体的公正精神，使公正原则内化为人的德性。⑤一方面在专利授权审查实践中，应当对所有专利申请及其申请人一视同仁，不因专利申请技术领域的不同、专利申请人资历背景的不同而给予不公正的差别对待，保证所有专利申请及相应申请人获得授权的机会均等；另一方面在专利权益分配实践中，则更应当强调专利权益在各相关利益主体之间分配的公正性，无论专利权益的初次分配还是专利权益的再次分配，都须在各相关利益主体形式平等的基础上努力推进专利权益配置的实质公平，从而使每一主体都能获得其应得的财产权益，真正实现专利权益

---

① 参见庄晓平《西方生命伦理学自主原则"自主"之涵义辨析——从比彻姆、德沃金和奥尼尔的观点看》，《哲学研究》2014 年第 2 期，第 93～98 页。
② 参见甘绍平、余涌《应用伦理学教程》（第二版），企业管理出版社，2017，第 16 页。
③ 参见王海明《试论公正三原则》，《贵州社会科学》2009 年第 5 期，第 13～17 页。
④ 参见彭立静《伦理视野中的知识产权》，知识产权出版社，2010，第 142 页。
⑤ 参见任者春《公正：当代伦理的精神指向》，《山东师范大学学报》（人文社会科学版）2004 年第 4 期，第 61～64 页。

的公正分配。

（二）专利制度运行实践中伦理问题的法律回应

为了对专利制度运行中暴露出的各种伦理问题予以有效化解，仅仅在宏观层面明确专利制度运行的原则指引是远远不够的，还须在此基础上进行微观层面的法律回应，即立足于专利制度的运行现状，并以正义导向的伦理原则框架为指引，展开制度实践漏洞的伦理弥补。① 这是因为对于专利授权审查及权益分配等制度运行实践中所出现的伦理困境而言，价值与原则层面的指引即使经过细化与提炼，也还是较为抽象，不能有针对性地将一个个具体化的伦理挑战与争议予以化解。当然，这并不是对伦理价值与原则重要作用的否认，伦理层面的价值与原则是人类实践毫无疑问的活动指南，也是帮助人类更好地适应世界的有效工具。② 只是伦理价值与伦理原则为专利运行伦理困境的解决提供的是一种宏观上的方向指引，在实践中还需要更具针对性的微观策略，找出法律层面的具体应对措施。

1. 以严格的专利授权审查规范专利获取行为

专利授权审查，即为专利制度实践中权利从无到有的产生过程。专利的授权审查系以法律为依据，以科技为依归。③ 在具体的制度实践中，发明成果需要在法定的申请审批程序下，按照法律所设定的实质性授权条件进行可专利性考察，而发明成果能否真正成为专利制度所保护的客体，则从根本上取决于其自身创新程度与科技含量的高低。基于此，在专利授权审查中，发明成果至少需要经过两个步骤的严格筛查，才能获得专利制度的保护。首先，要判断发明成果是否落入专利制度所界定的客体范围内，即其是否属于专利立法者意图保护的技术方案；其次，在此基础上还须进一步衡量该发明成果是否满足专利制度所设置的实用性、新颖性和创造性要求。④ 因此，可以说，体系化与程式化的严格专利授权审查，既是对专利授权的必要限制，同时也是对专利质量的重要保证。经过专利授权审查，发明成果被授予财产权利，使它们克服了知识的非排他性难题，并会

---

① 参见刘鑫《我国专利制度的伦理挑战及其应对策略》，《深圳社会科学》2022 年第 1 期，第 112~125 页。

② 参见王巍《进化与伦理中的后达尔文式康德主义》，《哲学研究》2011 年第 7 期，第 113 页。

③ 曾陈明汝：《两岸暨欧美专利法》，中国人民大学出版社，2007，第 71 页。

④ 参见崔国斌《专利法：原理与案例》（第二版），北京大学出版社，2016，第 56 页。

由此创造出一系列的相关知识或技术市场。① 但如若不对专利的授权审查进行严格的限制，势必会引起专利授权的质量失控，造成专利市场价值的降低，进而致使专利制度运营偏离正常轨道。

当前，在实用主义观念的影响下，专利授权审查实践中所呈现出的专利授权范围日渐宽泛和公序良俗审查不断弱化的发展趋势，实质上是专利授权审查之中道德淡化的制度表现。就权利的解释论而言，在权利从主观的"意思说"释义走向客观的"利益说"释义的过程之中，权利的非伦理化亦相伴而生。② 一般而言，一项权利要想获得充分的承认和服从，其必须和社会认同的伦理价值相吻合或基本一致，如若该权利的伦理价值基础被弱化，甚至被否定，则会使这一权利陷入价值盲区，进而退化为简单的工具。③ 诚然，从表面来看，专利授权审查中实用主义倾向所导致的专利权工具化无可厚非，是对专利市场运营中相关利益诉求的一种适当满足，能够对发明人及利益相关人的市场竞争优势给予充分保障，但它打破了专利授权审查中的伦理平衡，使社会公共利益受到了严重的侵袭。一旦权利人以所获专利授权进行技术劫持，势必将制约技术与产业的持续发展，导致专利权人与社会公众之间的利益冲突，进而造成专利制度运营的安全与秩序隐患，与专利授权审查实践中"正义"的伦理要求和道德标准渐行渐远。④

专利授权审查向来以私人权利与公共利益间的平衡作为第一要旨。⑤ 实用主义导向下专利授权审查实践中的利益失衡，无疑是对原有伦理基础的挑战，突破了专利授权审查的道德底线，严重威胁到了其中最基本的安全与秩序要求，使专利授权审查实践走向了正义的对立面。在专利授权审查实践中，专利权授予的安全与秩序即是最根本的伦理要求，如若这一要求不能得到优先满足，其他任何授权理由也就无从谈起。因而，在市场竞争的利益驱动下，实用主义观念所主导的专利授权审查无疑是缺乏伦理理性的，甚至其中很多都是突破道德底线的非正义授权。虽说法律本身就是

① 参见 P. Stoneman, ed., *Handbook of the Economics of Innovation and Technological Change*, Blackwell Publishers, 1995, pp. 90 – 131。

② 参见朱庆育《权利的非伦理化：客观权利理论及其在中国的命运》，《比较法研究》2001年第 3 期，第 10 页。

③ 参见强昌文、马新福《契约伦理价值与权利走向》，《法制与社会发展》2005 年第 3 期，第 10 页。

④ 参见刘鑫《论专利伦理》，《自然辩证法研究》2020 年第 12 期，第 60 ~ 65 页。

⑤ 参见云昌智《诠释全球化下法律伦理与社会利益的平衡之维——张晓都〈专利实质条件〉之评析》，《电子知识产权》2003 年第 10 期，第 57 页。

实用主义的，但这并不意味着实用主义影响下专利授权审查的道德淡化是没有任何问题的，因为伦理制约与道德限制的重要性与必要性应当是与人类的行为能力，乃至技术对自然和社会，以及对人的身体和精神的干预和切入程度同步提升的。① 由此，面对专利制度实践中的利益诉求，不应该以降低专利授权审查道德标准的实用主义取向扩大化方式，实现对相关发明成果的专利授权，而应采取与相关市场运营机制相契合的伦理要求，对相关发明成果展开授权审查。一味追求经济利益而淡化专利授权审查伦理道德限制的实用主义做法是极端不负责任的，短期内虽能激励技术与产业的自由发展，但长此以往会对社会公众的自由，乃至整个社会的安全与秩序带来难以消除的负面影响。②

2. 以合理的专利权益分配规范专利交易行为

专利权益分配是专利制度实践中明确权利归属、保证权利运用的过程。在具体的专利权益分配实践中，效率与公平之间的价值衡量是一个必须面对的伦理难题。过度强调专利权益分配效率，势必会影响权利配置的公平性；而过分重视专利权益分配的公平，也必然会降低制度运行的效率。因而，合理的专利权益分配，即是有效地协调了效率与公平的专利权配置，既非一味追求分配的高效，亦非单纯顾及分配的平等。在专利交易活动中，权利人应一视同仁地对待所有被许可人及潜在让与人，同时为提高分配效率也应允许权利人对于多项专利的集合许可或转让，以及为保障社会公益的强制性许可或转让，从而形成专利独立许可或转让与一站打包许可或转让并存、自愿协商许可或转让与法律强制许可或转让共存的多元性权益再分配模式。③ 但是，随着社会分工的日益细化、技术创造复杂性与集约化的不断增强，物质投入日渐成为主导发明创造完成以及专利申请进程的因素。因为对于物质投入者而言，专利权只是一种回报，或者更确切地说，它是一种在市场中获得回报的机会。④ 相应地，专利权益的分配也以物质投入的多少为基础，其中的智力投入也会被换算为金钱、财富等

① 参见〔德〕阿明·格伦瓦尔德《技术伦理学手册》，吴宁译，社会科学文献出版社，2017，第5~6页。
② 参见刘鑫《"科技向善"倡议下专利伦理评价机制研究》，《中国科技论坛》2021年第6期，第46~53页。
③ 参见刘鑫《专利许可市场失灵之破解》，《黑龙江社会科学》2021年第2期，第74~80页。
④ 参见 Peter Drahos, *A Philosophy of Intellectual Property*, Ashgate Publishing Limited, 1996, p. 122。

物质标准来计量。如此一来，专利权益的分配无疑是高效率的，但却也是冰冷的、没有任何感情的。而且，这种唯利益论的权益分配模式势必会使物质匮乏者为物质丰裕者所倾轧，甚至难以获得公平的权益分配，进而形成以物质因素为标准的差别对待，造成专利权益配置中的利益失衡与伦理失范。

站在物质投入者的角度，他们通过主导专利权益分配来获取利益、抢占市场的做法，完全是必要的，也是合理的。然而，对于专利交易的其他参与主体而言，这样的权益分配模式无疑是有失公允的，物质投入者势必会优先保障自身利益，而他们在交易中能否获得公平合理的权益分配则往往并不那么重要。诚然，在财产分配层面的公平正义，是人们占有来源上的平等，即每个人必须拥有财产，而不是财产数量一律平等，① 但这种来源上的平等也必须是每个人到达这一来源的"距离"上的平等，而非每个人都有财产来源就意味着平等。在物质投入主导下的专利权益分配中，物质投入者与收益来源的"距离"最近，也最容易获得权益分配，而其他参与主体则与收益来源的"距离"较远，往往难以获得合理的权益分配。进而言之，在专利权益分配实践中，物质投入者追求自身权益而忽视其他参与主体合理权益分配的做法无疑是不恰当的，甚至很多时候这种物质投入主导下的差别待遇会有悖于公平正义，有违专利权益分配实践的基本伦理要求。

专利权益分配不应当仅仅是物质投入主导下的一种补偿和交换机制，而且还应当考虑更广的人类和社会目标，兼顾效率公平，努力实现专利权益的分配正义。② 物质投入主导下专利权益分配实践中对于不同主体的差别对待，虽保障了权益分配的高效率但却失之公正，给予其他参与主体以不公平权益配置的潜在道德风险也由此产生。这种物质投入者所主导与支配的专利权益分配模式虽说是技术创新复杂化、集约化所导致的"社会化"研究安排，即"创新者的补偿和创新使用的费用相分离的制度设计"的必然结果，③ 但是对于专利制度中分配正义的伦理基础与道德标准而言，却是一种颠覆式的冲击。专利权益的分配并非一道纯计算题，物质主导下

---

① 参见〔德〕黑格尔《法哲学原理》，范扬、张企泰译，商务印书馆，1961，第58页。

② 参见 E. Richard Gold, *Bartha Maria Knoppers*, Biotechnology IP & Ethics, Lexis Nexis Canada Inc., 2009, p. 267.

③ 参见林毅夫《制度、技术与中国农业发展》，格致出版社、上海三联书店、上海人民出版社，2014，第135页。

完全以经济利益为基准的分配本身就是不合理的，而物质投入者利用自身在专利交易中的支配地位对其他参与者的差别待遇，则更是有失公平、有违伦理。① 因此，面对专利权益分配实践中物质投入主导的现象，应格外注重权益分配的公平性，并对物质投入者予以必要的伦理性限制，避免其片面追求经济效益而不当利用主导地位。与此同时，还应从市场层面入手，为专利交易活动营造良好的物质投入环境，并以成熟、健全的市场伦理法制规范作为保障，使物质投入者能够在市场运行的道德框架下合理地追逐利益，保证相关的专利权益能够获得公平且高效的分配，从而有效化解物质投入主导下专利交易中有违伦理理性的差别对待问题。

结　语

伦理问题是专利制度运行中所面临的重要难题，尤其是在当前新领域新业态不断涌现的新发展阶段，伦理层面的挑战会在专利制度实践中更为凸显。② 从制度伦理研究路径出发，专利制度的伦理困境源自制度内在设计及运行实施的伦理偏差与道德背离。毋庸置疑，做出道德恶行的行为人具有不可推卸的责任，但对于专利制度的伦理困境而言，最为重要的并不是做出道德恶行的人，而在于专利制度内在设计是否具有伦理正当性，以及专利制度运行实践是否符合伦理理性。③ 进言之，在科技革命与产业革新的双重驱动下，现代社会趋于多元，凝聚起某种道德共识来维系社会有序运转的需要更为迫切。④ 相应地，专利制度内在正当性的伦理诘问和运行实施中的伦理难题、伦理争议也更为突出，须在这种社会道德共识的基础上，依据制度伦理研究路径确立起专利制度内在正当性的伦理基础以及运行实践中的伦理价值选择与原则指引，从而使专利制度中"科技向善"的伦理理性得以充分彰显。

---

① 参见刘鑫《专利权益分配的伦理正义论》，《知识产权》2020 年第 9 期，第 47 ~ 60 页。
② 参见刘鑫《新业态知识产权保护法律问题的阐释与纾解》，《中国市场监管研究》2021 年第 10 期，第 31 ~ 35 页。
③ 参见〔德〕克里斯托夫·吕特格《市场经济和伦理：秩序伦理和企业伦理》，单继刚、甘绍平、容敏德主编《应用伦理：经济、科技与文化》，人民出版社，2008，第 6 页。
④ 参见何怀宏《伦理学是什么》，北京大学出版社，2015，第 102 页。

法律评论

[**编者按**] 近些年来，法学与人类学的跨学科研究受到了学界广泛关注。在此背景下，周星教授围绕"死给"现象所开展的法人类学研究，不但以文本形式叙说了"活着的法"的内在逻辑，还以经验形式呈现了"活着的法"的制度功能，这对我们重新审视法律人类学的价值与功能具有重要意义。为此，2022 年 3 月 13 日，法律人类学云端读书会专门组织开展了以"死给"现象为主题的观影活动，共有 200 余名海内外学者在线观看了《祖先留下的规矩》。观影结束后，周星教授在线与多位学者围绕影片中呈现出来的"死给现象""活着的法""国家法的在场"等交流了意见。本专栏刊发两篇文章以及一篇作为背景介绍的"附录"，它们分别是：周星教授为观影活动所撰写的论文、余舟博士阅读周星作品后所发表的学术评论以及刘顺峰副教授对观影活动的纪要。期望通过此种方式，对"死给"这种现象做一种深入的研读。

临场感受"活着的法"

——人类学电影《祖先留下的规矩》解读

周　星*

摘　要： 人类学电影《祖先留下的规矩》是中国影视人类学领域的一部经典作品，重点记录了凉山彝族社会现在依然"活着的"习惯法（诚威）。与以往学术界主要从影视民族志的角度对其进行阐释不同，本文主要是从法律人类学的立场出发，紧扣影片所着力记录的习惯法案例，对凉山彝族社会的法文化传统的特点以及与"死给"相关的问题，进行了全面和深入的解读，旨在通过还原影片所由生成的凉山彝族社会的历史和现实语境，为具备法律人类学知识背景的鉴赏者提供更为专业的观影指南，并希望由此推动中国法律人类学更深层面的学术讨论。

关键词： 凉山彝族　死给　诚威　人类学电影　临场感

庞涛、陈景源导演的影视人类学作品《祖先留下的规矩："死给"与"诚威"——凉山彝族习惯法研究》，是由中国学者推出的一部颇为经典的法人类学电影，它制作完成于 2008 年 4 月，在国内影视人类学界好评如潮，并于 2009 年在昆明举办的国际人类学与民族学联合会第十六届大会上获得银奖。"法律人类学云端读书会"于 2022 年 3 月 13 日举办"法人类学电影观影会"，吸引了国内外数百位学者与师生一起在线上欣赏这部影片。据庞涛先生介绍，拍摄这部影片的缘起是在 2005 年前后，中国社会科学院民族学与人类学研究所计划赴大凉山拍摄有关彝族口头文化传统（民间文学）的学术纪录片，少数民族文学研究所的巴莫曲布嫫教授建议，不妨记录一下凉山彝族的传统习惯法，并把笔者于 1998 年发表的调查研究报告《死给、死给案与凉山社会》①复印给拍摄小组做参考。拍摄口头文化传统的纪录片之所以涉及传统习惯法，主要是因为在凉山社会，

---

* 周星，日本神奈川大学国际日本学部教授。

① 周星：《死给、死给案与凉山社会》，马戎、周星主编《田野工作与文化自觉》（下册），群言出版社，1998，第 701～792 页。

有关习惯法的地方性知识相当一部分是以"谚语""格言"这类民间口头文学的形式表达的。

截至目前，学术界对这部人类学电影的解读与研究，主要是从影视人类学的角度进行的，相对集中在影片的民族志属性以及影视表现的特点等方面，对于影片所着力表现的内容，尤其是对彝族法文化传统的特点以及与"死给"相关问题的探讨还比较欠缺。本文拟从法人类学的视角出发对这部法人类学电影予以全面、深入的解读，尝试还原影片所由生成的凉山彝族社会的法文化传统的历史背景和现实语境，以便观影者能够更好地理解影片的主旨，并希望由此推动中国法律人类学更深层面的学术讨论。

自然环境与地域社会的背景

《祖先留下的规矩》讲述了一位德古调解处理了一大一小两个案子的故事。两个故事都发生在四川省凉山彝族自治州昭觉县古里区日哈乡。日哈为彝语音译，意思是"割草的地方"。日哈乡的户籍人口大约 7000 人，下辖来拖村、日哈村、以得村、觉呷村等 10 个行政村，其中以得村就是影片中那场大案发生和德古展开调解的主舞台。

昭觉县属于老凉山的腹心区，包括"古里拉达"的日哈乡在内，都是高原山地，气候寒冷，昼夜温差较大，观众可以从影片中美丽的雾凇景观深切感受到这一点。这里的年平均气温约 8.7℃，每年的 1~3 月平均气温约在零下 6.2℃，7~8 月的平均气温大约为 17.5℃。由于气候寒冷，所以，我们在影片中看到的很多场景，都是彝族乡民无论男女老幼均披着"查尔瓦"（彝语称"加斯瓦腊"或"瓦腊"），这是一种用羊毛线经由手工织作而成的披毡或斗篷，保温效果很好，"查尔瓦"有黑色和白色两种，据说以黑色为贵。"查尔瓦"一般长至膝盖以下，下端还有长穗流苏作为装饰。白天人们披着它可以御寒，夜晚则直接可以用作被褥。我们在影片中可以看到彝族妇女手工拈羊毛成线的情形，应该就是制作"查尔瓦"的一道工序。

当地的彝族乡民主要经营定居农业，全乡的耕地面积为 12000 多亩，均为旱地；这里主要的农作物有荞麦、燕麦和洋芋等，和西昌等地相比较，属于高寒山区的经济文化类型。人们居住的房屋为土木结构，房顶往往是由木板苫盖的。家庭日常生活的中心就是火塘，除了饮食，家人的交流，还有待客等，都以火塘为中心。在日哈乡，家家户户都养猪、鸡以及牛、羊、马等家畜。如果说养猪、养鸡是对其高山农业生计补充的话，那么，如以往的民族学研究所揭示的那样，成群的牛、羊反映了在凉山彝族的传统生业中其实是有着较强的"畜牧性"要素的。当然，商品经济在这个地区，现在也有了相当程度的发展，在影片中，我们可以看到彝族乡民去赶集的情形，日哈乡的集市设在较为宽阔的平坝，主要就是牛、羊等牲畜的交易市场。集市是彝族乡民们相互交流的重要空间，我们看到德古调解的第一个债务纠纷案就是在集市上进行的，这应该是双方事先约定好在赶集的同时调解彼此的矛盾。

此外，还应指出的是，即便是在凉山的腹心地区，人们与外部世界的联系也越来越密切，例如，有一个数据说大约在2011年末的时候，日哈乡的移动电话用户已达368户，通信信号的覆盖率则达到了98%。影片讲述的"死给案"，就是彝族女子出远门打工所引起的纠纷，外出打工看似是一件小事，但它引发的一系列动态，最终导致在凉山腹心区的一个彝族村落出现了深刻的社会断裂与危机。

德古·莫·莫哒·兹莫

影片第一小节的标题为"德古 阿鲁洋铁"，这位当时53岁的彝族男子就是这部影片的主人公。"德古"应该是当地乡民对他的称呼，这个词的本义，一般是指能说会道、雄辩滔滔，并热心为乡民调解纠纷的人。但在影片中，阿鲁洋铁（阿尔洋铁、伍牛洋铁）并不自称"德古"，而是自称"莫"。

在凉山社会，德古基本上是对拥有很多调解纠纷的经验且说话算数、在社区或地域社会里得到人们信赖的人的尊称。德古在彝族社会里是自然、自发产生的，他的社会地位比较高，但没有特权，在很多时候，除了解决大案可以有一些居中调解金之外，一些小案往往是没有钱或钱很少，纠纷当事人主要是以酒或杀牲来酬谢他。奔波于双方之间，德古劳心费力，其实很辛苦，也存在误工的问题。所以，德古收获的主要是双方的感谢、口碑和称赞，而不是金钱。事实上，德古不能以调解为生计，在日常生活中，他和其他乡民一样劳动和承担家务。在影片中，阿鲁洋铁的妻子表示，丈夫出去帮人说事，自然会耽误家里的劳动，她希望丈夫在家，但人家邀请他，就不好不让去。丈夫成为德古是因为他心肠好，给人家说事，就当作是自己的事，去了就一定尽力说好。可知家人的谅解和支持，对于德古外出说事是很重要的。

相对于纠纷的当事人双方或多方而言，德古介入调解具有第三方的立场，但同时他往往又与双方有密切的关系，同属一个地域社会或社区，甚至与双方存在不那么直接的亲戚关系。在影片中，阿鲁洋铁被某一方称为"阿鲁舅舅"应该就属于这种情形。但无论如何，他不能是当事人的家族成员，否则，他的调解就很难有说服力和公信力。如果与国家法制体系进行比较的话，不难发现，德古兼有裁判者和辩护人的角色，但其实，他在实际的纠纷调解过程中，更多的是立场中立的调解人，他主要做的事情就是传达双方的意见和居中说和与劝解，促使双方达成妥协合意。在影片中，德古就曾表示，我们做"莫"的人，总希望出钱的多出一点，要钱的少要一点，这样才方便顺利结案。所谓德古判案，其实就是要把"高的砍下来，低的接起来，把曲曲弯弯丢掉，把直的接起来"。虽然德古对于纠纷和矛盾的解决，并不拥有绝对的裁判权，但在他推动和斡旋下达成的结论，除了具有习惯法意义上的效力之外，在道德上也具有某种权威性。在凉山彝族社会，信守和遵从它是和家族荣誉感密切相关的，因此，它也就构成了较强的约束力。

德古当然拥有选择接受或拒绝他人邀请去调解事案的权利。例如，阿鲁洋铁在影片中表示，自己已经参与解决了一二百个案子，但有三种案子是不愿意去说的：一是"以咒为证"的案子，因为大多是空口无凭；二是和吸毒贩毒有关的案子，因为涉及金额大，"经济方面千千万万"，案情过于复杂；三是翻历史旧账的，因为德古通常是看不起、看不惯翻案者的。但是，如果德古被认为偏袒了某一方，则他被指责甚或不再让他继续调解也是可能的。

影片中出现的"德古"有好几位，除了集市调解时和阿鲁洋铁一起往返于纠纷双方的另一位男子之外，在以得村调解"死给未死案"时，和阿鲁洋铁同时出现在调解现场的还有一位德古，名叫瓦里木格。但他们几位都自称"莫"。"莫"这个概念非常复杂，杨洪林先生曾经专门讨论过德古和莫的关系①，他认为，德古是指彝人社会中相对于毕摩之类神圣权威而言的世俗性权威，而"莫"则主要是指纠纷解决的方式或一整套机制。他详细解释道：在一场纠纷的解决过程中，存在"莫萨"（解决纠纷的

---

① 杨洪林：《"德古"与"莫"——凉山彝人社会中的世俗权威与纠纷解决方式》，《西南民族大学学报》（人文社科版）2008 年第 8 期。

人）、"莫古"（请求调解纠纷的人）等重要角色，也存在"莫达"（听别人陈述）、"莫塔"（反驳别人陈述）等颇为复杂、绵密的不同阶段或程序。不过，我们在影片中所看到和听到的主要是"莫"，阿鲁洋铁和瓦里木格被人说"你们两个莫"，或阿鲁洋铁自称"我们莫"，表示自己作为"莫"可以为债务纠纷中的某一方做出担保等。庞涛先生根据他在古里区的考察认为，因为协商或处理非日常事件而有一定规模的聚会活动，这类活动中的首领就是"莫"，所以，当德古介入具体纠纷时就被称为"莫"，它可以是自称，也可以是他称①。看来，至少在影片所反映的日哈乡以得村的这场调解活动中，莫是名词，它是德古的自称，同时也是为双方所承认的调解者，莫是有信誉的，所以，他甚至愿意为当事人做担保。综上所述，可知杨洪林先生所描述的"莫"作为彝族社会纠纷解决的方式或一整套机制，到了具体的社区或案例中，其实还是会有所简化或变通的。

影片中还出现了另一个名词"莫哒"，他或者就是杨洪林论文里提到的"莫达"（听别人陈述），德古把另一方的意见转述给莫哒，应该也就意味着他在听别人陈述，然后，他再把自己一方的意见代表大家说出来。在影片字幕中，"莫哒"就是某一方家族或家支的代言人，例如，吉克家的莫哒和大莫哒就是吉克哈士和吉克兹博。庞涛先生指出，莫哒主要是为家支的利益和声誉代言，在调解过程中，每方都派出 2~3 位"莫哒"，以其中 1 位为主角，共商对策和妥协方案。此次"死给未死案"的调解，其实是在吉克家（支）和海来家（支）之间进行，双方家支的莫哒兼有陈述、倾听、反驳等职责（权），要为各自家支的当事人进行申诉与辩护，这时，本案的当事人反倒像是陪衬的配角了②。换言之，案件已经由家支接管，其实这也正是选择死给者当初的动机和目的。

阿鲁洋铁在接受访谈、叙述彝族习惯法的历史时，还提到"兹莫"一词，它是旧凉山社会里等级最高的统治者，通常被翻译为土司。旧凉山社会等级分明，现在，兹莫阶层早已不复存在，但在人们的社会历史记忆中，仍依稀可知。德古阿鲁洋铁总结说，诚威是祖宗传承下来的，"过去案子大的有十二件，十二件中，两件相同，两件不相同；猪蹄有十二节，两节相同，两节不相同"。这主要是说每个案例都有具体的场景和情形。案件分为十二种，其中"黑案"最严重，触犯了是要被处决的。而最大的

---

① 庞涛关于影片《祖先留下的规矩》背景的补充说明，2022 年 2 月 24 日，微信访谈。

② 庞涛关于影片《祖先留下的规矩》背景的补充说明，2022 年 2 月 24 日，微信访谈。

黑案，无外乎有以下几种：一是不能杀害兹莫，违者用九个黑彝命案的规矩赔偿，还要外加官印和一对仙鹤；二是不能杀害莫（德古），因为莫相当于司法、公安、法庭，违者多赔一对大雁；三是不能杀害毕摩，若是打冤家时把毕摩杀了，一般是抵命，不赔人命金，但如果是请来做事的毕摩被杀，则多赔一对雕，天上飞的，少有的雕；四是不能杀害黑彝，违者要按四个下属人（属民）的命案来算；五是不能杀害家族内部成员，杀了要抵命。阿鲁洋铁如此描述的黑案，都是旧凉山社会的规矩，额外要求的官印、仙鹤、大雁或雕，其实就是刁难，刻意让违反的人事实上完全无法赔偿的意思。

诚威：地方性知识的形态

学术界一般把凉山彝族习惯法按照音译，翻译为"诚威"（又译节伟、戒伟等）。诚威在彝族社会有颇为悠久的历史，由于彝族发明了彝文，所以，彝族社会很难说是典型的无文字社会，但由于彝文主要由毕摩所掌握，用于宗教事务，有关习惯法之类的世俗事务则较少使用彝文，因此，诚威确实又具有无文字社会习惯法的基本特点。

从影片中，我们可以看到德古在讲述或援引习惯法时，基本上有两种方式，一是通过对彝族谚语、俗语或成语（彝语称为"尔比"或"卢比"）的引用，使用包括排比、比喻、隐喻等很多文学修辞，在强调某些习惯法的规矩时非常有感染力和说服力[1]；二是列举一系列与本案例相同或近似的先行判例。这两种形式，其实也就是诚威作为习惯法而存续的基本形态，亦即主要是以民间口碑的形态而为当地民众所共享。

这样，我们也就不难理解，要成为德古，除了能言善辩、有耐心和包容力以及热心公众事务之外，还必须熟知彝族习惯法亦即诚威的那些内容，并了解很多相关的案例。例如，阿鲁洋铁在调解"死给未死案"时，开口就说："树是依山生长的，水是沿峡谷流淌的，这件事也是要靠家族来解决了。"他如此这般的类比表述，强调了出事要依靠家支解决的意向，这同时也意味着应通过习惯法来处理，而不是去向国家法律寻求救济。

---

① 周星：《死给、死给案与凉山社会》，马戎、周星主编《田野工作与文化自觉》（下册），群言出版社，1998，第 701~792 页。

观众们从影片的字幕中，很容易发现无论是德古还是莫哒，或是纠纷当事人，抑或是其他家族成员，当他们讨论问题、发表意见时，时不时就会脱口而出几句彝族言语或俗话①。例如，"客人要头上，主人要脚下，做莫的说中间"，这是强调德古（莫）的中立性立场；"先做错了，后不能补错，先做错了，后不能解决错"，这是强调做错事后悔了，现在只能老老实实地面对错误，解决问题；"羊的内脏有没有问题，剖出来看就知道了，人有没有问题，就看他如何说话"，这是强调说话要注意，人应该谨言慎行；"姑娘纠纷的法规在亲家，人命纠纷的法规在敌我，债务纠纷的条款在邻里"，这说的是习惯法有关规矩的落实，根据不同案例的属性，需要在当事各方之间达成妥协；"预测婚姻看链条（猪的胰脏上的纹路），占卜要看鸡腿骨，结案要杀牲来了结"，这说的是彝族社会中一些被认为理所当然的惯例，其中事案的调解完成后，最后是有一个杀牲聚餐的环节；"鸡一样的小事，闹得不可开交不好，牛一样大的事，忍让一下也会变小"，主要是劝解纠纷各方不要小题大做；"马路给马走，不让马跌倒；牛路给牛走，不让牛下岩"，这是强调凡事都有道理，在案件的调解过程中，说话行事都在理才行；"一案不能吃两头，（就连）兹莫饿了（也）不能吃两顿"，这是强调对于赔偿的要求不能太过分。

其中最为常见，也最为彝族乡民们所熟知或共享的一些谚语或俗语，往往直接就是诫威的条款，例如，"摔跤判在上者赢，命案判死亡者赢"，如果把这条用在影片讲述的"死给未死案"上，则是从一开始，输赢就已经非常明朗了。又比如，"醉酒躺下为大，案调解决为大"，意思是有了纠纷，应该积极调解，不要因久拖不决而让它失控。

与此同时，有很多判例也以口碑形式在彝族民众中流传，在有些地方，人们熟知的很多案例的结案方式，都会以集体记忆的方式为乡民们所共享。例如，在这部影片中，德古和双方当事人的家族，随时都可以举出人们熟知的类似案例，作为解决此次纠纷的参考。在我看来，无论是以民间文学形式存在的诫威，还是以口碑流传的典型判例，都应该是属于如吉尔兹所说的"地方性知识"②。在这里，除了将习惯法理解为地方性知识

① 有些彝族谚语（"尔比"）很难找到恰切对应的汉语翻译，这主要是由于谚语、俗语等往往是需要在具体的话语文脉或语境中才得以定义和阐释的，因此，本文对影片中出现的彝族谚语、俗语（汉语翻译）的解说，只是基于个人的理解。

② 〔美〕克利福德·吉尔兹：《地方性知识：事实与法律的比较透视》，邓正来译，梁治平编《法律的文化解释》（增订本），三联书店，1994，第73~171页。

之外，其实还需要提到习惯法周围或支撑着习惯法的各种相关或相应的"民俗"，我有时候会把它们称为"民俗知识"。

观众可能注意到这部影片有一位"民俗顾问"兼彝语翻译额比解放，他是昭觉县文体局的文物干部，不仅担任调查人员的向导、翻译，还帮助调查人员追寻到典型的案例，正是在这位"当地文化持有者"的帮助下，影片大量采用彝族谚语或"民俗语汇"，以及旁白、口述和同期声字幕的方式，既很好地表达了在地民众的主位立场和观点，又建构起影片的叙事结构①。在我看来，这也正是这部影片获得成功的秘密之一。在某种意义上，影片的汉语字幕，其实就是经由研究者、文化中介人（额比解放）和被研究者之间的多重翻译与对话而形成的新的人类学知识②。据庞涛先生说明，额比解放虽没有出现在影片中，但他对旁白、对白和字幕的翻译智慧贡献很大。基于和额比解放的良好合作，庞涛先生曾将这部影片视为一种"共谋"式的影像民族志实验作品③。应该说，这是一种最不容易被误解、误读的知识生产方式，因为它促成了参与各方对各自知识的深刻反思。

在此，我还想提到几个在影片中虽然是一闪而过，但其实是有重要意义的民俗。例如，"攀亲戚"，这在凉山彝族民众的社交活动中非常重要，在债务纠纷案的调解中，阿鲁洋铁去和阿皮家的人打招呼时，先要确认自己和对方的关系，是叔侄关系还是兄弟关系，最后确认是兄弟关系。通常，确认亲戚关系就是通过背诵父子连名制的家支谱系，从而很快就可以得知与对方的辈分上下或血缘关系的远近。事实上，家支是凉山彝族社会的基本结构，德古调解纠纷，其实就是要在不同的家支之间往返。再比如，"长住娘家"之俗。阿鲁洋铁的妻子自述是 17～18 岁结婚的，25 岁以后才到丈夫家落户，有的人甚至到 30 岁左右才到夫家长住。类似的习俗在一些汉人地区叫作"不落夫家"。这类民俗的存在，意味着出嫁女和娘家的关系非常密切，出嫁女也是重要的劳动力。凉山社会对出嫁女从娘家到夫家居住的过渡期颇为宽容，容许可以有较长时间不去夫家住，当然在这期间，娘家对出嫁女的保护也是非常重视的。我们从"死给未死案"

---

① 庞涛：《从观察到分享的民族志影片过程——以影像解读彝族传统习惯法》，朱靖江主编《视觉人类学论坛》第 1 辑，知识产权出版社，2015，第 209～225 页。

② 孙婷婷：《人类学影片中的民族文化词语的翻译——以〈祖先留下的规矩〉为例》，《民族翻译》2010 年第 1 期。

③ 庞涛关于影片《祖先留下的规矩》背景的补充说明，2022 年 2 月 24 日，微信访谈。

中，哥哥对已经订婚的妹妹的保护意识之强烈，也可以感知到这一点。顺便提一句，按照马尔子先生的研究，在凉山社会存在"订婚即是妻"的观念，订婚也就意味着女子对于夫家也必须承担一些相应的义务。值得一提的还有"酒"在当地社会中的意义，从影片提供的场景，我们可以看到举凡聚众活动，饮酒基本上是不可或缺的，事实上，无论是在调解纠纷的现场，还是结案之后的聚餐，酒都发挥着十分重要的功能。影片中"死给未死案"结案之后，当事人海来尔哲还半开玩笑地说，按道理，对方应该给自己这一方背一坛酒来喝。彝族乡民们聚在一起喝酒时，有一种喝法，就是喝"转转酒"，亦即把酒倒在一个大碗里，我喝一口之后传给你，你喝一口之后再传给他，原则上在场的所有人都有份。酒可以使人团聚，但同时醉酒往往也容易引发纠纷。

最后，我觉得还应该提到"神明裁判"。通常，在由世俗性的权威德古按照诚威做出调解的结论之后，往往还需要杀牲盟誓以为神圣性加持，例如，在影片中，吉克、海来两家"打鸡咒证"，从此以后，就不能再提案件旧事，不能再翻案了。此外，诸如"翻案会死人、烂舌头""毕摩翻案，毕摩的舌也要烂掉""毕摩要翻案，毕摩死儿子，主人要翻案，仆人离散去"之类的诅咒，使得我们在思考凉山彝族习惯法时，还应该将"神判"的因素，当然还有道德的要素等考虑在内。

国家法的"在场"

《祖先留下的规矩》这部人类学电影，主要是从法律人类学的视角，探讨和展示彝族习惯法在凉山当下现实的日常生活中是如何被运用的，以及它对于解决纠纷、维系社会秩序所发挥的作用，同时也试图揭示国家法与习惯法在当地社会中实际存在的互动及彼此调适的关系。在学术界有关凉山彝族习惯法的研究中，国家法与习惯法的关系问题可以说是一个基本问题①。正因为如此，影片虽然只是描述了当地民间纠纷处理的案例，但我们却处处感受到国家法的"在场"。在此，我借用高丙中先生的用语，强调国家法在凉山彝族社会中无时不在、无处不在的基本事实。

德古阿鲁洋铁说，自己处理的案子没有翻案的，要比法律、法院、检

---

① 李剑、严文强：《"真实"与"建构"的二元对立——论国家法与彝族习惯法的断裂与合作》，《民族学刊》2012 年第 4 期。

察院处理的还要可靠。在讲述按照习惯法处理的民间纠纷时，他强调给出的判决是不能反悔、不能翻案的。在"古里拉达"这个地方，通过国家法律解决的案子，常常有当事人翻案的情形。有些案子，当事人不听德古的，去找法院解决，但法院判了之后，又有为了"事情的牢固"，再回来找德古重新解决的情形。之所以会这样，主要是因为德古说案子，对于当事人彼此之间恢复此前的社区人际关系状态非常重要。在凉山社会，确实是一直存在德古声称自己解决了连国家法律都解决不了的案子，并以此感到骄傲的情形①。应该说，这本身就意味着德古对于国家法是有一定认知的。

日哈乡以得村的"死给未死案"，算是村里的大事，书记、村主任、社长都在场，也都知道事情的来龙去脉以及责任在哪里。因此，曾经有让在此案中冲突的三方当事人，到村干部面前对质的意见。换言之，这场调解活动其实是为地方的基层行政所默认的，干部们乐观其成，希望调解成功，并早日恢复社区正常的社会生活秩序。在调解过程中，当海来家的年轻人说出一些偏激言辞时，德古则说：如果你这么来，我马上给派出所打电话，叫他们把你带走。"死给未死案"中所有当事人都明白，假如去找政府解决问题，因为海来尔哲的自杀行为是基于他自己的判断，因此，是不会给他判赔人命金的，而包工方并未侵害打工女孩的合法权益，因此，很可能是并不需要承担她的家人因寻找她所花的费用的。

在"死给未死案"中，当事各方均强烈而又明确充分地意识到，国家法是他们面临的另外一个可能的选项。当事人之一、包工头吉觉索古有最强烈的动机选择向国家法律求助，他希望用法律法规去解决问题。吉觉索古曾引用彝族谚语"一切吃喝都见火，所作所为见主人"，表示自己问心无愧。本来应该通过人民政府，通过村社干部和法律程序解决纠纷，但看在"莫"的情面上，才同意由"莫"来说和。吉觉索古原本就是以得村的人，现在虽然移居外地（攀枝花市米易县），见过世面，汉语说得很熟练，但他同时也对采用习惯法处理纠纷的必要性有认识，所以，也就同意让村里按照习惯法处理，"如果处理得好，就按村里的处理，村里处理得不好，我们就按法律，现在家有家法，国有国法，法律面前人人平等，我就按法律程序走"。另一位当事人、死给未死者海来尔哲也说："像干部、教师这些人靠法律来解决是有利的，我们彝族住在高山上，没有（法律）

---

① 周星：《家支·德古·习惯法》，《社会科学战线》1997 年第 5 期。

知识，但'汉地以官为大，彝区以德古为大，汉地以墨汁纸为证，彝区以证言为证'，按照彝族的规矩判，我们才满意，而且也容易解决。（按法律的话）路太远，找人很难，不容易解决好。我们彝族没有知识，不懂法律，像我这样的人连汉语都不懂。按习惯法解决，双方都知道自己错在哪里，双方的争执也容易解决。"事实上，海来尔哲因为自己死给而要求对方赔偿，国家法律也是不会支持的。另一位当事人吉克达依虽然没有非常明确的表示，但他也知道按照国家法的话，对方死给自己是不用赔偿人命金的，若是按照国家法来走程序，对他最为有利。但他还是接受按照诚威的规矩，由德古做出的结论给对方赔偿，主要就是考虑到国家法律的判决无法使得社区里的人际关系得到修复。

事实上，德古（莫）和以得村的各家村民，全都意识到国家法的"在场"。有些案子要是由政府（按法律）来解决，可能比较简单，但说到底，它不利于基层社区当事人之间社会关系的重建和修复。影片最终以浓雾弥漫的场景结尾，隐喻地表达了眼下在当地，习惯法和国家法之间的关系尚未理顺澄清，处于混沌不明的状态。但据说，这部影片其实对凉山当地政府和民间社会均产生了一定的积极影响，促使人们进一步去认真地思考诚威和德古在少数民族地区的"人民调解制度"中所应该以及可能发挥的建设性作用等问题。

集市调解的三角债务案

在初步了解了上述生态和社会文化的大背景之后，我们来看影片讲述的这两个案例。

首先是阿鲁洋铁等两位德古在日哈乡的集市上，成功调解的那桩三角债务纠纷案。木洛家欠阿皮家3500元钱，阿皮家欠史依家2000元钱。纠纷的缘起是阿皮家的女儿嫁给了木洛家，她在一次和丈夫打闹之后，回到了娘家。她的父亲指责木洛家暴女儿，不过，阿皮家倒是更为强调女儿回娘家的主要原因，不是夫妻打架，而是当初结婚时，木洛家承诺给娘家的礼金（出嫁钱）至今没有兑现。

阿皮家的女儿早先是嫁给了史依家，因为她要退婚，阿皮家就必须退还史依家2000元结婚时所收的礼金，于是，阿皮家就用把女儿嫁给木洛家所获得的3500元中的2000元，还给史依家。但是，上述这些礼金的流转，一直只是停留在三家的口头协议上，阿皮家的女儿嫁给木洛，现在已经有了孩子，可木洛家一直没有兑付，这样，木洛的媳妇就觉得自己很对不起娘家和前夫家。现在，木洛的媳妇回到了娘家，木洛希望媳妇回来，但她的父亲不同意，要求木洛支付3500元以后，才同意女儿返回木洛家。实际上，眼下阿皮家要给17岁的儿子结婚，也正需要用1500元去做礼金。

此次债务纠纷主要发生在木洛家和阿皮家之间，史依家并没有介入。德古阿鲁洋铁和当事人两方相约于日哈乡的集市上，当事的双方分别聚集在一起，但彼此并不直接交流，而是由两位德古往返于两者之间，这样做通常是为了避免相互之间的口角导致矛盾进一步激化，德古在两伙人之间来回穿梭，一方面传达双方的意见，一方面不断地委婉劝说，努力促使双方的意见逐渐接近，最后达成一致。

木洛家一次拿不出3500元，希望先还一部分，余下的再养猪、羊、鸡或用粮食等慢慢还，阿皮家不同意，坚持一手交钱，一手交人。阿鲁洋铁为了打破僵局，对双方晓之以理，动之以情，一方面提醒双方"开亲一辈子"，小矛盾是少不了，但不能因为小事影响双方亲家的关系，而且，母亲和孩子长期分开也不好，另一方面，他又提出让木洛家先支付一部分，余下的由两位"莫"担保，随后限期付清。最后，阿鲁洋铁还主动提出，自己不要德古本应该得的居中调解费（中间钱）。在阿鲁洋铁等两位德古的努力下，双方终于达成了口头协议，尽快让木洛的媳妇回到夫家，同时约定时间，限期付款，双方敲定在春节之后逢集的日子，把史依家的人也叫上，再次到这里，把欠款付清。

这虽是一个小案，但小案若不及时妥当地处理好，就有可能因为死给事件的发生而演化成为大案。所以，当事的双方和从中调解的德古都很积极地去解决问题。值得注意的是，德古不仅为当事一方做出经济担保，还主动放弃调解费。由此我们可以得知，德古在社区里的威望，主要就是这样逐渐累积起来的。

死给未死案（"撮勒案"）

与上述三角债务案被两位德古顺利化解的情形相比较，以得村的"死给未死案"的调解则要困难得多，两位德古辛苦地奔波于两家之间，几经周折，甚至一度中断，前后调解了几天几夜才终于成功。

"死给"是凉山彝族社会较为频繁发生的一种自杀现象，彝语称为

"死之比",意思是死给某人或以死抗争。由于死给事件的发生总是导致家支之间的尖锐冲突,因此,它被彝族习惯法视为大案,在诚威中很早就形成了应该如何处理死给案("死之比确")的相关规矩,其内容也颇为复杂。以得村的这个案子涉及三方:包工头吉觉索古、协助招工的中间人吉克达依(阿普达依)和海来尔哲(打工女子的哥哥)。2007 年冬,以得村的海来尔果经人介绍去广东打工了,她的哥哥海来尔哲去中间人吉克达依家,要求他把妹妹找回家,几次交涉未果,海来尔哲就服了农药,在吉克达依家的跟前死给了对方。类似这样,死给通常是有明确的对象①,海来尔哲明确地死给了吉克达依,但他被邻居送到日哈医院后抢救过来了,于是,就形成了一桩"死给未死案"。

对于海来尔哲而言,他唯一的妹妹在未告知家人、未得到父母同意的情况下被人带走外出打工,这对自己和自己家族的荣誉都是一种羞辱。因为妹妹已经订婚,随便离家外出也就意味着容易被误解为名声不好,使整个家族蒙羞,而联姻的男方家也有可能要求退还礼金等。海来尔哲不仅实际采取了死给行动,在案件调解过程中还曾语带威胁地表示,"山不转水转,人不转路转",将来路上遇见的话,敢不敢,是胆量的问题,有没有能力,是手脚的问题。虽说他不该死给,但是事情发生了,就得判死给者赢。

被人死给的吉克达依感到非常冤枉,他认为,女孩自己找上门,自愿去打工;当吉觉舅舅答应海来家的要求,希望赶紧把女孩送回家,以免出事(死给)时,他在西昌也是要送女孩回家,但女孩自己不愿意回来。女孩外出打工,她的母亲是同意了的,现在女儿平安回来了,她的哥哥不应该死给自己。女孩想外出打工,还对吉觉索古说过,要先支付给她 1500元或 1000 元,因为他的哥哥结婚要用钱。

吉觉索古本也感到冤枉,觉得自己问心无愧。他曾让她回家,她不愿意。他说,如果是工资发不起,是他的责任,娃儿在外丢失了、出事了,是他的责任。但这些以外就不关他的事了。

但是,由于死给事件的发生,这个案子从一开始就有了明确的方向,亦即死给者相对于其他两位当事人明显地处于优势。海来尔哲和他的家支说话一直都很硬气就说明了这一点。他们不仅要求被死给者吉克达依赔偿

---

① 周星:《死给你看:对一类自杀现象的法人类学研究》,台北:巨流图书公司,2020,第25~26 页。

人命金和抢救时的医疗费，同时还要求包工头和中间人赔偿女孩外出家人寻找所花费的一系列费用，包括电话费、吃喝费、交通费、劳务费等。从影片字幕的叙述中，我们大体了解到当事各方在具体事实的认定、如何赔偿、如何结案等多方面均存在分歧。

首先，海来家强调女孩去打工是被哄走的，未征得女孩家长同意。5号把人带走，6号隔了一天，家人让7号就把人送回来，但是并没有。另外两方当事人则强调女孩自愿，是她自己不想回来，与他们无关。但在德古看来，吉觉索古招工，给过中间人吉克达依相关的费用，最后，女孩跟他们走了，因此，"马不惊，鞍不坏"，不能说与他们无关，而应该是两个人都有责任。

其次，吉克达依认为，只应该赔"死给未死"的人命金，而不应赔偿其他的费用，否则，自己宁愿在法律上起诉。但海来家主张除了人命金、医院抢救费，还必须赔偿家人寻找女孩的花费，以及在秋收农忙季节因女孩出走而被"断了手脚"（缺少人手干活）的损失。曾经有一个妥协的方案是人命金找吉克达依索赔，其他费用找吉觉索古索赔，但德古阿鲁洋铁坚持认为，这是一个案子，只有人命金，"一案多赔"要求是过分的。不能又做布谷鸟，又想做乌鸦；又做老虎，又想做狐狸，这样就不讲道理了。因为按照彝族习惯法，从来就没有一案多赔的先例，所以，他驳回了海来家的说辞。海来家之所以提出除了人命金之外，还必须获得其他一些关联性的赔偿，可能是由于在新的社会形势和时代背景下，他们觉得传统习惯法有关赔偿的规范已经不足以应对眼下的实际情况。这似乎也是习惯法其实在不断发生变迁的动因。

再就是有关人命金的算法，按照当地的惯例，"死给未死案"大体上都是赔偿"死给案"的一半，通常是12锭5两白银，以前是每锭按30元折算，现在则按50元折算。德古阿鲁洋铁的策略是既维护诫威惯例的权威，坚持"一案一赔"，也通过把每锭银的折算率提高等方式，使得最后实际达成的赔偿额度还是能够基本满足海来家的要求，只是在形式上，吉克家和德古阿鲁洋铁都没有接受"一案多赔"。本案的特殊性还在于有另一位相关的当事人吉觉索古，他事实上承担了所谓"多赔"的一部分①，由于他是包工头，算是见过世面的有钱人，因此，他对海来家索赔的认可极大地提高了海来家支的声誉。

---

① 庞涛关于影片《祖先留下的规矩》背景的补充说明，2022年2月24日，微信访谈。

吉觉索古曾经认为，如果连电话费之类都要赔偿的话，那对方就应该退回他送女孩回家时支付的车费 1600 元。他表示，必要时想去法院起诉，因为按习惯法干不赢。当德古把这个意见转达过去时，海来家的人非常愤怒。海来拉则说：这次大家运气好，人被救活了，要是人死了，（绝不会这样轻饶他）。现在，即便人活了下来，还会让他难堪的，如果还抵赖的话，就不要说（调解）了。海来尔吉说：我可以干出事，你看着，明天早上我做给你看。明天、后天，我把他们宰了，你又能怎么样？我没有 10 块钱的能力，但我有 5 块钱的能力。除了如此公开的威胁（包括杀死对方和死给对方），海来家的年轻人还要求德古（莫）中止调解，指责德古为对方说话，欺负自己一方，并为此和德古也发生了争吵。

案件调解碰到困难，各方僵持不下，只好暂停搁置。等各方冷静之后，调解重启，相关各方的莫哒同意参考过往相同或类似的案例，直接由两位莫在诚威认可的范围内裁定。从多位人士列出的许多案例可知，死给案在当地确实是比较频发，有关死给案的赔偿情况，几乎已是当地地方性知识的一部分。最后，各方本着"事情解决为大"的精神，由阿鲁洋铁给出了结论：一锭按 50 元折算，12 锭是 600 元，莫哒金 100 元，咒证金 100 元，5 两算 12 元 5 毛，合计 812.5 元。按习惯法只赔死给未死人命金，加上医药费 600 多元，一共是 1425 元。虽然海来尔哲是死给吉克达依的，但事情本由索古引起，于是，这些钱就由达依家和索古家分摊了。

最后，达依、海来两家打鸡咒证，杀牲结案，从今以后，不能再提这件事，不得后悔翻案。"经过了会说会做的莫的调解，经过了毕摩主持的仪式，就不会再有事了。"以后两家要和睦相处，团结一致。辛苦介入调解的两位莫也得到了大家的赞赏。死给者海来尔哲也说："矛盾由莫来解决，没有解决错的；病人由毕摩来治，没有治错的，阿鲁舅舅到中间来调解，我相信他也不会判错的。"

临场感：人类学电影的意义

数十年来持续研究"死给"问题，我也搜证并分析了不少"死给案"①，但其实很少搜集到"死给未死案"，因为大多数讲述者更为关注

---

① 周星：《死给、死给案与凉山社会》，马戎、周星主编《田野工作与文化自觉》（下册），群言出版社，1998，第 701~792 页。

"死给"亡命的事实发生后，由此引发的社会秩序危机。但从影片中人们列举的很多类似案例可知，至少在古里、日哈这一带，"死给未死案"并不十分罕见。如果考虑到，"死给"往往是人际纠纷中的威胁策略之一，那么，"死给未死案"的较多存在就不令人意外。据庞涛先生介绍，额比解放曾把"死给未死案"称为"撮勒案"。在我看来，这部影片提供了一个极其珍贵的案例，在影片中，死给者、被死给者以及周围的家支族人都有机会明确地表达自己的立场和感受，这是非常难得的。一般来说，"死给未死案"的调解压力和复杂程度远不及"死给案"，但即便如此，这部影片还是把双方家支之间在博弈过程中的张力关系和紧张氛围做了很好的描述，表面看双方是围绕赔偿方案相互较劲，但其实人们是基于"（习惯法之）理"而伸张或争取各自家支的名声、荣誉和尊严感。影片揭示了凉山彝族社会基于诚威的运行修复社会秩序危机所带来裂痕的机制。观众们可以"临场"看到，相关案例的所有基本事实和调解过程都是公开的，不仅当事人，包括其家支成员和其他围观者，在场的所有人都有发言权。事实上，即便是在结案之后，人们仍有权对案件评头论足，进而形成舆论和新的地方性知识。

影片里的故事告诉我们，彝族乡民对于死给的看法和感受其实是颇为复杂的。死给作为报复或抗争的方式，往往被评价为有勇气，若是为了个人及家族的荣誉或尊严，那就是好样的。死给行为一经发生，此前所有的是非曲直就不再重要了，死给者或其家族也就在冲突中获得了道义上的优越感或强势，习惯法诚威由此就会向被死给者追究责任。尤其是当死给者处于弱势或受到不公平的待遇时，死给成为终极决胜的努力，死给者很容易得到人们的同情。但是，无论是死给者本人还是被死给者或其家族，又都承认死给的冲动是错的，不应该提倡和鼓励。只有准确地理解死给行为及其地方性解释的复杂性，才有可能进一步探讨如何才能阻断或弱化导致死给事件发生的文化逻辑①。

例如，死给者海来尔哲认为，没有经过家属同意就带走了妹妹，这是他们的错。后来他也做错了事，但是，今天，他胜了。他得到赔偿，他们付了，没有理由也不可能赔偿。不管如何，现在问题已经解决了，妹妹可以到她老公家去了，相互没有事了。如果他们要翻案的话，会出更大的

---

① 周星：《死给你看：对一类自杀现象的法人类学研究》，台北：巨流图书公司，2020，第297~310页。

事。他估计他们也不会了。他是因为太生气了，才做错事的，将来也不会了。

被死给者吉克达依说：如果没有死给，我不会赔他。我没有打他，没有骂他。他服毒死给我以后，我就说不赢他了。人死给我了，我再有理也不行了，就只有赔他。因为有了死给的事实，还是有一定的责任，人命金究竟多少，由莫和莫哒来决定。命案解决了，现在我们也相互说话，团结了。值得注意的是，在压力最大的时候，吉克达依也曾表示：我怎么办？我也要死给你们，你们想要我的命，我也想死。但他又说：我不敢死，我不是个人，说实话，我把我的裤子撕下来，作为上吊绳也可以的。

吉克家的代言人莫哒吉克哈士认为，达依做事考虑不周，但应该是和他谈了想不通才死给，现在什么都没有说，就不明不白地死给人，怎么可以这样子呢？一旦死给的事发生了，就只有投降，不用找别的原因了。出了人命，就不好说其他了。这死给的人命金，今天不赔，明天也要赔，蛇天不赔，马天也要赔。

在我看来，《祖先留下的规矩》这部人类学电影的最大贡献，就在于它为我们理解凉山彝族社会的习惯法提供了非常生动的临场感。截至目前，学者们对凉山彝族习惯法的田野调查所搜集的案例，绝大多数都是第三方的事后陈述，且很少有当事人能够提供在调解的现场提出诉求、表明立场、相互博弈并最终妥协，接受调解方案的具体场景。但影片在这些方面均有非常精彩的展现，它不仅提供了场景，还有对动作、行为、情感、情绪的直观呈现①。影片编导通过在日哈村对德古阿鲁洋铁的深度访谈，通过对集市调解和以得村"死给未死案"调解过程充满具体细节而又逻辑完整的描述，揭示了习惯法诚威作为"活着的法律"是如何在凉山社会发挥作用的，以及它和国家法之间微妙而又复杂的关系，同时也深入探究了德古、家支、死给案等彝族社会的一系列社会文化现象的意义。尤其值得一提的是，大面积地采用彝族谚语、俗话等，在尊重在地居民主位立场和观点的同时，也很好地给出了影视人类学家对于作为异文化的彝族习惯法的来自客位视角的学理性阐释。

和 20 世纪 50～70 年代中国社会科学院民族研究所组织拍摄的少数民族纪录电影，例如《凉山彝族》《西藏的农奴制度》等，因为受到"社会

---

① 吴乔：《影视人类学成果评价体系的理论构想和方案设计》，《民间文化论坛》2018 年第 6 期。

形态民族学"的影响，较为侧重民族学家的主观判断和社会属性认定有所不同，在我看来，被认为具有"观察电影"（拍摄者隐藏在镜头后面）属性的《祖先留下的规矩》[1]，则特意弱化表现研究者来自"他者"的主张，影片编导基于学术研究的原则，按照学理重新编排和组织了采访、调查所获得的第一手素材，从而在给素描风格的影片增添了可视性的同时，也极大地提升了它的学术性。

多次观赏这部人类学影片，使得我对凉山彝族习惯法有了一些新的认识，对于与死给相关问题也有了一些新的看法。例如，影片中出现的"死给未死案"，其社会背景和环境已经和以往的死给案有很多不同，正如阿鲁洋铁的妻子和女儿所说的那样，过去彝族妇女一般是不能出远门的，只能在家从事喂猪、喂鸡这样的活儿，现在，凉山社会也日趋开放，很多彝族妇女可以出远门打工，人人都想见世面，都想过幸福的生活。但是，家人对女孩外出打工的过度担心，在某种程度上又表明彝族社会的妇女观依然延续着。因此，我们通过这个案例，其实是应该思考为何死给在新的社会条件下仍然能够出现等问题。

很多观众或许已经注意到，阿鲁洋铁在集市上调解的债务案完全是以人民币计算和结算的，但涉及"死给未死案"却存在一个需要从白银"锭"朝现行人民币"元"换算的过程。为什么会这样？一个可能的解释是，有关死给案的诫威，亦即习惯法的绵密规范，基本上形成于白银在凉山作为通货流行的时代，也就是明清及至民国时期。这意味着社会形态和社会制度的巨变并未使死给现象消失，因此，对于死给现象的追问，也还是需要从文化、传统、生死观、尊严感以及人性等角度进一步展开。

---

① 鲍江：《作为"美美与共实践"的电影人类学》，《中国社会科学报》2015 年 11 月 11 日。

一类自杀现象背后的社会文化逻辑

——《死给你看：对一类自杀现象的法人类学研究》书评

余 舟[*]

摘 要：周星教授所著《死给你看：对一类自杀现象的法人类学研究》一书，系统地从法人类学的角度，深入研究了凉山彝族社会中一种独特的"死给"自杀现象，同时也将其与汉族地区的"打人命"习俗进行了跨文化的比较研究。周星教授通过采用多案例的研究方法，层层剖析了"死给"现象背后反映出的社会结构、文化逻辑和价值观。本书凝结了周星教授多年来对法人类学研究的理论、方法与应用的深刻思考，是一部极具启发性的法人类学研究力作。

关键词：死给 凉山社会 习惯法 法人类学

一 引言

著名的旅日中国人类学者、日本神奈川大学国际日本学部的周星教授所著《死给你看：对一类自杀现象的法人类学研究》（以下简称《死给研究》）于 2020 年由巨流图书公司出版，这是一部从法人类学角度研究自杀现象的重要理论著作。周星教授首次全面地对凉山社会中的"死给"现象和"死给案"进行了系统、深入的论述，以"死给"这一具有独特文化内涵的自杀现象为线索，通过分析凉山社会中社会关系的结构及矛盾，以及"死给"与凉山社会组织及其他各种重要社会事实的相互联系，探讨了在凉山彝族社会中频繁发生的这一类现象所反映的社会结构、文化逻辑和价值观，具有重要的理论意义和实践价值。

已有对自杀问题的研究表明，自杀现象与人口结构、文化信念、医疗保健制度、社会动荡、社会经济状况等诸多要素相关。本书立足于法人类

* 余舟，管理学博士，西安医学院讲师。

学的视角，重视对自杀行为所处社会环境的文化阐释，从日常生活的文化实践出发去理解自杀行为。该书采用法人类学的案例研究法，通过相互联系、层层推进的三个部分对"死给"现象展开论述，将"死给案"置于国家法与少数民族习惯法的关系之下进行探讨。该书首先通过简析"家支内—家支间"的"死给"案例，将读者带入研究情景，深入分析了"死给案"的处理规则、涉及的群体以及给社会关系带来的影响，通过对"死给"案例的分析，由表及里地探讨了凉山社会的结构性特点及其法文化传统的特点。在此基础上，该书使研究发现与最新的"死给"问题及彝族习惯法研究成果进行了对话，特别是通过对"死给"与汉族社会中某些地方颇为类似的"打人命""闹丧"等现象展开跨文化对比，将"死给"研究进一步深化，解释了"死给"现象作为人类行为的普遍性意义。书中最后部分则提供了国家法和少数民族习惯法之间密切互动关系的背景与框架，它是对理解凉山彝族社会的习惯法等相关问题的必要补充。全书这三个部分形成了相辅相成、有理有据的严密论述体系，带领读者走入精彩的法人类学研究世界。本文将结合著作内容，围绕对"死给"现象的剖析、习惯法传统与现代社会治理、田野调查与法人类学知识的产生等问题展开评析。

二 "死给"与凉山社会

（一）一类自杀的现象："死给"

"死给"一词来源于彝语"死之比"，是凉山彝族社会中一种独特的社会现象，"死给"即是"死给某人"的简称，是自杀中一种独特的类型。"死给"的基本情形是，某两个人因为任何事情（通常是一些小事）发生口角与纠纷，一方（通常是较弱的一方）如果"在这种冲突中感受到尴尬、侮辱、难堪，尤其是当众受辱，面子和自尊心受到了伤害，感到气愤难平，他或她就很可能选择自杀，以死相争，也就是'死给'对方"。① 因为某种纠纷而引发的"死给"事件往往会引起更为严重的冲突与纠纷，它甚至常被认为具有和杀人事件相似或接近的属性，由此便产生了形形色色的"死给"案。其核心的逻辑是，"被死给"者，也就是导致

① 周星：《死给你看：对一类自杀现象的法人类学研究》，台北：巨流图书公司，2020，第22页。

某人"死给"的人，在一定意义上被认为是凶手，他或他的家支必须为"死给者"偿命或付出被当地习惯法所认可的代价，亦即"赔人命"。①"死给案"一旦发生，死者的家支就会迅速联合，向对方当事人或对方家支"讨人命"，甚至逼迫"被死给者"自杀。如果对方家支不能满足"死给者"一方提出的要求，冲突便会升级，以至于爆发更大的冲突。凉山社会里的"死给"事件，并非偶然发生，且发生比例颇高，至今依然在民间社会冲突及解决过程中出现，属于凉山彝族社会中一类相对稳定的社会现象。

（二）旧凉山"死给案"的处理规则

立足法人类学研究的视角，周星教授认为应该从当地社会的组织结构、政治、经济、宗教等相互交织的制度背景去理解"死给案"这一现象。凉山社会在发展中已形成了普遍认可的习惯法体系，当地彝族社会对于"死给案"有着细密的处理规则。这些规则是以口碑形式流传于民间，尤其是被当地"德古""苏易"等世俗权威所掌握。尽管这些规则在冲突调节与解决中并不严格统一，但在解决问题时常常被作为标准来参考。"虽然不能直接解决所有问题，它们往往只是对实际生活的简化，但对这些规则的归纳和抽象依然很有意义。一方面，影响调节结果的因素很多，另一方面，几乎每项规矩都是在争议、辩论和讨价还价的谈判过程中得以实施的。"②

旧凉山民间对"死给案"的处理有其基本分类，如家支内"死给"与亲戚间"死给"两种情形赔偿项目不同，不是同一家支的"死给"亲戚案，有"焚烧房屋款""糟蹋庄稼款""死者方妇女"等赔偿项目；家支内"死给"，则有"子女抚养费"与"女儿出嫁奁"等特殊赔偿项目。这些区别还体现在性别、自杀方式、案件的情节和属性等诸多方面。这种处理"死给"方式的差异体现了当地的社会关系及价值观，比如"死给案"中男女的"命价"是不同的，男性"死给"男性的价值被认为远高于"死给"女性，某些情境下男性"死给"女性甚至被判定为"无命金"。这表明彝族社会对"死给"某些女性的男性评价很低，认为不值

---

① 周星：《死给你看：对一类自杀现象的法人类学研究》，台北：巨流图书公司，2020，第23页。

② 周星：《死给你看：对一类自杀现象的法人类学研究》，台北：巨流图书公司，2020，第71页。

得，折射出凉山彝族的"英雄观念"。在对不同类型"死给"进行说明的同时，周星教授还进一步梳理了不同种类"死给"的具体赔付额度，让读者对处理"死给案"的差异有更为直观的认识。比如男人"死给"女人的赔偿非常少，或只有葬礼费一头牛、一件批毡、一套衣服、50~100斤白酒，不赔命价，而只是料理后事。处理"死给案"的差异，体现出"彝族民间社会运行的逻辑或规范，及围绕赔偿所展现出来的社会结构及社会关系"①。

（三）凉山社会特点及其法文化传统

"死给"遵从着凉山彝族社会及文化所规范的行为及价值体系，"只有在凉山社会的组织制度（家支）、冲突结构（亲冤转换）、事态民风（争勇斗狠）等相互交织中，'死给'才有意义，才显得重要，也才能够得到解释"。② 凉山社会中人际关系容易出现亲密、脆弱、疑虑、反复与对抗等特点，这些易导致社会冲突频发且尖锐。人们自尊心强、态度执着，在长期的对抗与和解中生活，在冲突时容易情绪化和走极端。为何在当代凉山社会里"死给"依然频发？周星教授一针见血地指出，是因为其背后更深层次的社会结构运行机制因素——"家支及其内外关系的逻辑"，该社会制度并未随着旧凉山社会奴隶制的瓦解而消亡。"揭示了家支这种社会组织及此种背景之下人们社会行为的特点，就有可能了解'死给案'中反映出来的使习惯法得以实施的该社会之社会控制的原理。"③ 家支是一种既有强制力，又有内聚力的体系，该体系在当代凉山社会依然具有一定权威，这正是"死给"现象仍存在的原因。

从凉山社会的特点出发，能够进一步理解凉山彝族社会自身独特的法文化传统。在经历社会法制化发展后，当地法文化传统的规则依然能够在很大程度上保留运行，被用来处理当地社会中的冲突问题。周星教授指出，该法文化传统具有人类学家提出的"无文字社会"法律的一些基本属性，尽管缺乏由权力机关颁布的特定法律条文，但民众依然遵守着这些规则。凉山社会习惯法就是"家支约法"，与现行的国家法制相比较，"凉

---

① 周星：《死给你看：对一类自杀现象的法人类学研究》，台北：巨流图书公司，2020，第87页。

② 周星：《死给你看：对一类自杀现象的法人类学研究》，台北：巨流图书公司，2020，第143页。

③ 周星：《死给你看：对一类自杀现象的法人类学研究》，台北：巨流图书公司，2020，第144页。

山社会习惯法更加注重行为主体的连带责任，更加注重当事人或其家支的情感、情绪和内心感受，更加注重调节、谈判和赔偿而不是简单的刑罚"。[1] 由此，习惯法调解案件过程具有注重前因后果、双方具有同等申辩机会、处理结果公开化等诸多特点，所以以它为彝族民众所信服，特别是习惯法的条文和其中的道理，被当地人熟悉且认同。至此读者将深刻体会到习惯法作为"活着的法律"，为何会成为当地居民生活的一部分，为何依然能够在当地发挥着重要作用。

三 "死给"与人类社会行为

（一）"死给"的"弱者示强"逻辑

《死给研究》中展示了丰富的"死给"案例与处理规则，在多数场合下，"死给"行为是在纠纷或者争执中处于弱势的一方倾向于选择的方式。其背后的一个深层次逻辑是无论出于何种原因，一旦"死给"成为事实，"被死给者"便背负一条人命且必须赔偿人命金。"死给"事件意味着死者以生命为代价强有力地自证了清白或实现了雪耻，由此他人再很难去指责与追究死者生前的过错。这样的逻辑会影响当地人在生活中处理问题的方式，"因为担心'死给'发生而回避冲突的做法，实际上是一种极其独特的应对策略，它反证了在'死给'现象的深层存在着关乎尊严和荣誉感的文化逻辑"。[2] 类似的逻辑也见于汉族文化的乡土社会，即在汉人社会里也经常遵循"死者为大"。

在人际关系的纠纷或冲突中，选择"死给"的一方，能够扭转其之前处于弱势的局面，并使对方（"被死给者"）立刻且彻底地处于下风。这种逻辑使得以死相争成为在冲突中获胜的快捷方式。在当地，"死给"行为意味着："我的势力没有你大，你可以欺负我，我没有反抗的能力。但是，我可以死给你看"；"'死给'你不是我自杀的，而算作你杀的"[3]。处于弱势的"死给者"，可以通过选择可能给处于强势的"被死给者"带来最大赔偿的自尽方式，预期习惯法会给对方带来的处置，维护自身的尊

① 周星：《死给你看：对一类自杀现象的法人类学研究》，台北：巨流图书公司，2020，第147页。

② 周星：《死给你看：对一类自杀现象的法人类学研究》，台北：巨流图书公司，2020，第185页。

③ 李剑：《凉山彝族纠纷解决方式研究》，民族出版社，2011，第109页。

严。周星教授进一步总结，"'死给'是'死给者'在人世间生死纠缠中虽弱逞强、逆转或颠覆输赢格局的决定性方式……经常是在纠纷或争执中处于下风一方倾向于选择的方式"①。对于读者而言，不论是在文艺作品还是生活场景中都会出现类似"我死给你看"的话语，通过周星教授的分析，读者明白了这句话除了浓烈的威胁意味，更反映了弱者示强的行为取向。

（二）"死给"中蕴含的情感

《死给研究》将"死给"背后的情感机制分析得淋漓尽致。从"死给"动因中的生命观、死亡观、荣誉观、尊严感等价值观来看，凉山彝人更加重视活着的尊严和荣誉，不惜采用决斗或"死给"的方式来维护它。② 在研究案例揭示的很多情形下，羞耻感导致"死给"；"死给"决断中传递出"弱者示强"的情感力量，弱者以"狠"劲在争执或纠纷中寻求终极胜利等。可以说，"死给"中涌现出复杂的情感，或是强烈的复仇，或是激愤地表达自身的无辜，或是为了使对方受到社会舆论的压力与谴责等。

周星教授的研究揭示了这种心理情感并非个体的，而是与其社会关系紧密相连。因为"死给"意味着向家支的求救，一旦"死给"事件发生，个人的尊严就需要家支的力量去维护，个人的矛盾就升级为家支间的问题，需要家支成员一起去为"死给者"讨回公道。从"行为"到"心理情感"，再从"个体的情感"到"社会关系中的情感"，"死给"背后的心理情感链条得到了全面的揭示。从中读者能够学习到在分析某种社会行为时，可以抓住其折射出的情感心理因素及所涉及的社会关系网络，并将其作为一种研究思路展开系统分析。

（三）"死给"与自杀研究

自杀是社会学中的经典研究主题，"自杀若是从物理学或生物学的意义上讲，彼此原本是没有本质上的区别的"，但是从涂尔干揭示的自杀社会属性出发，沿着比较研究的方向，通过"死给"研究可以获得两点认识：一是自杀的形态和意义因不同时代、不同文化及不同民族的社会而不

---

① 周星：《死给你看：对一类自杀现象的法人类学研究》，台北：巨流图书公司，2020，第186页。
② 周星：《死给你看：对一类自杀现象的法人类学研究》，台北：巨流图书公司，2020，第177页。

尽相同；二是即便如"死给"这样特殊的自杀，也并非特殊不可理解。①
这也使读者通过本书既看到了发生在凉山社会中独特的自杀现象，以及该
社会的一些特征；又在周星教授分析之下，认识到包括"死给"在内的各
种自杀，同样具有普遍人类行为上的意义，无论是哪一类社会中的自杀现
象，都是人类行为或其社会文化逻辑交互的特定表现。

《死给研究》通过"死给"与汉人乡土社会中"打人命""闹丧"等
行为的跨文化比较，发现了其背后的逻辑具有人类行为的普遍性意义。
"死给"是人际关系冲突中弱者一方较多选择的威胁性策略，亦即通过自
杀使危机升级，或以此在争执中获胜，或以此阻吓对方，或以此同归于
尽，这些在人类社会的冲突关系中已被证实是被普遍采用的。② "死给"
超越了简单的个人与家支间的冲突恩怨，是一种典型的人类社会行为。至
此，读者不仅获得了对于生活中与"死给你看"类似现象的更深层次的理
解，甚至还会产生"共情"，从而透过情感心理因素去审视生活中的现象，
寻求其背后的一般性规律。

四 "死给"逻辑与社会治理实践

（一）习惯法传统的社会价值

中国是一个多民族和多元文化国家，除全国性的法律和法制体系之
外，民族区域的各类法规是中国法律的重要组成因素，"而少数民族的习
惯法及法文化传统的存在，更是中国文化多元和法律多元的重要基础和基
本特征之一"③。法人类学的视角更多强调习惯法的独特性及其法文化的
价值，"死给"研究也证明了习惯法仍然属于理解凉山彝族社会运行逻
辑的核心范畴。如果将视野进一步扩大，"中国各地方的及少数民族族
群文化的多样性特点十分突出，并每每反映在其生活方式、民俗习惯包
括习惯法之类的传统上"④，习惯法在当前的社会治理实践中依然极具

---

① 周星：《死给你看：对一类自杀现象的法人类学研究》，台北：巨流图书公司，2020，第
　152～153 页。
② 周星：《死给你看：对一类自杀现象的法人类学研究》，台北：巨流图书公司，2020，第
　295 页。
③ 周星：《死给你看：对一类自杀现象的法人类学研究》，台北：巨流图书公司，2020，第
　373 页。
④ 周星：《死给你看：对一类自杀现象的法人类学研究》，台北：巨流图书公司，2020，第
　350 页。

价值。

《死给研究》深入分析了少数民族法文化传统与国家政治法律体制间相辅相成、互为补充的关系，其不仅在凉山社会十分重要，对于很多少数民族地区的社会治理也具有普遍意义。周星教授指出，中国许多少数民族都有自己的习惯法传统，即便汉人中也有"公了""私了"之说，"国家法制建设应该对它们留有多大的空间？怎样才能将其纳入国家法制体系之内而又保存其价值？由于这些习惯法在实际调整和规约其民众在社会生活之中的各种关系方面依然有效，所以，不仅应该将它们看作是中华法系的重要组成部分，还应该将它们看作是可能对现行的国家法制体系作出贡献的有价值和有效的补充"。① 周星教授的观点为当代社会法制建设的持续完善提示了有益的方向。

（二）国家法与习惯法之间的冲突和互动

《死给研究》通过"死给"案纠纷中折射出的国家法与社会传统中习惯法之间的冲突和互动，进一步展开了对社会治理实践的思考。在看到传统习惯法对凉山彝族社会依然产生重要影响的同时，也应看到当前国家法制对当地产生的影响，当地民众的政治与法律生活已经"实际处于双重或多元状态"。"乡村的基层行政系统、干部作为正式权威、国家法制，分别和家支、德古及习惯法相互纠葛、相互介入，当然也每每相互抵消，在当前的凉山几乎是随时随地都在发生着的实际。"② 在这样的背景下，国家法与习惯法便容易出现冲突。

"死给案"的处理过程体现出国家法与习惯法的不同。现代法制由法律、法规等强制条文组成，但"死给"事件却蕴含着凉山社会绵延至今的文化逻辑。在凉山社会中，习惯法承认并追讨"被死给者"亲属乃至整个家支的连带责任和义务，国家法制则只承认当事人的责任，不搞株连。习惯法重视当事人的面子、尊严及其亲属和家支的心理感受与情绪，国家法制则倾向于彻底排除情感因素的干扰。③ 周星教授指出了"死给"带来的社会治理问题的根源在于：国家法制难以兼顾在当地社会具有重要意义的

① 周星：《死给你看：对一类自杀现象的法人类学研究》，台北：巨流图书公司，2020，第148页。
② 周星：《死给你看：对一类自杀现象的法人类学研究》，台北：巨流图书公司，2020，第340～341页。
③ 周星：《死给你看：对一类自杀现象的法人类学研究》，台北：巨流图书公司，2020，第255页。

连带关系，难以兼顾各种物质和心理、情感的补偿，难以兼顾通过案件纠纷的调节实现其社会关系之修复的需要等。① 那么究竟如何协调两者之间的关系，就成为摆在社会治理者面前的问题。

（三）两种法文化带给社会治理的启示

本书对"死给"的分析说明，在国家法与习惯法这两种法文化之间，既存在一定的冲突，又能够彼此支撑。从社会治理实践来看，二者是相互借鉴、参照，互补和互相援引的关系。周星教授也基于此提出了一些具体的社会治理策略，例如，在倾向于遵从传统的习惯法来处理社会问题的社区，应该重视习惯法与国家法的融合，如推荐并选拔当地有威望的长者作为基层调解组织的成员。此外，本书中还提出了对此类自杀现象的干预机制，如"进一步强化民间纠纷的及时调节机制"，"通过国家法制力量，强力阻断'死给'事件中的违法（如打砸烧抢）环节"，"通过家支约法或乡规民约等方式予以积极引导"等。从中读者能够认识到社会治理需要重视现代法制体系和民间"地方性知识"之间的关系问题，亦可以利用和吸纳习惯法进行更加有效的社会治理。

进一步扩展该治理逻辑，也能够和类似"死给"的现象有所通约。习惯法确实有可能与国家法制理念产生冲突，但如果能够处理好国家法与习惯法之间的关系，便有利于逐渐弱化与消解类似"死给"事件给社会带来的冲击。总之，在社会治理中处理好国家法制与传统法文化之间的关系至关重要，这是行政管理者应该意识到的重要问题，也是本书带给社会治理实践的重要启示。

五 "死给"研究对法人类学理论的发展与创新

（一）知识的地方性与普遍性

基于涂尔干对自杀社会属性分析的理念，本书进一步拓展了自杀现象的社会文化属性，实现了从特殊到普遍，再从普遍到特殊的反复和深入观察，推动了中国的法人类学研究从此前比较重视规范或条款的"制度"分析，向重视法在日常生活中实际运行的"过程"分析的转变。该书采用了

① 周星：《死给你看：对一类自杀现象的法人类学研究》，台北：巨流图书公司，2020，第148 页。

与"借助现代法学或现代法律体系的概念和分类范畴展开描述和归纳"习惯法，或"采用国家成文法的概念去描述分析"少数民族法文化传统等不同的研究方式，实现了对法人类学理论研究的发展与创新。

《死给研究》分析了凉山彝族社会中一种特有的自杀行为。深入研读后，读者会逐渐发现这种行为与身边诸多行为有相似之处，由此理解某些人类社会行为的一般性规律，特别是地方性知识具有的普遍性。周星教授总结："对凉山彝族社会习惯法的研究，的确就像是对世界某个角落的地方性知识所展开的追问，但即便如此，我们依然坚信，这些地方性知识又具有一定的普遍性，它们同时也是值得并需要在更大的，例如跨文化的语境或全球化的背景下去予以考察的。"①

（二）"死给"研究与法人类学知识的形成

《死给研究》熟练地运用与结合人类学研究的"内"与"外"两种视角，一方面尽可能采用"本土术语"去阐释当地民众的生活，接近研究对象独特的理念，或基于主位立场展开解释；另一方面又通过跨文化的对比，让研究结论具有更强的外部效度和说服力。"死给"遵循凉山彝族社会及文化所规约的行为及价值体系，换句话说，只有在组织制度、冲突结构、世态民风相互交织的凉山社会中，"死给"才具有现实意义，也才能够诠释习惯法的运行机制。但与此同时，"死给"又具有跨文化比较研究的必要，类似的"死给"现象更是人类社会的一种冲突解决机制，这一点凸显出本研究结论的重要意义与普适价值。这种从特殊到一般的人类学研究思路，将有助于社会科学领域的研究者从纵向和横向拓展思维，进而有利于新知识的产生。

通过系统阅读，读者可以跟随周星教授一起走进人类学的田野调查之中。周星教授对于在"异文化"田野调查中感受到的"文化冲击"以及如何意识到"死给"能够成为研究课题这一过程，在书中进行了全面的阐释。由此，我们可以看出，田野调查既是学者和研究对象在社区中就本土知识反复对话的过程，也是新知识涌现形成的过程。这个过程有助于"深入开掘本土文化的知识资源，推动国内公众的本土文化知识，引导、包容、乃至于融化经常表现在民俗研究之中的各种文化民族主义式的认知与

---

① 周星：《死给你看：对一类自杀现象的法人类学研究》，台北：巨流图书公司，2020，第11页。

情绪，进而引导一般公众达致更为深刻的文化自觉"。① 这种尊重本土知识资源、重视田野调查研究的态度，相信可以感染更多年轻一代的研究者。

（三）法人类学研究中的案例分析

案例分析方法与按照主流社会法律制度的既有框架，或研究者自身的理想模型，或所谓规范、模式等去整理、分类或剪裁习惯法的研究方式有鲜明的差异。案例分析法推动了法人类学研究重心的变迁，从此前重视规范或条款的"制度"分析，转变为重视法在日常生活中实际运行的"过程"分析。在研究中采取"'解剖麻雀'一般的分析，研究者可以如同参与观察那样，以共情的方式理解具体的人和事，法人类学的研究也就由此从规范条款出发的静态性研究，转变为动态的对于人的研究"②。

案例研究贯穿于本书推理分析的全过程，丰富的案例涵盖了"死给"现象多层次的内容，例如，"死给"与家支、"死给"与女性、"死给"与民间信仰等，这使得论证过程的逻辑关系严谨而又清晰。尤其是书中通过在案例中采用量化的方式，分析了当地人对于不同"死给"类型的弹性处理方式，将不同"死给"方式的赔偿标准进行了对比。例如，黑彝"死给"亲戚案中的自杀方式有"吊死""服毒""投岩""投水"，所需要支付的"命价""悲伤金""羞辱金""见面金"等均有相应的标准，其数额与其他社会群体是有明显区别的。由此，基于习惯法中不同的赔偿额度与方式，周星教授分析得出"死给"现象与凉山社会等级制度之间的关系。总体来看，本书在运用案例研究方法时，主要从实际发生的纠纷或冲突案例入手，"分析案例的前因后果和所有过程的细节，以及当事人在其中的行为，进而探索其社会文化的深层结构"③。对于社会科学的研究者而言，本书无疑是如何进行案例研究与分析的经典参考著作。

书中"死给"案例的选择兼具典型性和历史纵贯性，案例的时间从19 世纪末开始，横跨整个 20 世纪，直到 21 世纪初。由此，其对"死给"现象的分析就非常具有说服力，通过将各个时代的案例汇总起来纵向分

① 周星：《死给你看：对一类自杀现象的法人类学研究》，台北：巨流图书公司，2020，第VI 页。

② 周星：《死给你看：对一类自杀现象的法人类学研究》，台北：巨流图书公司，2020，第7 页。

③ 周星：《死给你看：对一类自杀现象的法人类学研究》，台北：巨流图书公司，2020，第8 页。

析，强有力地佐证了"死给"现象在彝族社会中的顽强生命力，不论经济社会怎样巨变，"死给"的逻辑一直绵延于彝族民间社会之中。从中读者不仅能够学到如何选择典型的研究案例，也能够去体会如何生动地呈现案例。作者文采斐然，书中精彩案例纷呈，故事跌宕起伏，分析鞭辟入里，使读者在阅读时犹如观看了一部惊心动魄的人类学电影，能够充分激发读者对法人类学研究的兴趣和想象力。

六　结语

《死给研究》一书系统地梳理了凉山社会的自杀现象——"死给"，细致地从社会、文化及情感心理角度对"死给"现象进行了系统深入的剖析，揭示了其背后深刻的法人类学内涵。本书凝结了周星教授多年来在人类学研究领域理论、方法与实践方面的深刻思考，是一部法人类学研究的力作。无论是对于学术研究者、社会科学爱好者还是管理活动的实践者，它都是值得一读的好书。阅读《死给研究》的过程，既是跟随周星教授思路获取新知的过程，同时也是与作者思想进行碰撞，展开对学术问题与生活经验思考、不断追问的过程。由此，读者可以发现不少值得深思的问题，包括对人类学研究理论与方法的思考、对社会关系冲突中心理情感因素的关注、对现代社会治理体系的反思等。

如果说本书存在些许遗憾之处，主要是在研究对象方面，"死给"事件涉及"死给者"与"被死给者"，而书中对于"被死给者"的研究和关注较少。正如周星教授指出的那样，"被死给者"及其家支在遭遇"死给"案件时的心理压力以及行为方式，也极具研究价值。另一方面，"死给"的逻辑并非一成不变，社会的结构性变化也会影响到"死给"现象的方方面面，在本书中，周星教授也指出了"死给"研究具有动态性。在目前中国正在经历城市化、老龄化，以及实施"乡村振兴"政策的大背景下，影响"死给"案的社会经济因素也在持续发展和变化中。在这样的背景下，"死给"的逻辑是否会发生改变，年轻一代对于通过"死给"方式处理问题是否存在不同态度，也都是值得进一步探讨的问题。相信上述的些许遗憾，或许可以成为后续对"死给"及类似现象感兴趣的研究者们新的研究方向。

[附录]

从祖先留下的规矩中理解"活着的法"

——法律人类学云端观影会纪要

刘顺峰*

2022年3月13日,法律人类学云端观影会第一期在腾讯会议平台顺利举办。此次观看的是中国社会科学院民族学与人类学研究所影视人类学研究室出品的《祖先留下的规矩》。共有来自国内外高校、科研院所的青年教师、博硕研究生200余人参加了此次观影活动。活动共分为三个环节:第一环节是共同观看电影及庞涛教授对电影拍摄过程的介绍;第二环节是周星教授从法人类学视角对影片展开评议;第三环节是互动交流。

一 观看电影及庞涛对电影拍摄过程的介绍

湖南师范大学法学院硕士研究生徐哲首先在线播放了《祖先留下的规矩》,200余人在线完整观看了电影。接着,本片的导演、中国社会科学院民族学与人类学研究所的庞涛教授对该电影的拍摄情况进行了介绍:2004年,中国社会科学院民族所与少文所拟开展一项合作,其间便关涉彝族习惯法问题。当时他就想,可否通过影像民族志的方式,把建构或维护彝族社会秩序的一套体系和地方性知识描述和呈现出来。与此同时,周星教授恰好在那时发给了他一篇有关彝族"死给现象"的学术论文,受周老师文章启发及对彝族习惯法本身的兴趣,他正式开启了借由影片来表达彝族习惯法的摄影之路。最后,庞涛强调,该片虽然时间较长,但还是有一些问题没有表达清楚,特别是对案件的跟踪观察还显得不够深入。

二 周星教授对影片的评议

周星教授在受邀担任影片评议人之后,专门针对影片写了一篇长达21页的"观影指南"——《临场感受"活着的法"——人类学电影〈祖先留下的规矩〉解读》。

在评议过程中,周星教授结合"观影指南"中列出的逻辑框架,从四个方面展开了评议:首先,他以"自然环境与地域社会背景"为切入点,简要介绍了案件发生地的自然环境与地域社会背景;其次,他重点对影片中提到的德古、莫、莫哒、兹莫等"地方性概念",予以语义辨析;再次,

---

* 刘顺峰,湖南师范大学法学院副教授,法学博士。

他从影片中提到的"诫威"一词入手，对彝族习惯法的两种援引方式进行了条分缕析；最后，他以"国家法"与"习惯法"为关键词，对"国家法与习惯法的关系模型"展开了讨论，并重点讨论了"国家法在场"的实践意义。

三 互动与交流

其间大家主要围绕着一个核心问题而展开，即如何在法律人类学知识与方法框架中评价这部影片。

山东大学硕士武宝丽同学提出，从影片中可看到，"死给"现象在彝族社会是如此突出，以致我们会认为他们的生命观和价值观与汉族存在诸多差异，不知实践中是否确实如此？

周星回应指出，每个学者的研究都是有局限的。因为他主要收集的是"死给"案例，所以会将这些案例集中呈现出来，但在实践中，它并不是彝族社会生活的全部。不仅如此，他还强调，"死给"现象在汉族社会也是存在的。问题的关键在于，作为习惯法知识的"死给"，在彝族社会与汉族社会有着不同的价值功能。能否发挥价值功能，以及如何发挥价值功能，才是人们是否选择"死给"的核心理由。

河南师范大学本科生王励恒提出，如何借由"地方性知识"的框架来把握影片中表达出来的"死给"现象？

对此，周星认为，"死给"既是一种地方性知识、地方性现象，也是一种普遍性知识、普遍性现象。值得注意的是，人类学视角的分析，通常都是从地方性与普遍性的对立统一中寻找理解的"支点"的。

湖南师范大学两位硕士研究生相继提问，徐小芳提出，"毕摩"与"德古"究竟有何异同？刘之琪提出，"死给"方式的不同，会不会导致赔偿标准的差异？

关于前一个问题，周星认为，前者是彝族传统宗教中的祭司，是神职人员，掌握彝族社会的各种与神有关的知识。后者是彝族社会中行使司法权的主体，注重司法"裁决"过程的调解，以及社会秩序的平衡。关于后一个问题，周星认为，"死给"方式不同，确实会存在赔偿的标准差异。这从彝族社会发展的相关史料中可以获得例证。

云南大学王一朗老师提出，"德古"在彝族社会是如何产生的？

周星回应指出，就他自己的有限观察而言，"德古"没有任何任命过程，一般是"自然而然"产生的，主要由德高望重、在社会中有一定影响力且能言善语的人担任。

中央民族大学硕士生"广福"（腾讯会议参会"昵称"）提出，受该影片启发，能否就离婚案的调解问题给出一些研究建议？

对此，周星指出，最好是从"案例分析法"视角，对该问题进行研究。特别是，可以考虑"历史时段"的分析模式。

观影会最后，主持人刘顺峰做了简要总结。他认为，今天的活动具有重要意义，不仅参与活动人数多，而且问题的讨论也非常深刻。随后他强调，从观影活动中，特别是周星老师的评议中可开放出一系列有待讨论的学术问题，如裁判的方法、习惯法适用的场域、法律地理学、参与观察方法等。他期待各位"云端"学友在未来的观影活动中，能继续加大对法律人类学问题的关注力度，始终带着中国问题意识，为推进法律人类学研究的广度和深度而不断努力。

人物访谈

国家监察体制改革的法与理

——秦前红教授访谈

秦前红* 夏纪森**

秦前红教授简介

秦前红，男，1964 年 10 月生，湖北仙桃人。武汉大学法学院教授、博士生导师，武汉大学珞珈特聘教授，主要研究领域为宪法学基础理论、中国宪法学、国家监察制度、司法体制改革和党内法规基础理论。担任《法学评论》主编，武汉大学学术委员会委员，武汉大学宪法与法治国家研究中心主任，最高人民检察院行政检察研究基地·武汉大学行政检察研究中心主任。享受国务院特殊津贴，入选教育部"新世纪优秀人才"支持计划，受聘教育部长江学者奖励计划特聘教授，首批入选广东省珠江学者。曾长期担任中国法学会宪法学研究会副会长，现为中国港澳基本法研究会副会长、中国法学会法学期刊研究会副会长，湖北省地方立法研究会会长；司法部备案审查专家、中国法学会党内法规研究中心学术委员会委员、武汉大学党内法规研究中心学术委员会副主任、深圳大学党内法规研究中心学术委员会主任、苏州大学监察研究院学术委员会主任，南京审计大学国家监察与审计法治研究院名誉院长；中国人民大学、山东大学、国家检察官学院等知名高校兼职教授。出版《宪法变迁论》《社会主义宪政研究》《监察改革中的法治工程》等专著 11 部，《新宪法学》《宪法通识》《比较宪法学》《监察法学教程》等教材 7 部，在《法学研究》《中国法学》等期刊发表学术论文 200 多篇，主持包括国家社科基金重点项目、教育部哲学社会科学重大课题攻关项目等课题多项。获得包括"方德法治研究奖"一等奖（第一届、第二届和第三届）、第七届教育部高等学校科学

---

* 秦前红，武汉大学法学院教授、法学博士。

** 夏纪森，常州大学史良法学院教授、法学博士。

研究优秀成果奖（人文社会科学）三等奖、第八届教育部高等学校科学研究成果一等奖、第四届钱端升法学优秀成果三等奖等多项学术奖励。

被采访者：秦前红（以下简称"秦"）

采访者：夏纪森（以下简称"夏"）

夏：秦老师，您好！非常感谢您能够接受我的采访。众所周知，近年来，您围绕国家监察体制改革，发表了诸多具有分量的学术论文和学术观点，引起了学界的广泛关注，相关论文的引用率都非常高。请问关于监察权的性质，您是如何理解的？

秦：关于监察权的性质，学界有一定的理论分歧。中国政法大学陈光中教授认为，新的监察权既非行政权，也非司法权，而是一项独立的国家权力，这是新监察体制的标志性特色；清华大学张建伟教授提出监察权是立法权、行政权、司法权之外的第四权力；北京外国语大学郑曦教授基于改革实践中监察机关履行的监督、调查和处置职责，认为监察权具有行政权和专门调查权的二元属性；中南财经政法大学徐汉明教授着眼于机构与职能整合的改革思路，认为国家监察体制改革本质上是既有政治资源的再整合、再分配，由此监察权呈现为一种复合性权力的样态。

对于这一问题的回答，我认为应回归基本的权力理论。众所周知，划分权力是设计政体、配置权力的基本原理。自孟德斯鸠以降，将权力按照其内容和性质划分为三种——立法权、行政权和司法权，早已成为共识并得到广泛应用，这成为政治文明的重要标志。此种分类尽管遭遇了功能主义"新分权说"的挑战，但因为其兼具实体性与形式性而具有强大的说服力，尚未动摇。这个框架也成为我们理解宪法工程尤其是宪法设计的重要基础。新设立的监察委员会虽独立于政府部门，但其所行使的权力仍具有强烈的行政权特征，例如它的监督、调查和处置职责中主要就体现了国家机关和相对人之间的不平等关系。这些权力显然不属于司法权和立法权，但我们又必须将其与传统的行政机关进行隔离，并且还将其与党内事务和党内治理进行融合——不得不指出的是，政党内部治理的权力属性亦具有行政的特征。所以，监察权究竟是基于何种逻辑推演而出？又如何与权力划分理论进行协调？学者们在描述行政权的时候，总是试图调和民主制与集权制的逻辑，监察权的属性可否推及于此？在已经成熟的三种行使权力的机构之外架设国家监察机构，必须要从民主形式上进行整体考量，重新加以设计。推行国家监察体制改革，未来所设计的国家权力就区分为四大类别，分别是立法、行政、司法和监察，这里的监察权或许是一种混合型的权力，既包括了代表制民主下的代表责任（传统的议会监督权），又掌握了一定的行政调查处置权，甚至包括了一定的司法性权力。只不过，如何超越这种理解权力配置的关系，还需要更为深入和根本的挖掘。

夏：毫无疑问，监察机关的定位与监察权性质的界定是高度相关的。那么关于监察机关的定位，可否请您谈一谈？

秦：对于监察机关的定位，我的观点是需借由对监察机关与其他国家机关间关系的讨论，主要有监察机关与权力机关、监察机关与司法机关、监察机关与行政机关以及上级监察机关与下级监察机关等四对关系。

根据《宪法》有关民主集中制原则和监察委员会的规定，监察机关与权力机关在宪法上的关系至少有以下三层含义：其一，权力机关的宪法地位高于监察机关。习近平总书记指出，"按照宪法确立的民主集中制原则、国家政权体制和活动准则，实现人民代表大会统一行使国家权力"。依此逻辑，国家监察体制改革过程中所进行的机构与职能整合，以及由此而生的监察机关与监察权，同样是在"人民代表大会统一行使国家权力"的前提下进行和展开的。甚至可以说，最高国家权力机关基于现实需要创设出了监察权，并根据分工负责、功能适当等原则将该权力配置给了监察机关。其二，监察机关由权力机关产生，即监察委员会主任由本级人大选举，副主任和委员则由本级人大常委会任免，对此《宪法》和《监察法》皆有较为详细的规定。其三，监察机关对权力机关负责，权力机关监督监察机关。这其实是一个"一体两面"的问题，因为监察机关对权力机关负责，即体现为权力机关对监察机关的监督；而监察机关接受权力机关的监督，亦表现出监察机关对权力机关负责。

根据《宪法》第 127 条第 2 款确定的"互相配合，互相制约"原则，监察机关与司法机关之间的关系有以下三层含义：一是监察机关与司法机关互相配合，如根据《监察法》第 47 条第 1 款的规定，对于监察机关移送的案件，检察机关应当依照《刑事诉讼法》的规定，对被调查人采取强制措施。二是监察机关与司法机关互相制约，如根据《监察法》第 47 条第 4 款的规定，检察机关若认为监察机关移送的案件，有《刑事诉讼法》规定的不起诉的情形，经上级检察机关批准，则依法作出不起诉的决定。三是正确处理配合与制约的关系。其实在国家监察体制改革之前，审判机关、检察机关和公安机关之间同样是根据《宪法》和《刑事诉讼法》等的有关规定，形成"分工负责，互相配合，互相制约"的关系。对于其中

"配合"与"制约"的关系，理论上有两种不同的认识。我认为，鉴于现有权力配置与运行的实践，监察权的实际位阶已然高于审判权和检察权，故而为避免监察权的滥用进而保障公民基本权利，无疑更应强调监察机关与司法机关之间的制约。

监察机关与行政机关的关系，则表现在三个方面：一是不受行政机关的干涉，具体表现在经费独立、人事独立和办案独立等方面。二是"互相配合，互相制约"，即根据现行《宪法》第 127 条第 2 款和《监察法》第 4 条第 2 款的规定，监察机关在办理职务违法和职务犯罪案件时，应当与执法部门互相配合，互相制约。不过尚需说明的是，此处的"执法部门"指向为何，可能还涉及对上述《宪法》和法律条文的解释和理解。在此次《宪法》修正和《监察法》制定之后，较为权威的解释认为，此处所言执法部门是指公安机关、国家安全机关、审计机关以及质检部门、安全监管部门等行政执法部门。三是在国家监察体制改革过程中，行政监察职能整合至新设立的监察机关。为此，《宪法修正案》第 46 条和第 51 条删去了国务院领导和管理行政监察工作，以及县级以上地方各级人民政府管理本行政区域内行政监察工作的规定。此外，《监察法》第 69 条亦规定，原本的《行政监察法》在《监察法》公布施行的同时被废止。

根据我国现行《宪法》和《监察法》的规定，上下级监察机关间的领导体制是领导与被领导的关系。监察机关采用领导与被领导的领导体制，在很大程度上是由国家监察体制改革的目标所决定的，即改革的根本目的就是加强党对反腐败工作的统一领导。而惩治腐败工作又必须始终坚持在党中央的统一领导下推进。如此一来，自然要求加强国家监察委员会对地方各级监察委员会的领导，上级监察委员会对下级监察委员会的领导。同时，监察委员会并非司法机关，监察权的运行状态基本上是行政性的而非司法性的，故而在组织体系上更强调上下级监察机关之间的服从性，也就是领导与被领导的关系。此外，由于监察机关与执政党纪律检查机关合署办公，故而纪律检查机关的领导体制也在很大程度上决定了监察机关的领导体制，纪律检查机关领导体制的改变同样会作用于监察机关的领导体制。

夏：在监察机关和权力机关关系上，您着重研究了监察机关与人大代表之间的关系问题，即人大代表能否成为监察对象。对这一问题，您的观点是什么呢？

秦：国家监察体制改革是关乎全局的一项重大政治体制改革。在监察体制改革推进过程中必须处理好的一项重大议题是：人大监督与监察监督的关系如何处理，人大代表是否能够成为监察对象？这就需要我们回答一个基础性的问题，人大代表是否属于公职人员？学理上关于人大代表的身份界定尽管有资格说、职务说、代表说等不同学说，但依照我国《宪法》和法律的有关规定，将人大代表视为特定类型的公职人员应该不存异议。既然人大代表为特殊的非典型的公职人员，故不宜将人大代表等同于纯粹的公职人员而一视同仁地纳入监察范围，否则会损害人民代表大会制度，并动摇代表之为代表的政治基础。按照《中华人民共和国全国人民代表大会和地方各级人民代表大会代表法》的规定，人大代表不仅享有法律上的权利、义务，而且因其人民利益代表者、人民意志的委托者的角色，对代表履职不当的追究，一般采取罢免、停止执行代表职务、责令辞职等政治问责方式。国外代议机关则是遵循代议机关自治的原则，经由议会内部设立的纪律惩戒机构来处理议员的违纪违法问题。议员作为代议制民主的重要载体，直接承载着民意，议员的履职行为直接关系西方的"民主政治"实现。因此，规范议员履职行为，加强对违纪行为的惩戒，是完善议会实践法治的重要形式。我国与西方国家的政治体制存在根本不同，不能照搬西方议员惩戒的各项制度，但合理学习借鉴也有所裨益。我认为，当前应该完善《全国人民代表大会议事规则》，列举人大代表违纪的具体表现，明确必要的惩戒措施，并适时在人大内部成立纪律惩戒机构。同时，监察改革必须尊重人民代表大会的宪制地位，并对监察人大代表采取特别慎重的态度；在对人大代表涉嫌职务犯罪采取监察留置措施时，必须恪守《宪法》《全国人民代表大会组织法》规定的对人大代表的特殊保护法律程序；在法律未作修改时，监察机关不能以便宜执法为由，轻率地创制性执法，从而违反"公权机关法无授权不可为"的原则。《中华人民共和国监察法实施条例》第43条第1款已明确将"履行人民代表大会职责的各级人民代表大会代表"列为监察对象，这是立法者在经过认真考量后对党中央政治决断的法律化，但由此产生的法理问题、国家权力的科学配置等问题，其实还是有思考研究的空间。

夏：从这些关系的描述中不难看出，国家监察机关可以说位高权重。正所谓，权力导致腐败，绝对的权力导致绝对的腐败。由此，我们必须要追问，谁来监督监察机关？从目前学术的研究成果看，理论界对监察机关的外部监督和总体监督有一些探讨，但是对监察机关如何依法开展自身监督却着墨不多。对于这个问题，您是如何看的呢？如何对监察机关的权力进行监督呢？

秦：《监察法》设计的对监察权行使的监督制约制度虽然强调了内外结合的总体监督，但更偏向于内部的控制监督，因此监察领导体制尤其是决策体制是否科学，内部工作机制是否完善，将决定监察机关内部监督制度运行的成败。尽管国家监察体制改革的决策者将监察权定位为既不是行政权，又不是司法权，而是一种特殊的独立权力，但并不能完全否认监察权依然具有行政权和司法权的某些特征。在独立的监察权充分运作并获得丰富的经验样本之前，行政机关和司法机关的领导体制及其工作机制，对于监察机关的运作仍然具有重要的借鉴意义。

从领导体制来看，行政机关一般奉行单一的首长负责制；监察机关的领导体制则较为复杂，党章规定，党的各级纪律检查委员会和基层纪律检查委员会在同级党的委员会和上级纪律检查委员会的双重领导下进行工作，上级党的纪律检查委员会加强对下级纪律检查委员会的领导。《中华人民共和国监察法》第 10 条规定："国家监察委员会领导地方各级监察委员会的工作，上级监察委员会领导下级监察委员会的工作。"由中共中央纪律检查委员会、中华人民共和国监察委员会法规室主持编写的《〈中华人民共和国监察法〉释义》认为本条规定主要包括两个方面的内容："一是国家监察委员会领导地方各级监察委员会的工作。……国家监察委员会在全国监察体系中处于最高地位，主管全国的监察工作，率领并引导所属内设机构及地方各级监察委员会的工作，一切监察机关都必须服从它的领导。……二是上级监察委员会领导下级监察委员会的工作。地方各级监察委员会负责本行政区域内的监察工作，除了依法履行自身的监督、调查、处置职责外，还应对本行政区域内下级监察委员会的工作实行监督和业务领导。……在监察法中确立这样的监察机关上下级领导关系，有利于各级监察委员会在实际工作中减少或排除各种干扰，依法行使职权。"

对公权力的制约是亘古不变的真理，而控制公权力的方式无非两种：一种是权力与权力之间的制约平衡，着重引入外部权力制约监督；另一种是权力内部运行机制的约束，强调法定程序对权力运行的制约。在明确监察机关领导体制后，完善其内部工作机制则顺理成章，监察机关内部工作机制可以借鉴行政法对行政机关权限的划分，监察工作划分为决策、执行和复议三个部分，彼此之间相互制约。决策权和执行权分离符合现代行政的基本规律，是为了防止监察机关既当裁判员又当运动员，而复议机构的设置为当事人自我救济提供了可能，也是监察机关自我纠错自我完善的需要。

夏：除了监察领导体制、工作决策机制等方面的制约性措施外，是否还有其他的制度设计来防止监察权的滥用和不当行使？

秦：除此之外，我认为还有职业伦理和法律责任机制。

职业伦理，即监察伦理，是指从事某一种行业的人员在长期的实践和环境中，通过市场调节和行业的自律，通过社会舆论、习俗、习惯和内心的信念形成的具有稳定性的一系列行为规范和道德要求。《监察法》为了保证整个监察队伍干净忠诚、公正权威、责任担当，规定了一系列监察伦理准则。比如，《监察法》第6条规定："国家监察工作坚持标本兼治、综合治理，强化监督问责，严厉惩治腐败；深化改革、健全法治，有效制约和监督权力；加强法治教育和道德教育，弘扬中华优秀传统文化，构建不敢腐、不能腐、不想腐的长效机制。"本条不仅是对监察对象的要求，也是对监察机关和监察人员自身的严格要求，其主要目的是贯彻党的十九大精神，将党的十八大以来反腐败工作的重要思想、目标、要求和实践经验总结升华，并以法律的形式固定下来，以期继续强化不敢腐的震慑，扎牢不能腐的笼子，增强不想腐的自觉。本条对道德教育的强调，是要重视发挥道德教化作用，把法律和道德的力量结合起来，把自律和他律紧密结合起来，从而提高监察人员的道德操守。又如，《监察法》第56条规定："监察人员必须遵守宪法和法律，忠于职守、秉公执法，清正廉洁、保守秘密；必须具有良好的政治素质，熟悉监察业务，具有运用法律、法规、政策和调查取证等能力，自觉接受监督。"本条是对监察人员能力素质的总体要求，也是对其监察职业伦理的具体规定，还是未来构建具体监察官制度的指导性原则。

监察法律责任是监察机关和监察人员违反监察法律、法规应当承担的法律后果。《监察法》针对监察机关和监察人员的法律责任制度主要体现在第65条规定之中："监察机关及其工作人员有下列行为之一的，对负有责任的领导人员和直接责任人员依法给予处理：（一）未经批准、授权处置问题线索，发现重大案情隐瞒不报，或者私自留存、处理涉案材料的；（二）利用职权或者职务上的影响干预调查工作、以案谋私的；（三）违法窃取、泄露调查工作信息，或者泄露举报事项、举报受理情况以及举报人信息的；（四）对被调查人或者涉案人员逼供、诱供，或者侮辱、打骂、虐待、体罚或者变相体罚的；（五）违反规定处置查封、扣押、冻结的财物的；（六）违反规定发生办案安全事故，或者发生安全事故后隐瞒不报、报告失实、处置不当的；（七）违反规定采取留置措施的；（八）违反规定限制他人出境，或者不按规定解除出境限制的；（九）其他滥用职权、玩忽职守、徇私舞弊的行为。"本条是对监察机关和监察人员违法行使职权的法律责任追究的规定，其目的在于强化对监察机关及其工作人员依法行使职权的监督管理，维护监察机关的形象和威信。本条采取列举加概括的立法技术方式描述了监察违法行为的情状，应该说是基本覆盖了监察违法行为的主要类型，但基于重要必须列举的原则，本条对违反规定进行技术调查、违反规定决定采取通缉方式等严重影响公民权利和自由的行为未作列举，可视为立法上的重要瑕疵。本条使用了大量不确定语词比如"违反规定""处置不当"等，如果出现前置性"规定"空缺的情况，会导致本条具体适用缺乏可操作性。更为重要的是，国家监察机关及其监察人员职务违法的调查、处置权在实操中由监察机关自己行使，《监察法》的规定也意欲确认此种现状的合理性。此种制度安排未必符合"自己不能当自己法官"的公平正义原则，也易使监察机关的自我监督变成自我庇护。一个可欲可行的制度安排是将监察人员的职务违法和职务犯罪的监督交由国家检察机关，以防止监察权力自身的过度膨胀、不受制约。

夏：监察制度改革作为一项关乎国家宪制结构的重大政治改革，尽管自 2016 年就开始在北京、山西、浙江试点工作，其后又颁布实施了《监察法》，但是仍有一些问题悬而未决，比如合署办公与党规国法的衔接问题。对此，您怎么看？

秦：监察委员会与党的纪委实行合署办公的体制，此项制度安排对改革和立法，以及监察委员会的运转皆影响甚大。例如《监察法》第 5 条规定的"惩戒与教育相结合，宽严相济"原则，其实就是《中国共产党党内监督条例》第 7 条规定的"四种形态"在监察工作中的具体体现。再如监察委员会不如其他国家机关那般设置党组，这是因为在合署办公的体制下，监察委员会"本质上就是党的工作机构"。假若罔顾合署办公体制对监察权运行的影响，一则无法有效控制监察权的行使，因为合署办公的体制使得监察权和纪检权"结合"为纪检监察权，故而"仅有国家法律的权力治理机制在实践中显然难以奏效"；二则无法与党的纪律检查体制协同高效运行，因为合署办公后的纪检监察机关"履行纪检、监察两项职责，既执纪又执法"，但执纪与执法既有联系亦不乏区分，为此需要在实践中实现"纪法贯通"。

首先，关注合署办公体制对监察权运行的影响，意识到仅依靠国家法律控制监察权具有不可避免的局限性，继而认知到党内法规与国家法律在"驯化"监察权时所分别具有的功能。有鉴于此，可以借鉴既往控制纪律检查权的相关经验，将其运用于构建监察权的控制机制，但应注意选择合适的制度表现形式，不宜借由党内法规及其他党内规范性文件来规范监察委员会的组织和职权。同时，由于监察权本质上仍属于一项国家权力而非执政党权力，故而不可因合署办公体制而漠视了二者之间应有的区别与界限。其次，考察并检视实践中"纪法贯通"的实现方式，探讨如何从立法、组织和程序等方面更为科学有效地实现"纪法贯通"。实践中对此已有颇多行之有效的经验，但通常是对执纪与执法的联系关注有余，而对二者的区分则缺乏足够的重视。再次，探讨纪检监察领域的党内法规与国家法律如何实现双向衔接，例如今后制定《中国共产党纪律检查委员会工作条例》时，应在纪检工作和监察工作的共通问题上与《监察法》保持一致。

夏：除了这个问题外，还有学者关注到了《监察法》的配套立法问题，并提出应当制定"国家监察组织法""国家监察程序法"等内容构想。对于这个问题，您能具体谈一下吗？

秦：因为未能摆脱"宜粗不宜细"的立法指导思想，《监察法》仍只是"一部对国家监察工作起统领性和基础性作用的法律"，其中的现有规定难以为监察委员会的运行提供充足的规制供给。为此，《监察法》的配套立法成为今后一段时期内立法工作的主要任务之一，目前《公职人员政务处分法》和《监察官法》已经颁布实施。《监察法》的配套立法问题需要慎重研究，至少有以下问题应予以解决：一是配套立法的表现形式。应明确监察委员会属于国家机关，监察权属于国家权力，因此配套立法应以国家法律的形式进行，而不宜在党内法规中作出规定。二是配套立法的主要内容。应根据实践中真实存在的立法需求，并在综合考虑立法必要性与可行性的基础上，研究制定相应的配套立法，除上述《公职人员政务处分法》和《监察官法》之外，还可对监察管辖、监察程序等事项进行配套立法。三是配套立法与《监察法》的关系。因为《立法法》规定了"特别法优于一般法"、"新法优于旧法"和"上位法优于下位法"等技术性规则，是故如何处理配套立法与《监察法》的关系，直接关涉法律的适用和实施。考虑到《监察法》是由全国人大制定的基本法律，且是"对国家监察工作起统领性和基础性作用的法律"，故配套立法的效力位阶应低于《监察法》，同时原则上不可作出与《监察法》相异的规定。四是建议授予国家监察委员会制定监察法规的权力。鉴于与监察委员会运行相涉的事项纷繁复杂，若所有事项皆由全国人大及其常委会进行立法，虽有裨于提升监察法制的权威，但却会占用权力机关过多的立法资源，为此已通过决定授予国家监察委员会制定监察法规的职权，借由监察法规对重要程度较低的事项作出规定。

除了配套立法问题，我们还应当关注《监察法》与相关法律的衔接问题。《监察法》如何与《刑法》和《刑事诉讼法》等刑事法律，监察程序如何与刑事司法程序相衔接，乃是国家监察体制中"法法衔接"的主要方面，亦是当前理论研究的关注重点，《刑事诉讼法》和《人民检察院组织法》最近的修改即是为了回应该问题。不过，有关"法法衔接"的研究尚有以下拓展余地：一是实践中诸多"法法衔接"机制还有待理论的进一步观照，比如以监察机关和刑事司法机关的内部联合工作机制解决程序衔接问题，是否具有相应的外部效力及充分的程序正当性？再如当前的"法法衔接"机制其实是以监察程序为"优位"的，而刑事司法程序则需进行调适以与之相衔接，此般做法如何才能遵循刑事正义的理念尚待理论探讨。二是"法法衔接"指向的绝不止于《监察法》与刑事法律，还应包括其与《各级人民代表大会常务委员会监督法》《地方各级人民代表大会和地方各级人民政府组织法》《公务员法》《国家赔偿法》《行政诉讼法》等法律，以及《联合国反腐败公约》等国际条约的衔接，这既涉及国家监察体制的有序运行，亦关乎国家法律体系的统一和协调。三是监察程序与行政执法程序的衔接同样应是"法法衔接"的重要方面，其中涉及的监察机关与行政机关对违法事项的管辖区分，监察程序与行政处罚程序的衔接与流转，以及行政机关与监察机关的配合制约关系等问题，既有的理论和实践皆缺乏充分探讨。

夏：对于监察立法工作，您提出监察立法工作应当以"依法监察"理论为根本指导，遵循"法律优越""法律保留""依法规（一般性规范）监察"等三个原则。对于这三个原则的具体指向，可否请您介绍一下？

秦：所谓"法律优越"，旨在确认法律与监察活动的上下位关系，保证立法权相对于监察权的优越地位，其基本含义是"不抵触"。"法律优越"原则决定了任何事项只要存在法律，有关监察活动即只得严格依照法律规定而不得抵触之。值得注意的是，监察委员会依照"法律"行使监察权，但谈不上依照"宪法"行使监察权，所以监察机关只是宪法实施机关，不是宪法监督机关。尽管《监察法》第 3 条关于监察机关职权之表述，除了规定"调查职务违法和职务犯罪，开展廉政建设和反腐败工作"，还规定了"维护宪法和法律的尊严"，但这并不意味着监察机关乃是宪法监督机关。

在监察立法工作层面，"法律优越"原则之适用的一个前置问题是：监察机关有权制定"法"吗？它与全国人大及其常委会制定的"法律"处于何种关系？我们看到，2018 年 3 月以来，中央纪委国家监委以"国监发"名义连续制定并印发了多种规范性文件，然而，目前我国《宪法》和《立法法》并没有关于监察法规的明确规定，故而学界对此争议颇大。我认为，监察法规本身具备宪制合理性，故而符合特定程序和范围的监察法规是具备法律效力的，其与监察法律之间的位阶关系亦需遵从"法律优越"原则。

监察法规之存在本身具备宪制合理性。理由如下：第一，这与我国立法权限分配的宪法惯例一脉相承。从立法机关与其他国家机构的立法权限分配来看，我国《宪法》和《立法法》在事实上认可了部分国家机构的广义立法权，并且已经试图在立法权限配置层面对立法机关和其他国家机构进行某种看似合理的划分。第二，这符合监察机关的宪法地位和本次修宪意图，有助于实现监察一体化的组织目标和"全国一盘棋"的改革目标，亦有助于监察机关落实宪法地位、构建现实权威，进而"构建集中统一、权威高效的中国特色国家监察体制"。第三，这在一定程度上可以填补《监察法》的立法漏洞和空白，避免《监察法》过于简约带来的具体因应性不足，一方面确保国家监察权在法治轨道上有序行使，另一方面通过更大范围内统一监察执法力度，实现"同案同果"、贯彻平等原则。反向观之，若不赋予国家监察委员会以监察法规制定权，这既与国家监察委员会的宪制地位不符，也使因《监察法》本身制定的简约带来的具体因应性的不足无法及时解决，同时还造成将一切监察活动纳入法治化轨道的目标难以完全落地，不利于全国监察机关集中统一领导、统一工作步调、统一依法履职。

监察法规与监察法律之间在上下位关系上必须严格遵循"法律优越"原则。从制定主体来看，监察法规和监察法律分别是由监察机关和权力机关制定的。我国监察机关作为监察专责机关的宪法地位，从根本上就决定了监察机关与权力机关之间的组织关系和监察法规与监察法律之间的位阶关系是：第一，监察法规的内容不得抵触监察法律的内容，包括监察法律的立法目的、法律原则和具体规则等；第二，监察法规的效力在位阶上低于监察法律;第三,当二者在内容上存在不一致时,须以监察法律为准,同时启动相关审查及修改程序。

夏:就监察立法权限问题而言,"法律保留"原则要求某些法律事项必须由法律规定,监察机关不得僭越,或非经授权不得补充或创制。请问"法律保留"原则对监察立法具体提出了怎样的要求呢?

秦:"法律保留"原则在监察立法工作中,主要表现为监察法规与监察法律之间的界限问题。在监察立法工作中,要严格区分法律特别保留事项、法律相对保留事项和非法律保留事项。第一,监察法律相对于监察法规有哪些保留事项?参考《立法法》第8条的规定,至少以下十类事项只能制定法律:一是关于各级监察委员会的产生、组织和职权的事项;二是关于《监察法》在民族区域自治地区的特别适用的事项;三是关于《监察法》与基层群众自治制度的衔接的事项;四是关于监察机关处置职权中的实体法相关事项,尤其涉及处理决定(例如政务处分决定、问责决定等)的事项;五是关于留置措施的事项;六是关于冻结、扣押、查封等措施的事项;七是关于监察处置中对非国有财产是否属于"违法取得的财产"和"涉嫌犯罪取得的财物"的认定方式及其具体处置办法的事项;八是关于反腐败国际合作的事项;九是关于监察程序与诉讼程序衔接的事项;十是必须由全国人民代表大会及其常务委员会制定法律的其他事项。第二,参考《立法法》第9条但书条款列举的除外事项,即"有关犯罪和刑罚、对公民政治权利的剥夺和限制人身自由的强制措施和处罚、司法制度等事项",前述十类事项中至少第四类、第五类和第九类等共三类事项,应当纳入绝对保留范畴。第三,参考《立法法》第9条,对于前述事项中尚未制定法律且非绝对保留事项者,全国人大及其常委会有权作出决定,授权国家监察委员会可以根据实际需要,对其中的部分事项先制定监察法规;参考《立法法》第10至13条规定,监察领域之授权立法还需以特定的要式行为(授权决定)为前提,符合授权决定规定的权限和时限,遵循"立、改、废"之原则顺序,等等。

此外,如果将针对各种法律事项所制定的规范,根据内容差异严格划分为创制性规范、补充性规范和执行性规范等三类,可以进一步区分监察法规与监察法律。(1)对于法律绝对保留的事项,监察机关只能针对这些事项制定执行性规范,而且必须满足两个条件:一是只能在职权范围内,二是不得包含任何创制性规范和补充性规范。(2)对于法律相对保留的事项,监察机关除了可以在职权范围内制定执行性规范外,还可以依据合法授权制定创制性规范和补充性规范。（3）对于非法律保留的事项，由于我国宪法并未采纳法律的法规创造力原则，故而如果有关事项属于监察机关的职权范围之内，其可以在该范围内制定执行性规范、补充性规范和创制性规范。

夏："依法规监察"是一项十分重要的原则，要求在作出减损权利或预设义务的具体监察行为时，必须以明确的行为规范为依据，至于组织规范推导的授权则不足为据。能否请您就"依法规监察"原则谈一谈？

秦：正如你所说，所谓"依法规监察"，一方面，要求在作出减损权利或预设义务的具体监察行为时，必须以明确的行为规范为依据，至于组织规范推导的授权则不足为据；另一方面，并非任何监察领域之规范性文件皆可作为前述法律依据，得为此法律依据者必须是法规（一般性规范）。从规范依据的具体范围来看，所谓"法规"（一般性规范），在监察立法领域主要是指以下两类：一是全国人大及其常委会制定的与监察有关的法规范文件；二是国家监察委员会依照法定职权和法定程序在法定范围内制定的监察法规。这意味着，国家监察委员会和地方各级监察委员会制定的内部规范性文件，以及中央纪委、国家监委联合发布而未冠以"国监发"字号的规范性文件，都无法作为监察活动的规范依据；还可以帮助我们否定监察规章存在之正当性，并将监察法规与监察解释区分开来。

省级及以下监察机关和派驻机构（派出专员）无权制定"监察规章"。我认为，省级监察机关制定"监察规章"，无论是在宪制正当性上，还是在现实必要性上，都是值得商榷的。结合国家公权自行扩张的天然属性、国家监察权的中央事权属性、监察一体化的组织目标和"全国一盘棋"的改革目标、同级党政机关相对于本级监察机关的优势地位、反腐地域差异的实际程度以及监察活动的实践需求等多重因素，省级监察机关制定法规规章不仅与监察改革初衷不符，亦有违监察法治原理，甚或导致各个省份在监察工作上各自为政、自行其是的尴尬局面。有两点值得注意。第一，所谓"无权"制定监察规章，包含了两重意思：一方面，省级监察机关本身不具有自行立法之宪制职权；另一方面，这还隐含着法律法规不得授权省级监察机关制定监察规章。第二，举重以明轻，省级及以下监察机关和各级监察机关的派驻监察机构、派出监察专员等当然也无权制定"监察规章"。

对于监察内部规范性文件的效力，我认为，从本质而言，监察内部规范性文件作为内部规则，只是监察机关的自我拘束，不是监察法规，并不普遍约束广大公民及其他机关。理由如下：内容上的规范性与对象上的普遍性，并不直接等同于效力上的普遍性，尽管监察机关可以自由制定涉及不特定公众权利义务的规范，而且后者具有相对外部效力，但若此种规范缺乏法律明确授权，则应否定其法律效力（普遍拘束力）。这意味着：第一，监察内部规范性文件不具法律效力（普遍拘束力）；第二，监察内部规范性文件不得创制或补充新的法律事项，更不得制定涉及不特定公众权利义务的规范，尤其是权利减损或预设义务的规范；第三，即便规定了上述事项，仍只有相对效力而无普遍拘束力。

2018年3月以来，中央纪委、国家监委连续制定并印发了多种规范性文件。有一种观点认为，这些规范性文件符合我国法律具体应用解释的内容与形式，故而在性质上属于监察解释。我们以为，一方面，监察解释之设计似有考虑避免监察法规制定过于随意，故其存在本身是合理的，亦符合"适用者解释原则"的原理；另一方面，监察法规仍有其不可取代的法治意涵，故而欲图通过监察解释来完全取代监察法规，其实过于理想化。理由如下：第一，法律解释相较立法解释在程序上更加简化，与行政法规相似甚至更加宽松，是以我们很难针对监察解释作出比监察法规更加严格的程序控制；第二，前述国家监委已出台的许多规范性文件，在内容上已经超出"具体应用法律问题"，故监察解释难以概括其内容之正当性；第三，尽管学界针对司法解释的法律效力以及它与被解释条款本身之间效力位阶，尚还存在许多不同的观点，但是鉴于司法解释的实践价值，其业已发展成为裁判文书法律依据环节不可忽略的重要组成部分，故而我们很难解释未来监察解释究竟如何适用、效力几何，如何处理好司法解释（监察解释）与立法解释之间的合理界分，如何避免"以释代法"现象频发。有学者一针见血地指出："《立法法》针对司法解释范围进行的规制没有真正达到效果，其根本原因在于，该法对立法解释范围与司法解释的界分不合理且缺乏现实可行性。"由此可见，以监察解释取代监察法规，其实不一定能够达致设计初衷。进一步而论，从规范内容的制定主体及其权限来看，前述规范性文件所涉及之事项，应当通过"立法解释"（"进一步明确界限或者作出补充性规定"）或者"监察法规"（在监察权限范围内作出的补充性规定或者创制性规定）予以规定。

比较可行的解决方案是：明确前述文件之性质乃是国家监委制定的监察法规，同时厘清监察法规、监察解释之关系（前者指国家监委在监察权限范围内执行、补充或者创制的一般性规范，后者则指国家监委在监察工作中作出的针对具体应用既有法律事项的解释），由此形成"（宪法→）监察法律→立法解释→监察法规→监察解释（→监察内部规范性文件）"的国家监察规范体系。这有利于实现严格程序控制、理顺效力位阶、厘清规范内容等目标。与此同时，还需对行政解释、司法解释、监察解释统一制定专门法律，以此区分它们与立法解释之间、与法规之间的差异，避免"以释代法"等现象。

稿　约

《法律与伦理》是由常州大学史良法学院创办、社会科学文献出版社出版的集刊。每年出版两期（1月和7月）。现面向海内外专家、学者真诚约稿。

一　刊物栏目设置

本刊主要栏目有：

（1）自然法专题；

（2）法律与环境伦理专题；

（3）法律、科技与伦理研究专题；

（4）法律与人性关系研究专题；

（5）法政治学研究专题；

（6）法律职业道德研究专题；

（7）部门法学研究专题；

（8）书评；

（9）人物访谈；

（10）学术通信。

二　注释体例

（一）本集刊提倡引用正式出版物，根据被引资料性质，在作者姓名后加"主编""编译""编著""编选"等字样。

（二）文中注释一律采用脚注，每页单独注码，注码样式为：①②③等。

（三）非直接引用原文时，注释前加"参见"；非引用原始资料时，应注明"转引自"。

（四）数个注释引自同一资料时，体例与第一个注释相同。

（五）引用自己的作品时，请直接标明作者姓名，不要使用"拙文"等自谦辞。

（六）具体注释举例：

1. 著作类

①王泽鉴：《民法总则》，北京大学出版社，2009，第 80 页。

2. 论文类

①朱庆育：《法律行为概念疏证》，《中外法学》2008 年第 3 期。

3. 文集类

①〔美〕杰里米·沃尔德伦：《立法者的意图和无意图的立法》，〔美〕安德雷·马默主编《法律与解释：法哲学论文集》，张卓明等译，法律出版社，2006，第 115 页。

4. 译作类

①〔德〕维尔纳·弗卢梅：《法律行为论》，迟颖译，法律出版社，2013，第 155 页。

5. 报纸类

①刘树德：《增强裁判说理的当下意义》，《人民法院报》2013 年 12 月 27 日，第 5 版。

6. 古籍类

①《汉书·刑法志》。

7. 辞书类

①《元照英美法词典》，法律出版社，2003，第 124 页。

8. 外文注释基本格式为：

author, *book name*, edn. , trans. , place：press name, year, pages.

author, "article name," *journal name*, vol. , no. , year, pages.

三　审稿期限

集刊实行审稿制，审稿期限为两个月。谢绝一稿多投。

四　投稿邮箱

投稿邮箱：lawethics@ sina. com。

《法律与伦理》编辑部

图书在版编目（CIP）数据

法律与伦理. 第九辑 / 侯欣一主编；夏纪森执行主编. -- 北京：社会科学文献出版社，2022.10
ISBN 978 - 7 - 5228 - 0650 - 1

Ⅰ.①法… Ⅱ.①侯… ②夏… Ⅲ.①法律 - 伦理学 - 研究 Ⅳ.①D90 - 053

中国版本图书馆 CIP 数据核字（2022）第 166484 号

法律与伦理　第九辑

主　　编／侯欣一
执行主编／夏纪森

出 版 人／王利民
组稿编辑／刘骁军
责任编辑／易　卉
文稿编辑／侯婧怡
责任印制／王京美

出　　版／社会科学文献出版社·集刊分社（010）59367161
　　　　　地址：北京市北三环中路甲 29 号院华龙大厦　邮编：100029
　　　　　网址：www.ssap.com.cn
发　　行／社会科学文献出版社（010）59367028
印　　装／三河市龙林印务有限公司

规　　格／开本：787mm×1092mm　1/16
　　　　　印张：15.25　字数：262 千字
版　　次／2022 年 10 月第 1 版　2022 年 10 月第 1 次印刷
书　　号／ISBN 978 - 7 - 5228 - 0650 - 1
定　　价／98.00 元

读者服务电话：4008918866